# The New Grove®
## Die großen Komponisten

Schönberg · Webern · Berg

# The New Grove®
## Die großen Komponisten

Herausgeber: Stanley Sadie
Deutsche Redaktion: Uwe Schweikert

The New Grove®

Die großen Komponisten

Oliver Neighbour · Paul Griffiths
George Perle

# SCHÖNBERG
# WEBERN · BERG

## Die zweite Wiener Schule

*Aus dem Englischen
von
Sebastian Loelgen*

Verlag J. B. Metzler
Stuttgart · Weimar

Titel der Originalausgabe: »Second Viennese School«
© Oliver Neighbour, Paul Griffiths, George Perle 1980, 1983
Zum ersten Mal erschienen in
»The New Grove Dictionary of Music and Musicians«,
herausgegeben von Stanley Sadie, 1980
Erste Taschenbuchausgabe mit Zusätzen
erschienen 1983 bei Papermac (Macmillan Publishers Limited)
London und Basingstoke
The New Grove and the New Grove Dictionary of
Music and Musicians are registered trademarks
of Macmillan Publishers, London

Die Deutsche Bibliothek – CIP-Einheitsaufnahme

**The new Grove – die grossen Komponisten** / Hrsg.: Stanley
Sadie. – Stuttgart ; Weimar : Metzler
NE: Sadie, Stanley [Hrsg.]

Schönberg, Webern, Berg. – 1992

**Schönberg, Webern, Berg** : die zweite Wiener Schule / Oliver
Neighbour ; Paul Griffiths ; George Perle. Aus dem Engl. von
Sebastian Loelgen. – Stuttgart ; Weimar : Metzler, 1992
(The new Grove – die grossen Komponisten)
Eihheitssacht.: Second Viennese school <dt.>
ISBN 3-476-00854-1
NE: Neighbour, Oliver; Griffiths, Paul; Perle, George; EST

Dieses Werk einschließlich aller seiner Teile ist
urheberrechtlich geschützt. Jede Verwertung außerhalb
der engen Grenzen des Urheberrechtsgesetzes ist ohne
Zustimmung des Verlages unzulässig und strafbar. Das
gilt insbesondere für Vervielfältigungen, Übersetzungen,
Mikroverfilmungen und die Einspeicherung und Verarbeitung
in elektronischen Systemen.
© 1992 J.B. Metzlersche Verlagsbuchhandlung
und Carl Ernst Poeschel Verlag GmbH in Stuttgart
Einbandgestaltung:
Satz: Typobauer Filmsatz GmbH, Ostfildern
Druck: Gulde Druck GmbH, Tübingen
Printed in Germany

Verlag J.B. Metzler Stuttgart · Weimar

# INHALT

Vorwort   *Seite 7*

ARNOLD SCHÖNBERG
*(Oliver Neighbour)*

Erstes Kapitel: Das Leben   *Seite 10*

| | |
|---|---:|
| 1874—1914 .. .. .. .. .. .. .. .. .. .. .. .. .. .. .. .. | 10 |
| Der Erste Weltkrieg und die Zeit danach .. .. .. .. | 18 |
| Amerika .. .. .. .. .. .. .. .. .. .. .. .. .. .. .. .. | 24 |
| Persönlichkeit und Überzeugungen .. .. .. .. .. .. | 28 |

Zweites Kapitel: Das Werk   *Seite 37*

| | |
|---|---:|
| Frühe tonale Werke .. .. .. .. .. .. .. .. .. .. .. | 37 |
| Expressionistische Werke .. .. .. .. .. .. .. .. .. | 48 |
| Serielle und tonale Werke 1920 bis 1936 .. .. .. .. | 59 |
| Späte Werke .. .. .. .. .. .. .. .. .. .. .. .. .. .. | 70 |

Werkverzeichnis   *Seite 79*
Bibliographie   *Seite 94*

ANTON WEBERN
*(Paul Griffiths)*

Erstes Kapitel: Das Leben   *Seite 112*

Zweites Kapitel: Vor der Formulierung der Atonalität
(1899—1914)   *Seite 116*

Drittes Kapitel: Auf dem Weg zum Serialismus
(1914—1927)   *Seite 126*

*Inhalt*

Viertes Kapitel: Die seriellen Werke (1927—1945)   *Seite 132*

Instrumentalwerke (1927—1940) . . . . . . . . . . . . . .   132
Lieder und Kantaten (1929—1945) . . . . . . . . . . . . .   137

Fünftes Kapitel: Stil und Gedanken   *Seite 142*

Stil . . . . . . . . . . . . . . . . . . . . . . . . . . . . . . . . . .   142
Überzeugungen . . . . . . . . . . . . . . . . . . . . . . . . . .   147

Werkverzeichnis   *Seite 151*
Bibliographie   *Seite 156*


ALBAN BERG
*(George Perle)*

Erstes Kapitel: Frühe Jahre und erste Werke   *Seite 146*

Zweites Kapitel: Der Erste Weltkrieg und
op. 4 bis op. 6   *Seite 171*

Drittes Kapitel: »Wozzeck«   *Seite 182*

Viertes Kapitel: Die Schaffensperiode der
»Lyrischen Suite«   *Seite 192*

Fünftes Kapitel: »Lulu«   *Seite 200*

Sechstes Kapitel: Die letzten Jahre   *Seite 213*

Werkverzeichnis   *Seite 220*
Bibliographie   *Seite 223*

Allgemeines Abkürzungsverzeichnis   *Seite 230*
Bibliographische Abkürzungen   *Seite 232*
Register   *Seite 233*
Bildquellenverzeichnis   *Seite 236*

# VORWORT

Dieser Band erscheint in einer Reihe kurz gefaßter biographischer Darstellungen, die aus *The New Grove Dictionary of Music and Musicians* (London 1980) stammen. In ihrer ursprünglichen Form wurden die Texte Ende der siebziger Jahre abgeschlossen. Für den vorliegenden Neudruck wurde der Text von den beteiligten Autoren durchgesehen und, wo nötig, korrigiert und ergänzt. Besondere Sorgfalt wurde darauf verwandt, die Bibliographien zu aktualisieren, die nun auch die Ergebnisse der jüngsten Forschung verzeichnen.

Die Bände in der Reihe »Die großen Komponisten« waren ursprünglich als Lexikonartikel konzipiert und haben deshalb einen etwas anderen Charakter als Bände, die als eigenständige Werke verfaßt wurden. Sie sollen insbesondere eine große Menge von Informationen bereitstellen und zwar so, daß sie schnell und einfach zugänglich sind. Ihr Hauptanliegen ist es, Fakten zu vermitteln und nicht Meinungen; deswegen geben die Texte in der Regel der Biographie mehr Raum als der kritischen Auseinandersetzung. Die Aufgabe eines Lexikons ist es vor allem, das gängige tradierte Faktenwissen weiterzugeben sowie Leben und Werk eines Komponisten möglichst umfassend darzustellen, mit genauer Angabe der Quellen und der gebührenden Sorgfalt bei der Wiedergabe unterschiedlicher Standpunkte und darauf zu verzichten, phantasievolle oder spekulative Meinungen über Charakter und Werk eines Komponisten wiederzugeben. Es bleibt zu hoffen, daß die umfassenden Werkverzeichnisse und die ausführlichen Bibliographien den Leserinnen und Lesern nützlich sein werden, die darauf bedacht sind, einen vollständigen und umfassenden Zugang zu allen Informationen zu erhalten.

Für die deutsche Ausgabe wurde das Werkverzeichnis, wo nötig, ergänzt und die Bibliographie für die Bedürfnisse des deutschen Benutzers umgestellt und ergänzt.

S.S.

# 9

# SCHÖNBERG

## OLIVER NEIGHBOUR

ERSTES KAPITEL
# DAS LEBEN

*1874–1914*

Arnold Franz Walter Schönberg (oder Schoenberg, diese Schreibweise übernahm er, als er nach Amerika emigrierte) wurde in Wien am 13. September 1874 geboren. Sein Vater Samuel (1838–90) wurde in Szécsény, seine Mutter (geborene Nachod, 1842–1921) in Prag geboren.

Die Eltern kamen aus Preßburg (Bratislava) nach Wien. Schönberg ›erbte‹ die ungarische Nationalität[1], die er wechselte, als er mit der Gründung der Tschechoslowakei im Jahr 1918 Tscheche wurde. Im Jahre 1941 wurde Schönberg Bürger der USA. Die Eltern waren Juden und erzogen ihre drei Kinder, Arnold, Ottilie und Heinrich, streng im mosaisch-orthodoxen Glauben. Beide Eltern waren nicht besonders musikalisch. Schönberg erinnert sich an seinen Onkel Fritz Nachod, der Gedichte schrieb und ihn in Französisch unterrichtete, als denjenigen, der in seiner Kindheit den größten Einfluß im kulturellen Bereich auf ihn hatte.

Die Schwester und der Bruder Schönbergs zeigten musikalisches Talent. Der Bruder Heinrich wurde, wie der Vetter Hans Nachod, Sänger. Schönbergs musikalische Erziehung begann im Alter von acht Jahren mit Violin-Unterricht und schon bald begann er auch zu komponieren. Er imitierte Violin-Duette von Komponisten wie Pleyel und Viotti, die ihm zum Üben aufgegeben waren. Er arrangierte alles, was ihm in die Hand kam – wie zum Beispiel Opernmelodien oder Militärmusik – immer für zwei Violinen. Ein wenig später, nachdem er einen Mitschüler kennengelernt hatte, der Bratsche spielte, war Schönberg bereits in der Lage, für zwei Violinen und Bratsche zu schreiben; mit diesen Werken unternahm er

---

1 Die Eltern haben wohl in Preßburg (ungarisch Pozsony), das zu Ungarn gehörte, geheiratet und galten als Ungarn. (Anm. d. Ü.).

## II

erste Gehversuche auf dem Weg zum selbständigen Komponieren.

Die Familie war nicht sehr begütert. Ein Jahr nach dem Tod des Vaters, der ein Schuhgeschäft besessen hatte, war Schönberg gezwungen, die Schule zu verlassen und als Angestellter in einer kleinen Privatbank zu arbeiten, in der er fünf Jahre blieb. Inzwischen nahm er an den Abenden alles, was mit Musik, Literatur und Philosophie zu tun hatte, begierig auf. Sein Interesse nach mehr Wissen auf diesen Gebieten wurde von zwei gleichaltrigen Freunden, David Josef Bach und Oskar Adler, stark unterstützt.

Nach Schönbergs eigener Darstellung hat Bach ihm den Mut beigebracht, seine künstlerischen Ideale hochzuhalten. Adler, der ein guter Geiger war, war in Wirklichkeit sein erster Musiklehrer. Schönberg begann als Autodidakt mit dem Cellospiel, erst auf einer großen Bratsche – bespannt mit Zithersaiten – und dann auf einem richtigen Cello, auf dem er mit dem Geigenfingersatz zu spielen begann.

Zusammen gründeten sie ein Laienensemble. Schönberg hatte dadurch die Möglichkeit, das klassische Kammermusikrepertoire von ›innen‹ kennenzulernen, und es veranlaßte ihn, Quartette zu schreiben. Adler half ihm, sein Gehör durch das Kammermusikspielen zu schulen und brachte ihm elementare Kenntnisse der Harmonielehre bei. Über musikalische Formen informierte er sich aus Artikeln in Konversations-Lexika.

Schönberg und seine Freunde hörten sehr wenig Musik, außer der, die sie selber spielen konnten. Konzertbesuche lagen weit außerhalb ihrer wirtschaftlichen Möglichkeiten, es sei denn, daß sie vor einem Cafe verweilten und so den Musikern, die drinnen spielten, zuhören konnten. Während Schönberg noch in der Bank arbeitete, trat er einem Laienorchester bei[2], das sich aus nicht mehr als einer Handvoll Streichern zusammensetzte, die von Alexander Zemlinsky geleitet wurden. Bald wurden Schönberg und Zemlinsky enge Freunde. Zemlinsky, der zwei Jahre älter war als Schönberg, hatte das

---

2 Diese Orchestervereinigung nannte sich »Polyhymnia«. (Anm. d. Ü.)

*»Fröhliches Quintett« (um 1895): der Cellist ist Schönberg und der Geiger mit dem Schnauzbart Fritz Kreisler*

Wiener Konservatorium besucht, und sich dort mit großem Erfolg hervorgetan. Seine Kompositionen zogen das Interesse von Brahms auf sich. Er war durch sein Studium in der Lage, Schönberg einen förmlichen Unterricht zu erteilen, was dieser bis dahin so vermißt hatte.

Ebenso erfuhr er Unterstützung von Josef Labor, dem er einen Satz aus einem Streichquartett C-Dur vorlegte, der um 1894 entstanden sein dürfte. Anerkennung und Unterstützung erfuhr Schönberg auch von Richard Heuberger. Von allen war Zemlinsky sein einziger richtiger Lehrer. Wie wichtig Zemlinskys Einfluß war, ist schwer einzuschätzen. Später äußerte Schönberg, daß er die Kenntnis über Probleme und Techniken des Komponierens Zemlinsky zu verdanken habe, wohingegen Zemlinsky lediglich sagte, daß beide sich ihre Werke nur gegenseitig gezeigt hätten. Es ist schwer zu glauben, daß es je notwendig war, Schönberg zweimal auf ein grundlegendes Kompositionsprinzip hinzuweisen, aber sicher respektierte er Zemlinskys Rat, und die schon früh sehr enge Beziehung zwischen beiden blieb bestehen. In einer Zeit, als Mißverständnisse ihn lehrten sich zurückzuhalten, betrachtete er Zemlinsky sowohl als Mensch wie als Musiker immer mit gleicher Wertschätzung.

Im Herbst 1897 schrieb Schönberg ein Streichquartett in D-Dur. Aufgrund von Zemlinskys Kritik nahm er noch während des Kompositionsvorgangs zahlreiche Änderungen an dem Werk vor. Nachdem diese Änderungen durchgeführt waren, kamen beide zu der Überzeugung, daß dieses Stück eine neue Phase in Schönbergs Werk darstellte. Zemlinsky, der im Komitee des Wiener Tonkünstlervereins war, schlug es daraufhin für einen Konzertabend vor. Der Vorschlag wurde angenommen und das Quartett im folgenden März (1898) in einem Konzert nur für Mitglieder gespielt. Nach seiner guten Aufnahme durch das Publikum wurde es in der folgenden Saison nochmals zur Aufführung gebracht. Es sollte viele Jahre dauern, bevor ein neues Werk Schönbergs einen vergleichbaren Erfolg erlebte. Der Tonkünstlerverein lehnte sein Streichsextett *Verklärte Nacht* 1899 ab, und es gab Proteste, als die Lieder op. 1-3 im Dezember 1900 in der Öffentlichkeit aufgeführt wurden. Von dieser Zeit an hörte, nach Schönbergs eigenen Worten, der Skandal niemals mehr auf. In diesen frühen Werken hatte er schon die ersten Schritte in der Entwicklung hin zu einer chromatischen Schreibweise unternommen, die ihn erst zur Aufgabe der Dreiklangsharmonie und schließlich 1908 der Tonalität selbst führte. Jede Phase seiner Entwicklung rief neue Feindseligkeiten hervor, wenn auch insgesamt noch wenig vom Komponisten Schönberg zu hören war. Er nahm den Protesten gegen ihn die Spitze, indem er für die Öffentlichkeit als Komponist in den Hintergrund trat. Um seine Familie zu ernähren, dirigierte er kleine Gesangvereine und orchestrierte Operetten. Darüber hinaus gelang es ihm, zwischen März 1900 und April 1901 die gewaltigen *Gurrelieder* zu komponieren.

Im Oktober 1901 heiratete Schönberg Zemlinskys Schwester Mathilde (1877–1923). Aus der Ehe gingen zwei Kinder hervor: Gertrud (1902–47), die 1921 Schönbergs Schüler Felix Greissle heiratete und 1938 in die USA emigrierte, und Georg (1906–74). Im Dezember zog das junge Paar nach Berlin, wo Schönberg eine Arbeit im musikalischen Bereich des ›Überbrettl‹ bekommen hatte. Das ›Überbrettl‹ war eine Art Kabarett, das sich teilweise aus Ernst von Wolzogens *Buntem Theater* gebildet hatte. Die Idee vom ›Überbrettl‹ war, auf populäre Art und Weise zu ernsthaften Zielen zu gelangen. Verschiedene damals schon bekannte Literaten wie Wedekind, Morgenstern und Dehmel haben an dieser Konzeption mitgewirkt. Im Sommer versuchte sich Schönberg an der Vertonung von Überbrettel-Versen. Das Lied *Der Nachtwandler* war das Ergebnis, es wurde, wenn auch nur einmal, in Berlin aufgeführt. Schönbergs Anstellung am Überbrettl dauerte nur bis zum nächsten Sommer, danach war er gezwungen, die Orchestrierung der *Gurrelieder* zu unterbrechen, um Operetten zu instrumentieren. Durch Richard Strauss wurde Schönberg von einer weiteren Fortsetzung dieser stumpfsinnigen Arbeit bewahrt. Ihm zeigte Schönberg Teile der *Gurrelieder* und seine neue symphonische Dichtung *Pélleas und Mélisande*. Strauss war beeindruckt und nutzte seinen Einfluß, um Schönberg ein Liszt-Stipendium zu ermöglichen und ihm einen Posten als Kompositionslehrer am Sternschen Konservatorium zu vermitteln. Schönberg blieb also für ein weiteres Jahr in Berlin und kehrte im Juli 1903 mit der vollständigen Partitur von *Pélleas* nach Wien zurück.

Im Herbst dieses Jahres wurden verschiedene Musikkurse organisiert. Sie fanden in Räumen statt, die eine Mädchenschule (gegründet von Dr. Eugenie Schwarzwald) zur Verfügung stellte. Schönberg unterrichtete bei diesen Kursen, jedoch nur in einer einzigen Saison, die Fächer Harmonielehre und Kontrapunkt. Zemlinsky, in dessen Haus Schönberg in dieser Zeit wohnte, unterrichtete bei den Musikkursen Formenlehre und Orchestrierung.

Als Schönberg seine Klasse aufgab, nahmen einige Mitglieder dieser Klasse weiter privat Unterricht bei ihm in Komposition und Theorie. Unter ihnen waren mehrere, die bei Mahlers Freund Guido Adler an der Wiener Universität Musikgeschichte studierten. Im Herbst des Jahres 1904 wurde dieser Kern seiner Schüler durch zwei Neuankömmlinge, Anton Webern (ein Schüler Adlers) und Alban Berg, erweitert. Beide waren zu Schönberg gekommen, um dessen erfolgreiche Schritte auf dem Weg zu einem eigenständigen Komponieren nachzuvollziehen und ihre eigene kompositorische Begabung durch die Übernahme und individuelle Umsetzung von Schönbergs Erkenntnissen zu erfüllen. Webern und Berg waren ihr Leben lang für Schönberg starke Stützen in menschlicher als auch in künstlerischer Hinsicht.

Wenn der Privatunterricht für Schönberg wenig einträglich war – Berg unterrichtete er im ersten Jahr umsonst, da dessen Familie nicht in der Lage war, das Unterrichtsgeld zu bezahlen –, so brachten seine Kompositionen noch weniger ein. Das Wiener Publikum besaß einen sehr konservativen Geschmack und nahm neue Werke – gleichgültig aus welcher Kunstgattung sie kamen – nur sehr widerwillig auf. Spezielle Gesellschaften wurden gegründet, um dieser Situation Abhilfe zu schaffen. Eine dieser Gesellschaften, dem ›Ansorge Verein‹, verdankte Schönberg zahlreiche frühe Aufführungen. Den Anfang machten 1904 einige Lieder. Zu dieser Zeit waren er und Zemlinsky dabei, eine eigene Gesellschaft zu gründen, die sie auch bald unter dem Namen ›Vereinigung Schaffender Tonkünstler‹ einführten. Gustav Mahler konnten sie zur Übernahme des Ehrenpräsidiums bewegen. Mahler war im vorangegangenen Jahr von seinem Schwager Rosé zu Proben der *Verklärten Nacht* eingeladen worden. Rosé[3] bereitete damals das von ihm geleitete Quartett für eine Aufführung dieses Stückes vor. Mahler war tief beeindruckt von dem Werk und wurde ein überzeugter Anhänger von Schönberg, wenn er auch in künstlerischen Dingen nicht immer mit ihm übereinstimmte. Die neue Gesellschaft bestand lediglich in der Saison

---

3 Arnold Josef Rosé, geb. 24.X.1863 in Jassy, gest. 25. VIII. 1946 in London, Konzertmeister der Wiener Philharmoniker. (Anm. d. Ü.)

1904/05. Dennoch verhalf sie anspruchsvollen Werken von Mahler, Strauss, Zemlinsky und anderen zur Aufführung. Im Januar 1905 ermöglichte sie die Uraufführung von *Pélleas und Mélisande*, die der Komponist selbst leitete. Das Orchester war in schlechter Verfassung und die Aufnahme durch das Publikum sehr zurückhaltend.

Der Rahmen, in dem sich Schönbergs Leben in den nächsten Jahren abspielen sollte, wurde jetzt gesteckt. Dadurch, daß Schönberg so viel Unterricht gab, wurden er und seine Familie nicht vor materieller Not geschützt. Noch 1910 war Schönberg gezwungen, bei Mahler Geld zu leihen, um die Miete bezahlen zu können, und im folgenden Jahr veröffentlichte Berg einen Spendenaufruf zugunsten Schönbergs, ohne daß dieser es wußte. Der Stil der Musik, die Schönberg hauptsächlich in den ruhigen Sommermonaten komponierte, wurde zunehmend dissonant. Nach jedem neuen Werk entbrannte ein Sturm der Entrüstung. Das Rosé Quartett brachte Anfang 1907 das erste Quartett und die erste Kammersinfonie zur Uraufführung. Mahler stand für beide Werke in der Öffentlichkeit ein. Nur im kleinen Kreis gestand er, daß er die Entwicklung, die Schönberg mache, nicht nachvollziehen könne. Dennoch entzog er Schönberg nie das Vertrauen. Als Mahler im Frühjahr 1907 Wien verließ, verlor Schönberg einen wertvollen Verbündeten, wenngleich Mahler in den vier Lebensjahren, die ihm noch verblieben, nie zögerte, sich für Schönbergs Wohlergehen und sein Werk einzusetzen. Vorauszusehen war der Tumult im Dezember 1908, den die Uraufführung des zweiten Quartetts durch das Rosé-Quartett hervorrief. Die ersten Werke in freier Atonalität, wie *Das Buch der hängenden Gärten* und die Klavierstücke op. 11, wurden im Januar 1910 erstmals vorgestellt. Sie alle stießen beim Publikum auf allgemeines Unverständnis

Während dieser Zeit, in der sein musikalischer Stil in eine Krise geriet, wandte Schönberg sich mehr und mehr der Malerei zu. Im Oktober 1910 präsentierte der Wiener Kunstsalon Heller eine Einzel-Ausstellung seiner Gemälde. Im Januar 1911 erhielt Schönberg einen Brief des expressionistischen

Malers W. Kandinsky, der sich sehr für seine Bilder interessierte. Ebenso interessierte ihn das musikalische Werk Schönbergs und die Konzeption, die dahinter steckte. Dieser Brief legte den Grundstein zu einer dauerhaften Freundschaft. Schönberg stellte gemeinsam mit der Künstlergruppe ›Der blaue Reiter‹ aus, die von Kandinsky gegründet wurde. Zusätzlich steuerte er zum ersten und einzigen Almanach der Gruppe einen Essay und ein Faksimile des Lieds *Herzgewächse* bei. *Herzgewächse* lautete auch der Titel dieses ersten Almanachs. Nach 1912 stellt er keine Bilder mehr aus. Obgleich Schönberg auch in späteren Jahren noch gelegentlich malte und zeichnete, bekam für ihn der visuelle Ausdruck nie mehr die Bedeutung, die er in dieser kurzen Zeit besaß.

Schönberg hatte über einen längeren Zeitraum hinweg stetig Musik geschrieben; diese kontinuierliche Arbeitsweise kulminierte in den außerordentlichen Werken des Jahres 1909: zu nennen sind hier die Klavierstücke op. 11, die fünf Orchesterstücke op. 16 und das Monodram *Erwartung*. Danach verlangsamte sich das Tempo, in dem er komponierte. Die freie Zeit der Jahre 1910-11 hat er fast ganz der Niederschrift seiner Harmonielehre und dem Abschluß der seit langem hinausgeschobenen Orchestrierung der *Gurrelieder* gewidmet. 1910 bewarb Schönberg sich bei der Wiener Akademie für Musik und darstellende Kunst, um als Privat-Dozent für Theorie und Komposition dort tätig werden zu können. Seine Bewerbung hatte Erfolg, jedoch wurden die Hoffnungen, daß dies zu einer Professur führen könnte, enttäuscht. Bei einer Diskussion im Parlament war er rassistischen Anschuldigungen ausgesetzt. Nach Ablauf des Schuljahres 1910/11 hatten sich seine Lebensumstände so weit verschlechtert, daß er sich entschloß, noch einmal sein Glück in Berlin zu versuchen, wohin er im Herbst 1911 mit seiner Familie zog.

In Berlin wurde er mit sehr unfreundlichen Kommentaren in der Presse empfangen, und seine Vorlesungen am Sternschen Konservatorium waren im Wintersemester nur mäßig besucht. Trotzdem begann sich sein Schicksal offensichtlich langsam zum Besseren zu wenden. Sein Name wurde jetzt wenigstens international bekannt, und das Publikum begann, für seine frühen Werke zugänglicher zu werden. Die späteren Werke erweckten immerhin Neugier. Der im Sommer 1912 komponierte *Pierrot lunaire* hatte unter der Leitung des Komponisten einen beachtlichen Erfolg und wurde im Oktober auf einer Tournee in elf deutschen und österreichischen Städten vorgestellt. Sir Henry Wood hatte im September 1912 die Orchesterstücke in London zur Uraufführung gebracht, die *Gurrelieder* wurden im Februar 1913 in Wien, unter der Leitung von Franz Schreker, uraufgeführt. Diese Uraufführung wurde ein überwältigender Erfolg, aber der Komponist, der in den vergangenen Jahren unter der Mißachtung des Wiener Publikums gelitten hatte, wollte von diesem Erfolg nichts wissen. Fünf Wochen später ›rächte‹ sich das Publikum an Schönberg, als es einem Konzert mit Musik von ihm und seinen Anhängern ein jähes Ende bereitete. Inzwischen wurde Schönberg durch einen großzügigen Mäzen von den drückenden finanziellen Schwierigkeiten befreit und war fest entschlossen, eine zweite Karriere als Dirigent zu beginnen. Zum Dirigieren mangelte es ihm an Erfahrung, trotzdem organisierte Zemlinsky schon Anfang 1912 ein Konzert, das Schönberg dirigieren sollte. Auf dem Programm stand unter anderem *Pélleas und Mélisande*. Dieses Konzert bereitete ihm den Weg für eine Dirigentenlaufbahn. So konnte er bis zum Ausbruch des Ersten Weltkriegs *Pélleas*, die *Gurrelieder* und die Orchesterstücke in vielen europäischen Städten dirigieren.

*Der Erste Weltkrieg und die Zeit danach*

Der Ausbruch des Ersten Weltkriegs hat dieser Entwicklung ein Ende bereitet. Konzerte, speziell solche mit neuer Musik, waren kaum mehr gefragt. Viele von Schönbergs Schülern wurden einberufen, und er mußte seinen Unterreicht vollständig einstellen. Im Mai 1915 wurde er selbst in Wien für die Reserve gemustert und zu seiner Überraschung zurückgestellt, da man bei ihm einen Blähhals festgestellt hatte. Im September 1915 zog er mit seiner Familie wieder zurück nach Wien. Nach einigem Zögern nahm er das Angebot seiner Mäzenin Frau Lieser an und zog mietfrei in ein Haus von ihr ein. Bei einer zweiten Musterung wurde das Ergebnis der ersten revidiert und Schönberg für tauglich befunden. Daraufhin wurde er als ›Einjährig Freiwilliger‹ in die Armee aufgenommen. Schönbergs Gesundheit war jedoch nie sehr beständig. Unter der Belastung eines Trainingscamps in Bruck an der Leitha begann er an Asthma zu leiden, das sein ganzes Leben nicht mehr ausheilte. Hinzu kamen andere Gebrechen. Freunde von Schönberg setzten sich für seine Entlassung aus der Armee ein. Diesem Wunsch wurde unerwarteter Weise auch im Oktober 1916 entsprochen. In den vergangenen vier Jahren hatte Schönberg nur wenig komponiert. Aus dieser Zeit sind als bedeutende Werke nur die vier Orchesterstücke op. 22, die im Zeitraum von 1913-16 entstanden, und die Oper *Die glückliche Hand*, die er 1913 fertiggestellt hatte, zu nennen. Die ganze Zeit hindurch beschäftigten ihn Pläne für ein groß angelegtes religiöses Werk. Nach seiner Rückkehr ins zivile Leben entschied er sich, seine Vorstellungen in einem Oratorium umzusetzen. Im Mai 1917 lag der Text zur *Jakobsleiter* fertig vor.

Im Juni begann er mit der Komposition der Musik. Die Zeitumstände hätten nicht ungünstiger sein können. Nahrungsmittel und Kohlen wurden in Wien immer knapper, und Geld war, zumindest in Schönbergs Haushalt noch weniger vorhanden. Im Zeitraum von drei Monaten vertonte Schönberg den ganzen ersten Teil des Oratorientextes, ohne jedoch die Orchestrierung vollständig auszuarbeiten. In der gleichen Zeit trat er an die Öffentlichkeit mit dem Plan eines ›Seminars für Komposition‹. Das Seminar sollte jeden starren Lehrplan vermeiden, sondern sich an den speziellen Bedürfnissen der einzelnen Schüler orientieren. Jeder Schüler sollte nur das bezahlen, was er seinen Verhältnissen gemäß konnte. Der September des Jahres 1917 brachte für Schönberg weitere Schwierigkeiten. Er sah sich gezwungen, aus seinem Haus auszuziehen. Die Hauswirte waren mißtrauisch über sein Einkommen, und daher war die Familie über Wochen hinweg gezwungen,

*Arnold Schönberg*

eingeschränkt in billigen Pensionen zu wohnen. Am 17. September wurde er erneut einberufen. Diesmal wurde er dem Ersatzbataillon zugeteilt. Obwohl noch immer die Möglichkeit bestand, daß er aus Wien abkommandiert wurde, bis er dann im Dezember endgültig aus der Armee entlassen wurde, waren seine Pflichten doch weniger anstrengend als früher, und er konnte oft zuhause bleiben. Daher war es ihm möglich, seine Pläne für das Seminar an der Schwarzwaldschule voranzutreiben, und es gelang ihm auch, diese zu verwirklichen. Nach seinem Umzug nach Mödling im April des nächsten Jahres hielt er dort bis 1920 weitere Seminare ab. Für die Fortführung der Oratorienkomposition war das kurze militärische Zwischenspiel aber verheerend. Obwohl er gedanklich an dem Werk weiterarbeitete und somit den roten Faden nie verlor, hatte er 1922 nur knapp die Hälfte des Zwischenspiels, das die beiden Teile des Werks verbinden sollte, komponiert. Damit brach die Arbeit ab, der er nichts mehr hinzufügte.

Ein direktes Ergebnis der Seminare war die Gründung eines ›Vereins für musikalische Privataufführungen‹, dessen Aufgabe es sein sollte, gründlich einstudierte Aufführungen von neuen Werken auszurichten und sie einer Gruppe ernsthaft interessierter Mitglieder zu präsentieren. Mitglieder bezahlten nach ihren finanziellen Möglichkeiten, obwohl es nur eine einheitliche Platzwahl gab. Die Presse war von vornherein von einer Mitgliedschaft ausgeschlossen. Einzelheiten über das jeweilige Konzertprogramm waren nicht im voraus zu erhalten. Viele der Werke wurden zum besseren Verständnis wiederholt, Orchesterwerke kamen in Arrangements für Klavier oder Kammerensemble zur Aufführung. In den drei Jahren zwischen Februar 1919 und Ende 1921, als die Inflation den Aktivitäten der Gesellschaft ein Ende bereitete, wurden 353 Aufführungen von 154 Werken in 117 Konzerten veranstaltet. Einige von Schönbergs jetzigen und früheren Schülern halfen bei der Organisation dieses gewaltigen Unternehmens, wenngleich Schönberg eine beträchtliche Anzahl der Aufführungen selbst probte und leitete.

Der Frieden brachte Schönberg wenigstens ein neues internationales Interesse an seiner Musik. Er wurde wieder eingeladen, Konzerte im Ausland zu dirigieren. In Amsterdam wurde er zum Präsidenten der internationalen Mahler-Gesellschaft ernannt. Im Winter 1920/21 nahm er dort an einem Festival teil, das seinen eigenen Werken gewidmet war und hielt zusätzlich eine Reihe von Vorlesungen über Musiktheorie. Es war die

Zeit, als er die Zwölftonlehre formulierte. Die ersten seriellen Werke – die Klavierstücke op. 23, die Serenade op. 24 und die Klaviersuite op. 25 – wurden alle in dem Zeitraum zwischen den Jahren 1920 und 1923 geschrieben. Das Bläserquintett op. 26 wurde 1924 vollendet. In diesem Jahr wurden nicht nur die Serenade und das Quintett, sondern auch das Monodram *Erwartung* in Prag und die Oper *Die glückliche Hand* in Wien uraufgeführt.

Im Oktober 1923 starb Mathilde Schönberg. Obgleich es in der Ehe in früheren Jahren ernste Schwierigkeiten gegeben hatte, zeugen die Briefe, die Schönberg in der Zeit ihres Todes schrieb, zweifellos von einer tiefen Zuneigung zu ihr. Einen Monat später vollendete er sein *Requiem*. Den ersten Teil dieser Betrachtung über den Tod hatte er bereits etwas früher entworfen; er hat den Text niemals vertont. Schönbergs Witwer-Dasein dauerte nicht sehr lange. Ende August 1924 heiratete er zwei Wochen vor Vollendung seines 50. Geburtstags Gertrud Kolisch, die Schwester seines Schülers Rudolf Kolisch (Kolisch war Geiger und Leiter eines Streichquartettes, das sich in den 20er und 30er Jahren ganz besonders für die Kammermusik von Schönberg einsetzte). Aus dieser Ehe gingen drei Kinder hervor: Nuria (1932 in Barcelona geboren), die den italienischen Komponisten Luigi Nono geheiratet hat, Rudolf Ronald (1937 geboren) und Lawrence Adam (1941 geboren).

1925 wurde Schönberg eingeladen, als Nachfolger von Feruccio Busoni, der ein Jahr zuvor gestorben war, eine Kompositions-Meister-Klasse an der Preußischen Akademie der Künste zu leiten. Er nahm das Angebot an und unterschrieb den Vertrag im September. Nach einer Verzögerung durch eine Blinddarmoperation zog er das dritte und letzte Mal von Wien nach Berlin. Einige seiner Schüler, darunter Gerhard und Zillig, folgten ihm. Eisler, der nicht mehr sein Schüler war, kam unabhängig von Schönberg um dieselbe Zeit nach Berlin. Skalkottas stieß erst etwas später zu Schönbergs Unterrichtsklasse. In den folgenden sieben Jahren erfreute sich Schönberg besserer Bedingungen für seine Arbeit als jemals in seinem

Leben. Grundsätzliche Fragen, die die Organisation und Verwaltung der Akademie betrafen, konnte er mit entscheiden. Für seine Kurse und Vorlesungen war allein er verantwortlich. Außerdem mußte er durchschnittlich nur sechs Monate im Jahr unterrichten und konnte die Unterrichtszeiten selber bestimmen. Entsprechend seiner verfügbaren Zeit komponierte er viel. Der Suite op. 29, die er größtenteils noch in Wien geschrieben hatte, folgten die Variationen für Orchester op. 31, das Schauspiel *Der Biblische Weg*, das dritte Streichquartett, die Oper *Von heute auf morgen*, die *Begleitmusik zu einer Lichtspielszene*, erste Skizzen zu *Moses und Aron*, das Cello-Konzert nach Monn und mehrere kleinere Stücke. Seine früheren Werke fanden immer mehr Zustimmung beim Publikum, seine gerade fertiggestellten Werke dagegen wurden zwar aufmerksam angehört, fanden jedoch nicht die ungeteilte Anerkennung. Die Variationen op. 31 zum Beispiel wurden, als sie 1928 durch Furtwängler uraufgeführt wurden, sehr geteilt aufgenommen.

Da für Schönberg keine Aussicht bestand, jemals von seinen Kompositionen leben zu können, kam die Anstellung an der Akademie seinen Bedürfnissen sehr entgegen. Das einzige Problem war für ihn das Berliner Klima. Im Winter 1930/31 wurde sein Asthma sehr viel schlimmer, den folgenden Sommer wurde es nur wenig besser. Daher entschloß er sich, den nächsten Winter nicht im Norden zu verbringen. Die Schönbergs gingen deshalb im Oktober nach Barcelona, in die Nähe von R. Gerhard und seiner Frau; verschiedene Umstände führten dazu, daß sie bis Mai 1932 blieben. Doch jetzt war es nicht Schönbergs Gesundheit, die ihn jeder Sicherheit in Berlin beraubte, sondern die politischen Umstände.

Der Antisemitismus hatte schon in Wien, vor dem Krieg, das Seine zu den Feindseligkeiten gegen ihn beigetragen. In den frühen 20er Jahren, als er erfahren mußte, wie grob-beleidigendes Verhalten gegenüber Juden durch Hitlers Agitation zur Gewohnheit wurde, sah er schon voraus, daß Gewalttätigkeit das Ergebnis davon sein würde. 1933 begannen sich seine Befürchtungen zu bewahrheiten. Es war keine Überraschung, als auf einer Senatssitzung am 1. März die Anordnung der Regierung, ›jüdische Elemente‹ aus der Akademie zu entfernen, in Anwesenheit Schönbergs verkündet wurde. Er verließ sofort die Versammlung und betrachtete diese Ankündigung als seine Entlassung. Offiziell wurde seine Entlassung Ende Oktober ausgesprochen, was einen Bruch seines Vertrags darstellte, der ihm eigentlich für weitere 23 Monate die Anstellung sicherte.

Die Schönbergs verließen Berlin im Mai 1933 und verbrachten den Sommer in Frankreich. Das einzige Werk, das er in dieser Zeit komponierte, war das *Konzert für Streichquartett und Orchester nach Händel*. In dieser Zeit kehrte Schönberg zum mosaischen Glauben zurück, von dem er sich 1898 zugunsten des Lutherischen Glaubens abgewendet hatte. Seine christliche Überzeugung war nicht von langer Dauer gewesen. Nach eigenem Bekunden lebte er nie ohne eine religiöse Überzeugung und antireligiös war er zu keiner Zeit. Während der Kriegsjahre gab ihm die Religion die einzige Stütze. Zunächst versuchte er nicht, seine persönlichen Überzeugungen mit denen irgendeines religiösen Bekenntnisses zu verbinden. Mit dem zunehmenden Antisemitismus nach dem Ersten Weltkrieg empfand er, daß der Glaube, in dem er aufgewachsen war, in vielem mit seinen Überzeugungen übereinstimmte und ihn anzog. Und so bahnte er sich seinen Weg zu seinem eigenen, nicht in allem orthodoxen Verständnis dieses Glaubens. Diese Rückbesinnung auf den mosaischen Glauben wurde durch die Zeremonie in Paris offiziell bekundet.

## *Amerika*

Schönbergs Suche nach einer Anstellung endete mit der Annahme einer bis zum Mai 1934 befristeten Dozentenstelle am Malkin Konservatorium in Boston. Die Familie kam Ende Oktober 1933 in die USA. Die Arbeit bewegte sich auf einem dürftigeren Niveau, als Schönberg sich es vorgestellt hatte. Einige Kurse mußten in New York gehalten werden, was wöchentlich eine anstrengende Reise bedeutete. Sowie im Dezember das Wetter schlechter wurde, verschlechterte sich auch seine Gesundheit rapide. Im Januar und abermals im März wurde er ernstlich krank. Im Sommer erholte er sich, er traute sich jedoch nicht, einen weiteren Winter an der Ostküste zu bleiben und zog im Herbst 1934 dem Klima zuliebe nach Los Angeles – eine Entscheidung, die wahrscheinlich sein Leben um einige Jahre verlängerte.

Zuerst ließ er sich in Hollywood nieder, wo er bis Ende des Jahres die Suite für Streichorchester fertigstellte. Bald hatte er einige Privatschüler und im akademischen Jahr 1935/36 hielt er Vorlesungen an der University of Southern California. 1936 nahm er eine Professur an der University of California in Los Angeles an und zog in ein Haus in Brentwood Park, in dem er bis zu seinem Lebensende wohnte. In diesem Jahr 1936 komponierte er das vierte Streichquartett und schloß das Konzert für Violine und Orchester ab, das er anscheinend im vorangegangenen Frühjahr oder Sommer begonnen hatte.

Obwohl Schönberg mit seinem Exil in Amerika ein glücklicheres Los zog als die meisten der gleich ihm geflohenen Kollegen, fand er kaum den nötigen Seelenfrieden. Vieles in der ihm fremden Umgebung konnte er nur schwer ertragen. Wenige seiner Schüler besaßen so solide Kenntnisse, daß sie in der Lage waren, sein Wissen und seine Erfahrung für ihre eigene Entwicklung zu nutzen. In Amerika gab es kein Publikum für eine Musik, wie er sie zu schreiben wünschte. Darüber hinaus entsetzten ihn die schlimmen Nachrichten aus Europa und die dortige steigende Bedrohung von Freunden und Verwandten. Seine ständigen Anstrengungen, einzelnen Opfern der Verfolgung zu helfen, konnten aber das Gefühl der Hilflosigkeit nicht schwächen, und das bei jemandem, der es gewohnt war, Abhilfe auch in die Tat umzusetzen. Zeitweilig verfiel er deswegen in Depressionen. In der Folge jedoch fand er seinen Weg, um mit seiner Situation zurechtzukommen. Der Krieg enthob ihn auf seine Weise von gewissen Folgen. Sein häusliches Glück war die Quelle, aus der er Kraft schöpfte, und seine Kinder, denen Amerika schnell eine Hei-

*Schönberg mit seiner Frau Gertrud
und ihren drei Kindern
in Los Angeles*

mat wurde, bildeten die Stütze, um sich in den USA wohlzufühlen. Zwischen 1936 und 1940 schrieb er nur ein eigenständiges Werk, *Kol nidre*, das er zum Gebrauch in der Synagoge komponiert hatte. Außerdem vervollständigte er lediglich die zweite Kammersymphonie, Teile davon hatte er schon zwischen 1906 und 1916 komponiert. 1941 dann schrieb er als Auftragskomposition die Orgelvariationen und 1943 folgten noch drei weitere Stücke. Zusätzlich nahm er sich die Entwürfe einiger unvollendet gebliebener theoretischer Schriften vor und brachte sie in eine Form, die im Hinblick auf seine amerikanischen Schüler bewußt strikt praktisch und verständlich gehalten war. Trotz allem dachte er 1944 immer noch an eine Emigration aus Amerika.

Dieses Jahr war ein Wendepunkt in doppelter Hinsicht. Im

Februar begann sich seine Gesundheit rapide zu verschlechtern. Diabetes wurde bei ihm diagnostiziert, er litt an Schwindelgefühl und Ohnmachtsanfällen, sein Asthma verschlimmerte sich. Hinzu kamen Sehstörungen, an denen er schon seit einiger Zeit litt. Nachdem er im September siebzig Jahre alt geworden war, mußte er seine Professur aufgeben. Da er an der Universität nur acht Jahre gelehrt hatte, fiel seine Pension sehr gering aus. Daher war er gezwungen, auch weiterhin Privatunterricht zu geben. 1946 hielt er eine Reihe von Vorträgen an der University of Chicago. Im August dieses Jahres erlitt Schönberg einen Herzinfarkt, auf den ein sofortiger Herzstillstand folgte. Er konnte nur durch eine direkte Spritze ins Herz wiederbelebt werden. Diese Erfahrung verarbeitete er im übertragenen Sinne in dem Streichtrio, das er kurz nach seiner Genesung komponierte. Obwohl es ihm so gut ging, daß er im Sommer 1948 in Santa Barbara Kurse geben konnte, lebte er die überwiegende Zeit seiner verbleibenden fünf Lebensjahre als zurückgezogener kranker Mensch. Andererseits war ihm die Genugtuung vergönnt, die Entstehung des Staates Israel zu verfolgen (er wurde 1951 zum Ehrenpräsidenten der israelischen Musikakademie in Jerusalem ernannt) und zu erleben, wie das Interesse an seiner Musik in den Nachkriegsjahren stetig zunahm. In dieser Zeit überarbeitete er eine kleine Sammlung aus der Vielzahl seiner größtenteils ungedruckten Essays und Artikel und veröffentlichte sie unter dem Titel *Style and Idea*. Den wenigen kurzen Kompositionen, die er in dieser Zeit noch vollenden konnte, lagen religiöse Gedanken zugrunde. In seinem letzten Lebensjahr arbeitete Schönberg an einer Folge religiöser Betrachtungen, die er ursprünglich *Modern Psalms* nannte, deren Titel er aber später in *Psalmen, Gebete und Gespräche mit und über Gott* änderte. Seine letzte Komposition war eine unvollständige Vertonung des ersten dieser Psalmen. Schönberg starb am 13. Juli 1951 in Los Angeles.

## Persönlichkeit und Überzeugungen

Die spärlichen Erinnerungen derjenigen, die Schönberg in den frühen Jahren kannten, betonen seine Begeisterung und Unbeirrbarkeit. Solche Eigenschaften kann man nur von einem jungen Menschen erwarten, der eine Entfaltungsmöglichkeit für seine ungewöhnliche Begabung findet. Ein weiterer Umstand ist als Grund für sein in der Zeit vor *Verklärte Nacht* wachsendes Selbstbewußtsein zu nennen: die Tatsache, daß er sich alle wichtigen Dinge selbst beigebracht hat. Ein Umstand, der sein späteres Denken und seine Lebensauffassung nachhaltig beeinflußte.

Er hatte das Glück, nicht nur mit einer außerordentlichen musikalischen Begabung ausgestattet zu sein, sondern auch eine starke Persönlichkeit und genügend intellektuelle Energie zu besitzen, mit denen er seine sozialen und erziehungsbedingten Nachteile ausgleichen konnte. Instinktiv unternahm er alle notwendigen Schritte, um seinen Mangel an schulmäßiger musikalischer Ausbildung zu kompensieren, aber weder das Lesen von willkürlich ausgewählten musiktheoretischen Schriften noch das eher nebenbei aufgeschnappte Musikwissen (so soll er zum Beispiel eine Vorlesung von Bruckner an der Akademie gehört haben), ja nicht einmal die ständige Unterstützung durch Zemlinsky konnten etwas an seinem Gefühl ändern, von den Dingen, die man ihm gelehrt hatte, nie großen Nutzen gezogen zu haben, wenn er sie nicht schon für sich selbst entdeckt hatte. Der Unterricht konnte ihn bestenfalls nur anregen, zu seinem eigenen Wissen zu gelangen. Der Prozeß des unabhängigen Entdeckens auf dem Gebiet der Musik prägte nachhaltig seine Geisteshaltung und sein Seelenleben. Sein Herantreten an das Komponieren, ob nun im Zusammenhang eines einzelnen Werkes oder in seiner allgemeinen kompositorischen Entwicklung, war immer vom Ausprobieren gekennzeichnet. Leben war für ihn gleichbedeutend mit einer Suche nach Veränderung und religiöser Erfahrung.

Seine frühen Erfahrungen spiegeln sich am intensivsten in seiner Lehrmethode wider und können deswegen teilweise daraus abgeleitet werden. Schönberg lehnte es ab, das Schulwissen, das er nie gelernt hatte, zu vermitteln und war mißtrauisch gegenüber rein theoretischen Kentnissen, die er immer als einen ›Feind‹ des Verständnisses ansah. Vom frühesten Zeitpunkt an wurden seine Schüler angehalten, kreativ zu sein, selbst ihre einfachste Übung aus einer vom Ausdruck geprägten Intention abzuleiten und gleichzeitig den Voraussetzungen der anfänglichen Idee treu zu bleiben. Ihr Lehrer ließ keine Inkonsequenz zu, so wie er zu einem späteren Zeitpunkt jeden Verstoß gegen ihr eigenes musikalisches Gespür ausfindig machte. Für viele von Schönbergs Schülern, die er in den frühen Jahren unterrichtet hat, war die moralische Pflicht, die er sie lehrte, mit der sie an die Forderungen und Ansprüche ihrer Kunst heranzutreten hatten, für ihre gesamte Lebensauffassung bestimmend. Sie versammelten sich um ihn wie eine Schar von Jüngern. Ihr Meister profitierte genauso wie sie von dieser Beziehung. Sein lebenslanges Interesse, Unterricht zu geben, lag auch darin begründet, daß er auf diese Weise immer wieder gezwungen wurde, selbst nach den Quellen und Möglichkeiten der Musik weiterzuforschen. Viele seiner Komponistenkollegen ließen durch die Bearbeitung von Kanonkompositionen das Lösen von kontrapunktischen Aufgaben üben. Schönberg dagegen, der es sich angewöhnt hatte, in Prozessen und weniger in Systemen zu denken, gab seinen Schülern einen gemeinsamen Ausgangspunkt vor, von dem aus jeder selbständig weiterarbeiten sollte; er half dabei jedem einzelnen, gemäß der eigenen Persönlichkeit und der individuellen musikalischen Begabung seine Lösung zu finden.

Man würde vermuten, daß diese Art des Unterrichts zu großer stilistischer Freiheit hätte führen müssen, insbesondere im Hinblick auf die *Harmonielehre*, in der alle akademischen Regeln als bedeutungslose Abstraktionen der Praxis einer vergangenen Epoche abgetan werden. Genau das Umgekehrte war der Fall: Schönberg hielt sich in seinem Unterricht strikt an die Grenzen der Tonalität und erweckte die Vorschriften der traditionellen Satzlehre wieder zum Leben, indem er ihre funktionelle Bedeutung sowohl für das Werk seiner Schüler wie für das der großen österreichischen und deutschen Komponisten demonstrierte, die er ständig als Zeugen aufrief. Seine eigenen Ausgangspunkte im Bereich der Musiktheorie, wie Sechter in der *Harmonielehre* und in *Functions of Harmony*, Fux in *Preliminary Exercises in Counterpoint* und *Fundamental of Musical Composition*, waren vergleichsweise unwichtig: in seinem Unterricht zählte nur die Devise, durch ständiges Ausprobieren und Erforschen neuer Möglichkeiten den einzelnen weiterzubringen. Sein wesentliches Ziel war es, logisches Denken zu vermitteln. Das konnte am besten in einem Zusammenhang geschehen, in dem die Theorie als notwendige Unterfütterung der Praxis zur Erklärung beiträgt. Auch in diesem Punkt spiegelt sein Unterricht wieder die eigene Haltung als Komponist wider, die er dann in der *Harmonielehre* mühsam zu klären versuchte. Er war überzeugt, daß die neuesten Entwicklungen seines Stils, obgleich sie intuitiv erfolgten, immer ein logisches Ergebnis auf dem Boden der Tradition darstellten, und daß sie, bei gleichzeitiger Mißachtung der Regeln, dennoch auf grundlegenden Gesetzen beruhten, die schließlich genau bestimmbar wären. Solange dies noch nicht geschehen war, mußte ein Schüler, der sich zu ähnlichen Arten des Ausdrucks hingezogen fühlte, seinen eigenen Weg mit Hilfe eines Selbstvertrauens bahnen, das er auf besser vermessenem Gelände gewonnen hatte – und der Hörer benötigte Vertrauen.

In den schwierigen Jahren vor dem Entstehen der *Harmonielehre* wurde seiner Musik selten Vertrauen oder doch wenigstens ein Quentchen jenes Wohlwollens entgegengebracht, ohne die eine Einschätzung künstlerischen Schaffens gar nicht möglich ist. Auf der anderen Seite wurden seine Werke mit fast unglaublicher Ausdauer und Bosheit abgelehnt. Vielleicht hat keine Musik bis dahin, und seither nicht wieder, zu solch unterschiedlichen Reaktionen geführt. Schönberg selbst mußte am Ende seines Lebens, obgleich er international bekannt war, akzeptieren, daß ein weitverbreitetes Unverständnis gegenüber seiner Musik herrschte. Der Preis, den er für seine künstlerische Integrität zahlen mußte, war unverhältnismäßig hoch. Man sollte sich daran erinnern, daß die Entrüstung, die sogar ein Werk wie *Pélleas und Mélisande* hervorrief, beim überwiegenden Teil der Zuhörer nicht auf denkfaulem Konservatismus, sondern auf einem positiveren Instinkt beruhte, mit dem das Publikum gemerkt hatte, daß das Werk ein Vorbote des radikalen Umsturzes allgemein akzeptierter musikalischer Regeln war und damit eine Bedrohung der traditionell genau definierten musikalischen Bedeutung darstellte. Schönberg, der von derselben Tradition und vielen ihrer Voraussetzungen ausging, verstand diese Befürchtungen des Publikums und erlebte dessen Angriff darum als eine Art Verstärkung seines inneren Zweifels, der noch mehr Mut erforderte für einen Ausfall. Er fühlte sich zwanghaft dazu gedrängt, den Bruch mit der Tonalität voranzutreiben, immer in Selbstzweifeln verstrickt, und erst nach erheblichem Zögern brach er schließlich wirklich mit ihr. Da ihm die systematische Rechtfertigung in der Theorie entglitt, hielt er nach einer anderen Stütze Ausschau, die seine Intuitionen sichern könnte. Eine solche Stütze fand er schließlich in der Religion.

1912, ein Jahr nach dem Tod des Komponisten, äußerte sich Schönberg über Mahler in Worten, die deutlich machen, mit welchen Vorstellungen er sich damals beschäftigte. Er klagte mit großer Erbitterung diejenigen an, die durch ihre endlose Verunglimpfung Mahler dazu gebracht hätten, das Vertrauen in sein eigenes Werk zu verlieren. Er bezeichnete Mahler in diesem Zusammenhang als Heiligen und Märtyrer. Er sah alle große Musik als Ausdruck der Sehnsucht der Seele nach Gott und den Genius als einen Stellvertreter dieser geistigen Zukunft, so daß die verständnislose Gegenwart zwangsläufig das Gute verfolgen und das Schlechte unterstützen müßte. Sein Zitat von Mahlers Bemerkung, daß die achte Symphonie mit großer Schnelligkeit komponiert sei, fast in einer Art Diktat, ist besonders bezeichnend, denn Schönberg selbst komponierte gleichfalls sehr schnell. Oft war diese Erfahrung mit dem Gefühl verbunden, daß, wie groß auch immer die Anstrengung war, die er in ein Werk steckte, ihm dennoch ein Mehr zurückgegeben wurde, das er nicht im voraus berücksichtigen konnte.

*Arnold Schönberg: Selbstporträt (um 1910)*

Ein ähnliches Gefühl überfiel ihn in seiner stilistischen Entwicklung, die ihm gleichsam aus den Händen genommen schien. Es waren nicht nur Mahler und seine großen Vorgänger, die er als von göttlicher Inspiration geleitete Meister ansah. Sein Eingeständnis, daß die Rolle des Auserwählten in *Die Jakobsleiter* auf eigenen Erfahrungen basiert, zeigt, daß er sich zweifellos auch zu den göttlich Inspirierten zählte (– obgleich Mahlers Musik seine eigene niemals nachhaltig beeinflußte und seine Sympathie für Mahlers Werke zeitweise sehr schwankte – zu seinem eigenen Unbehagen übrigens, denn er war bestrebt, die Achtung, die er Mahler entgegenbrachte, auch auf dessen Werk zu übertragen.)

Schönbergs Bedürfnis, seine künstlerische Rolle zu verstehen, war kaum der einzige Grund seiner geistigen Krise, an deren Ende er den religiösen Glauben wiederentdeckte: es ist einfach der einzige Grund, zu dem sein Werk und seine Schriften einen Zugang geben. Auch die im Schauspiel *Der biblische Weg* und in *Moses und Aron* verkörperten Ideen können seine Rückkehr zum mosaischen Glauben nicht restlos als das Ergebnis einer Entwicklung erklären, in deren Folge ihm die Religion zur Stütze gegen rassistische und künstlerische Verfolgung wurde. Die Entscheidung, diese Rückkehr auch offiziell vorzunehmen, war für Schönberg nicht einfach, denn sie schien seine Trennung von der westlichen Tradition zu besiegeln, die seine geistige Heimat war und zu der er so Entscheidendes beigesteuert hat. In dieser Zeit trug er sich deswegen sogar mit dem Gedanken, das Komponieren aufzugeben und sich ganz der jüdischen Sache zu widmen. Das geschah nicht, aber sein eigener Idealismus verknüpfte sich bis zum Ende seines Lebens eng mit dem Idealismus, den er als Jude empfand. Das zeigt ein Brief, den er drei Monate vor seinem Tod an die israelische Musikakademie schrieb:

»*Aus einem solchen Institut müssen wahre Priester der Kunst hervorgehen, die der Kunst mit der selben Weihe entgegentreten, wie der Priester Gottes Altar. Denn wie Gott Israel als das Volk auserwählt hat, dessen Aufgabe es ist, trotz aller Verfolgungen, trotz aller Leiden den reinen, wahren mosaischen Monotheismus aufrecht zu erhalten, so ist es Aufgabe der israelitischen Musiker, der Welt ein Vorbild zu geben, das allein imstande ist, unsere Seelen wieder funktionieren zu machen, wie es die Höherentwicklung der Menschheit erfordert.*«[4]

---

4 A. Schönbergs Briefe, hrsg. v. Erwin Stein, Mainz 1958.

Die Idee, daß der Künstler Priester oder Prophet ist, wird oft abwertend als übertrieben, selbstzufrieden, arrogant oder anmaßend bezeichnet. Aber niemand, der *Moses und Aron* und *Die Jakobsleiter* studiert, wird behaupten, daß Schönberg auf eine billige Selbstgerechtigkeit aus war, oder daß er einfache Lösungen von geistigen und künstlerischen Problemen suchte. Der Weg, der ihm aufgegeben war, war ohne jede Markierung. Er mußte ihn blind, oftmals in Ängsten und in dem Wissen beschreiten, daß er in dem Augenblick verloren ging, wo das Vertrauen schwand. Zudem kamen das Vertrauen in den Glauben auf der einen und die Pflicht, alles rational zu analysieren und zu rechtfertigen, auf der anderen Seite miteinander in Konflikt. Der Glaube an die Intuition hat das Bewußtsein zu fürchten, bedarf aber dennoch der Unterstützung durch die Pflicht, die dementsprechend den Graben zwischen Rationalität und Intuition irgendwie überbrücken muß. Diese letzten Endes unversöhnbare Spannung durchzieht Schönbergs gesamtes Denken und zeigt sich in vielerlei Verkleidungen. Sie liegt zum Beispiel auch dem Serialismus zugrunde, wo jede Note einem theoretisch untermauerten Gesetz folgt, aber in einer Weise, daß die Intuiton ihre Freiheit zurückerhält. Auch im Stoff von *Moses und Aron* kann man die beiden Pole seiner Arbeit erkennen: In diesem Stück sollen unbeschreibbare Wahrheiten zum Ausdruck gebracht werden. Eine Aufgabe, die fast unlösbar scheint.

So kompromißlos, wie Schönberg in seiner Arbeit versuchte seine Ideale durchzusetzen, so kompromißlos und leider auch unerbittlich war er, um seine Ideale gegenüber der Gesellschaft zu vertreten. Er konnte kein Unverständnis gegenüber seiner Musik ignorieren, er fühlte sich dadurch angegriffen und wehrte sich sofort mit aller Kraft. Er sagte es selbst einmal in einem Brief vom 1.8. 1924 an den Musikschriftsteller Paul Bekker:

*»Bessere Menschen werden leider rascher Feinde als Freunde, weil alles für sie so ernst und wichtig ist, daß sie im ewigen Verteidigungszustand beharren. Dazu drängt sie die große und nachsichtslose Aufrichtigkeit, mit der sie sich selbst behandeln, und veranlaßt sie, eine solche auch dritten gegenüber anzuwenden. Sehr mit Unrecht, denn wir Menschen sind allzusehr auf Nachsicht angewiesen, als daß eine weitgehende Aufrichtigkeit ihnen dienlich sein könnte. Die Verurteilung mit Bewährungsfrist: wenn man es über sich bringen könnte, immer so weise zu sein, die anzuwenden und erprobten Freunden einen so weit gehenden Kredit zu gewähren! – Ich rede von meinen eigenen Fehlern und weiß genau, warum ich oft einsamer war, als mir lieb sein konnte.«*[5]

Selbst hier scheint er zu verkennen, was sein ihm eigenes Bestreben um seinen Platz unter den ›besseren Leuten‹ bewirkt: nämlich Respekt zu erwarten, läßt die entmutigt sein, die sehr wohl anerkennen, wem er gebühren würde.

Er machte seinen Anhängern das Leben nicht leicht, denn jedes Interesse an moderner Musik, das über das Interesse an der seines eigenen Kreises hinausging, betrachtete er als Verrat. Es besteht kein Zweifel, daß der zeitgenössische Zuhörer oder Interpret, der bereit war, sich Schönbergs Musik uneingeschränkt zu widmen, es nicht weniger schwer gefunden haben dürfte als der Komponist selber, mit anderen Stilrichtungen auch nur zu sympathisieren. Aber Schönberg muß wohl manchmal wirklich wohlwollende Anhänger seiner Musik zusammen mit den Opportunisten rigoros aus seinem Kreis verbannt haben. Schönberg fühlte sich in den Monaten, die er 1931/32 in Barcelona verbrachte, auch deshalb so wohl, weil er dadurch dem in Berlin selbst verbreiteten Ruf, ein lebendes Denkmal zu sein, entfliehen konnte. In Barcelona wußten die Leute nicht viel über ihn, und er wurde als Person voll akzeptiert.

Leser von Schönbergs posthum veröffentlichten Briefen

---

[5] A. Schönbergs Briefe, hrsg. v. Erwin Stein, Mainz 1958.

werden nicht nur seine unverbindlich kompromißlose Seite entdecken, sondern auch ganz andere Eigenschaften, die nur wenige, glückliche Zeitgenossen Schönbergs an ihm erleben durften. Zum Beispiel seine absolute Ehrlichkeit in allem, was er tat, seine geistige Offenheit gegenüber anderen, wenn er von ihrer Aufrichtigkeit überzeugt war; sein feines Gespür dafür, wann er seine übliche Direktheit mäßigen mußte, seine Energie, durch praktische Hilfe seine Sympathie zu zeigen, seine Loyalität und seine immer wieder gezeigte Dankbarkeit. Schönbergs kritische und ästhetische Schriften befassen sich ausnahmslos mit Dingen, die ihm zutiefst nahegingen. Sie zeigen seine lebendige Persönlichkeit, machen deutlich, daß seine hohen Ideale nicht zwingend für alle waren, ebenso zeigen sie seinen reizbaren Stolz und gleichzeitig seinen Humor und seine Wärme. Diese Schriften zeigen zusätzlich, daß er bestrebt war, seine Grundüberzeugungen gerecht zu vertreten. In allen Bereichen war Schönbergs Denken weniger akademisch-wissenschaftlich als vielmehr schöpferisch-gestaltend. Schönberg sprach in einer selbstbewußten Art darüber, wie er in Beziehung zur Musiktradition stehe, für seine Vorgänger sicher zu selbstbewußt. Er war aber bei den Äußerungen über die Tradition nie selbstgerecht und wußte, wo er stand. Seine persönliche Integrität ermöglichte ihm ein differenziertes historisches Verständnis. Schönbergs Verhalten war durch Widersprüche gekennzeichnet. Sein sehr ausgeprägter Stolz stand im Gegensatz zu seinem einzigartigen Verständnis von Musik und den musikalischen Krisen, in die er verstrickt war. Seine spezielle Auffassung über das Schreiben von Texten leitete er aus seinen Erfahrungen ab, die er beim Komponieren machte. Auf diesem Hintergrund sind seine Texte überzeugend und genauer zu verstehen. Es ist kaum verwunderlich, daß in seiner Musik seine Seele und sein Geist den stärksten Ausdruck finden.

## ZWEITES KAPITEL
## DAS WERK

*Frühe tonale Werke*

Schönbergs Werke können in vier Perioden aufgeteilt werden. Die zweite und dritte Periode wurden durch eine Krise in der Kompositionstechnik eingeleitet, die wichtige Konsequenzen nicht nur für das eigene Werk des Komponisten, sondern auch für die Musik im allgemeinen mit sich brachte. Die Kompositionen der ersten Periode sind tonal, oder wenigstens gebrauchte Schönberg in dieser Zeit Tonalität als den zentralen Bezugspunkt. 1908 gab Schönberg, als erster Komponist überhaupt, die Tonalität ganz auf. Die Musik der folgenden zweiten Periode wurde oft als atonal bezeichnet. Schönberg betrachtete diesen Ausdruck als unsinnig und bevorzugte ›pantonal‹ als Bezeichnung. Da inzwischen beide Ausdrücke eng mit seiner seriellen Musik verknüpft sind, wird diese Periode (heute) als expressionistische Periode bezeichnet. Aus den Werken dieser zweiten Periode entwickelte er das Prinzip der seriellen Kompositionsweise, das er erstmals 1920 konsequent anwandte. Die serielle Musik, die zwischen den Jahren 1920 und 1936 geschrieben wurde, bildet die dritte Periode. Die vierte, weniger exakt zu umreißende Phase, hat sich in den 30er Jahren herausgebildet. Diese Phase ist durch eine größere stilistische Vielfalt geprägt, die eine gelegentliche Rückkehr zu tonal gebundenen Kompositionen einschließt.

Von den zahlreichen Kompositionen, die Schönberg in seiner Jugend bis etwa zu seinem 21. Lebensjahr komponiert hat, sind nicht mehr viele vorhanden. Einige der mit dem Nachlaß des Komponisten überlieferten Stücke sind zudem Fragmente. Wohingegen andere Stücke dieses Zeitraums fertiggestellt und mit Freunden geprobt wurden, die dann - wie so häufig - verlorengingen. Den Liedern erging es noch am besten; doch enthalten einige der größeren unvollständigen Werke wenigstens komplette Sätze.

Obwohl Schönberg damals noch nicht die Angewohnheit besaß, seine Manuskripte zu datieren, sollte es möglich sein, zumindest in Umrissen seine frühe Entwicklung nachzuzeichnen. Nur drei Werke, die Schönbergs op. 1 vorausgehen, sind bisher verlegt worden. Zum einen die zwei Sammlungen Klavierwerke (je eine für Klavier solo bzw. für zwei Klaviere) aus den Jahren 1894 beziehungsweise 1896 und das Streichquartett D-Dur von 1897.

Die Klavierstücke deuten kaum auf Schönbergs zukünftiges Format hin, aber es lassen sich an diesen Stücken schon charakteristische Merkmale voraussahnen.

Die Solostücke haben meist eine dreiteilige Struktur und sind zweifellos durch die zwei Jahre früher von Brahms geschriebenen Klavierstücke beeinflußt. Die Stücke zeigen ein sicheres Gespür für die Möglichkeiten, die Durchführung und Coda bieten. Aber sie sind etwas schwerfällig in der Ausführung und dem Gefühl für die Bandbreite des Klaviersatzes. Und der Versuch, eine bessere Wirkung zu erreichen – z. B. die Verknüpfung der Coda eines jeden Stückes mit dem Beginn des nächsten oder im 3. Stück die diminutive Begleitstimme – klingt sichtlich gezwungen. Heuberger, dem Schönberg zu dieser Zeit einige Lieder zeigte, riet ihm, einige kleine Stücke im Stil Schuberts zu schreiben. Die sechs kleinen Duette waren das Ergebnis dieses Rats. Schönberg nahm den Standpunkt ein, daß er jede Stufe seiner kompositorischen Entwicklung völlig beherrschen müsse. Er unterwarf sich derselben Disziplin, die er ein halbes Jahrhundert später in *Models for Beginners in Composition* und in *Fundamentals of Musical Compositions* noch immer befürwortet. Jede Melodie bewegt sich durch ihr eigenes motivisches Material fort, welches gleichzeitig die Begleitung durchdringt. Weiterhin werden die Konsequenzen, die sich aus den Harmonien ergeben, sorgfältig gegeneinander abgewogen. Die Stücke (außer Nr. 5) sind so angeordnet, daß sie in formaler Hinsicht eine stetige Entwicklung darstellen. Das erste dieser Duette besteht von der Anlage her einfach aus zwei sich wiederholenden achttaktigen Tonfolgen. In jedem darauf folgenden Stück erweitert sich die Tonfolge ein wenig, bis sie sich in den Stücken 4 und 6 zu kleinen, gegensätzlichen Abschnitten verdichtet. Nur in diesen beiden Stücken (4 und 6) ist eine kleine Abweichung von der viertaktigen Phrase zugelassen worden. Sein Leben hindurch und besonders in den Jahren nach 1920 ist Schönbergs Musik durchzogen von seinem starken Einfühlungsvermögen in die Phrasenstruktur, von Verschiebungen der Betonung innerhalb eines rhythmisch regelmäßigen Rahmens und von einer durch Asymmetrie aufkommenden Spannung. In den Duetten feilt er an einer Fähigkeit, die die Solostücke als ihm angeboren erweisen.

Es gibt keinen Grund anzunehmen, daß diese Sammlung von Stücken außergewöhnlich wichtig für Schönbergs Schaffensperiode Mitte der 1890er Jahre wäre, wenn wir mehr aus ihr kennen würden. Das D-Dur Streichquartett markiert dagegen einen großen Fortschritt, und das nicht nur aufgrund des zugänglichen Materials. Der Komponist selbst erkannte das Werk als einen Wendepunkt an und erinnerte sich seiner mit Freuden. Brahms besitzt immer noch den größten Einfluß. Das Werk verdankt ihm seine klassische viersätzige Anlage, auch die strukturelle Prägnanz und Klarheit läßt sich von Brahms ableiten. Sein Einfluß erstreckt sich sogar auf den Stil, obwohl einige der Themen einen deutlich tschechischen Einschlag haben. Und dennoch herrscht eine Freiheit der Bewegung, eine überlegen eingesetzte Flüssigkeit, die nicht zu der überlegteren Art des älteren Meisters gehört – und gerade hierin manifestiert sich Schönbergs musikalische Persönlichkeit am überzeugendsten. Seine schiere Lust am Komponieren ist einer seiner auffälligsten Charakterzüge. Diese Begeisterung erklärt sich durch das Gefühl für Beständigkeit, das immer, auch in Phasen schlechter Erfahrungen und Stimmungen, seine Arbeit begleitet hat. Auch wenn das D-Dur Streichquartett, so erfreulich es ist, nicht ganz typisch für Schönberg erscheint, so liegt das weniger am eklektischen Tonfall als vielmehr am Fehlen eines anderen konstanten Faktors seiner Musik: der Eindringlichkeit in der Vermittlung einer besonderen Ausdrucksweise.

Dieser Faktor ist aber in den beiden langatmigen Liedern, die Schönberg mit ziemlicher Sicherheit im folgenden Jahr komponierte, bereits spürbar umgesetzt worden. Die Lieder hat er dann schließlich als sein op. 1 veröffentlicht. Das Bemühen, die großsprecherischen Verse passend zu vertonen, zeigt mehr Können des jungen Komponisten, als die Verse es verdient hätten. Die Naivität, die den Komponisten veranlaßte, gerade diese Texte auszuwählen, wird in seiner Vertonung auf liebenswerte Weise deutlich. Obgleich der Einfluß Wagners, der in den nächsten Jahren bedrohlich stark wurde, schon deutlich spürbar ist, ist kein direktes Vorbild für die sichere Handhabung der vom Sonatenprinzip beeinflußten Form zu erkennen. Der Reichtum an freier kontrapunktischer Arbeit in der Begleitung oder der ›lange Atem‹ und die Wärme in den asymmetrischen Melodielinien sind eigenständige Entwicklungen.

Schönberg wurde zu zahlreichen Kompositionen des Jahres 1899 von Gedichten R. Dehmels inspiriert. Dazu gehören die Lieder *Warnung, Erwartung, Erhebung* und vermutlich auch das Lied *Schenk mir deinen goldenen Kamm*. Und Verse Dehmels hatten Schönberg auch zur Komposition des Streichsextetts *Verklärte Nacht* angeregt. (Dem reizenden Lied *Waldsonne*, das ebenfalls in dieser Zeit entstanden ist, liegt keine Dichtung Dehmels zugrunde. Es steht für sich.) Der Wunsch, Gefühle in Musik auszudrücken, kam in ihm auf, als er Dehmels Werk kennenlernte. Wie Schönberg dem Dichter später gestand, beeinflußte dieser Wunsch in beträchtlichem Maße die Entwicklung seines eigenständigen Stils. Die Lieder sind kürzer und deuten auf eine klarere, weniger allgemein ausgedrückte Erfahrung hin als die Lieder in op. 1, wenn auch die Liebe noch immer das Hauptthema ist. Die Konzentration auf Stimmungen und Textbedeutungen in diesen Liedern zeigt eine Seite der Weiterentwicklung. Die ausgedehnte Textur des Streichsextetts *Verklärte Nacht*, in der Wagnersche und Brahmssche Denkweisen in harmonischem Einklang miteinander stehen, ist eine andere Fortentwicklung, die zur Verknappung im Gegensatz steht. In dem Dehmel-Gedicht, das dieser sinfonischen Dichtung zugrundeliegt, gesteht eine Frau ihrem

Liebhaber, daß sie von einem anderen Mann schwanger ist, worauf er erwidert, daß durch ihrer beider Liebe das Kind als sein eigenes geboren würde. Für den Zuhörer ist die Kenntnis dieser unwahrscheinlichen Geschichte von zweitrangiger Bedeutung. Denn das Fehlen einer Handlung ermöglicht es, das Werk als eine einsätzige, absolute Komposition zu verstehen. Kein anderer Komponist außer Schönberg wußte es besser, daß Musik ihrem Thema dann am dienlichsten ist, wenn sie selbst eine größtmögliche Autonomie erreicht.

Im März des Jahres 1900 begann Schönberg mit der Vertonung von Jens Peter Jacobsens *Gurreliedern*, die er als einen Liederzyklus für Singstimme und Klavier entwarf. Es war Schönbergs Beitrag zu einem Wettbewerb. Entsprechend dem balladesken Klang der Verse hat er die Melodielinie der Singstimme aus verhältnismäßig einfachen rhythmischen Elementen gebildet. Denselben Stil, der vielleicht durch einige frühe Lieder von Zemlinsky angeregt worden ist, weisen auch die Lieder *Hochzeitslied* und *Freihold* auf (das erste ist höchstwahrscheinlich im Jahre 1900, das zweite ganz sicher in diesem Jahr geschrieben worden). Jedenfalls sah Schönberg bald bedeutendere Möglichkeiten in Jacobsens Texten. Als er in Wagners Bann gezogen wurde, empfand er es als notwendig, Stoffe zu suchen, die die gewöhnliche Erfahrung überschritten. Sein erster Gedanke war es, den abgegriffenen Themen wie Liebe, Tod und Verklärung eine neue Bedeutung beizumessen. Der Weg dorthin führte über die Beherrschung und ›Umdeutung‹ des Wagnerschen Stils. Die *Gurrelieder* boten für diese wichtige Auseinandersetzung eine aussagekräftigere Plattform, als es das Streichsextett *Verklärte Nacht* je war.

Daher entschied sich Schönberg, die bereits komponierten Lieder durch symphonische Zwischenspielen zu verbinden (es handelt sich dabei um die Lieder in den ersten beiden Teilen des Zyklus). Er schrieb das ganze Werk um in eine gewaltige Kantate mit mehreren Solisten, einem großen Chor und Orchester.

Das Werk beschreibt die Liebe von König Waldemar zu Tove unter dem Zeichen des tristanesken, unmittelbar bevorstehenden Todes. Waldemar nimmt nach Toves Tod eine blasphemische Trotzhaltung zu Gott ein. Der nächtliche Ritt an der Spitze eines unheimlichen Gefolges, zu dem der rastlose Geist des Königs in der Folge verdammt ist, und seine Erlösung vor Anbruch des Tages durch den Sommerwind schließen die Handlung ab. Schönberg vertonte diesen Stoff in einer Serie von großartigen Szenen. Die Dichtung handelt dabei von dramatischen Ereignissen in undramatischer Form und machte deswegen eine Art interpretativen Nachdruckes erforderlich, um die großartige musikalische Konstruktion herauszukristallisieren. Die Gelegenheit war gegeben: bei der Wahl dieser Dichtung hat sich Schönberg sicherlich durch Waldemars Auflehnung gegen Gott und durch die folgende Erneuerung, die der Sommerwind bringt, indem er die Folgen menschlicher Leidenschaft hinwegfegt, beeinflussen lassen. Beide Themen grenzen an Schönbergs religiöse Überzeugungen, wie er sie ein paar Jahre später äußerte. Aber keines von ihnen besitzt die einigende Kraft, denn weder war Schönberg in der Lage, sich völlig auf den Text einzulassen, noch hatte er Erfahrung mit einem dramatischen Stoff. So konnte Schönberg noch 1913 an Zemlinsky schreiben, daß er sich nicht für einen Komponisten dramatischer Werke im gewöhnlichen Sinne halte. In den *Gurreliedern* neigte er dazu, unmittelbar an Wagners späte Opern, besonders die *Götterdämmerung*, anzuknüpfen, um entweder Atmosphäre zu schaffen oder Ereignisse zu charakterisieren. Es ist bezeichnend, daß Schönberg, nachdem er mit dem Plan einer Oper nach Maeterlincks *Pelléas und Mélisande* schwanger ging (er wußte nichts von Debussys Oper), diesen Vorsatz zugunsten einer symphonischen Dichtung desselben Themas wieder verwarf.

Später sagte Schönberg, daß es Maeterlincks Fähigkeit, ewige menschliche Probleme zeitlos darzustellen, gewesen sei, die ihn zu diesem Stück hingezogen hätte. Es waren schließlich genau jene Momente, die weniger direkt mit der Handlung zusammenhingen, die Schönberg dazu führten, den weitesten Schritt über seine eigene Entwicklung hinauszutun und neue Wege in seine stilistische Zukunft zu gehen. Ein

Beispiel dafür liefert die Musik, die mit dem ersten geheimnisvollen Auftreten von Melisande zusammenhängt. Diese Musik ist bereits am Beginn des Werkes zu hören und tritt nochmals ganz deutlich kurz vor dem Tod von Melisande auf. Aber solche Musik, wie Schönberg sie für die Person Golauds komponiert hat, oder auch die der zentralen Liebesszene, ist weniger zukunftsweisend. Sie ist, insbesondere durch die Wagnersche Sequenztechnik, zur traditionellen Ausdehnung fähig und eignet sich daher zur Erzählung einer Handlung. In der Beherrschung des Kontrapunkts übertrifft dieses Werk selbst die *Gurrelieder*. Es gelingt Schönberg hier, den Ausdruck des thematischen Materials ständig auf eine Weise zu variieren, die einerseits ganz individuell ist, während sie andererseits Wagner huldigt – jedenfalls mehr als Strauss, dessen Einfluß eher sporadisch auf eine mehr oberflächliche Weise erscheint. Trotz allen Erfindungsreichtums, den dieses Werk enthält, zeigt sich in ihm ein Strukturproblem. Die Mélisande und Pelléas zugeordneten Themen büßen etwas von ihrer Substanz ein, wenn sie in einen größeren kontrapunktischen Zusammenhang gesetzt werden. Ein Vorgang der zwar zur Symbolik des Werkes paßt, der aber auch andeutet, daß der Komponist noch nicht fähig war, seine bemerkenswerten Neuerungen in allen ihren Möglichkeiten zu meistern.

Nach *Pelléas und Mélisande* kehrte Schönberg zur Komposition von Liedern zurück. Die Lieder der nächsten drei Jahre kann man in drei Gruppen einteilen. Diejenigen der ersten Gruppe behandeln inhaltlich verschiedene Themen. Sie sind im Jahre 1903 und in den ersten Monaten des Jahres 1904 komponiert worden. *Wie Georg von Frundsberg* und *Das Wappenschild*, ein feuriges Stück mit Orchester, folgen thematisch dem Lied *Freihold*. Gewiß darf man in ihnen die Reaktion des Komponisten auf die ihm entgegengebrachte Feindseligkeit sehen. Das schwermütige Lied *Verlassen* ist vielleicht eine andere Art der Reaktion darauf. *Die Aufgeregten* beleuchtet auf ironische Art und Weise die menschliche Leidenschaft, obwohl einige der schönsten dieser Lieder die Liebe zum Thema haben. *Geübtes Herz*, *Traumleben* und das Orchesterlied

*Natur* setzen den leidenschaftlichen, lyrischen Stil fort, der zuerst bei *Schenk mir deinen goldenen Kamm* erklang. *Ghasel* verfolgt diesen Weg weiter, jedoch mit einer etwas anderen Akzentuierung in der Begleitung, die hier die Singstimme imitiert und sogar deren Melodiefluß übernimmt. Die drei Petrarca-Sonette aus op. 8 wurden in der zweiten Hälfte des Jahres 1904 komponiert und fallen in eine Zeit, in der Schönberg bereits am Streichquartett d-moll arbeitete. Sie stellen eine eigene Gruppe von Liedern dar, die sich deutlich von den anderen Liedkompositionen Schönbergs unterscheidet. Der kontrapunktische Stil dieser Sonette läßt sich direkt von dem der Vertonung von Gottfried Kellers Gedicht *Ghasel* ableiten, jedoch besitzen die Lieder aus op. 8 eine weit komplexere Form als *Ghasel*, was durch den Orchestersatz erreicht wurde.

In der 1905 komponierten dritten Gruppe von Liedern gewinnt die Melodie der Singstimme wieder ihre Unabhängigkeit zurück. Ihre Motivik selbst, nicht deren Imitation, stellt die Verbindung von Gesang und Begleitung her. Mit Ausnahme des bereits etwas früher entstandenen Orchesterlieds *Sehnsucht* wurden alle diese Lieder, die auf einer seltsamen Zusammenstellung von ernsthaften und eher belanglosen Versen basieren, etwa um die Zeit geschrieben, in der Schönberg die Arbeit am d-moll Streichquartett abschloß. Sie zeigen bereits die Merkmale der letzten Stufe seines tonalen Denkens. Seine schon früh bevorzugte chromatische Ausweitung der diatonischen Skala – ein bemerkenswertes Beispiel etwa ist das Dehmel-Lied *Erwartung* aus dem Jahr 1899 – führte ihn mehr und mehr, vor allem auf dem Gebiet der Melodik, zur Verwendung der Chromatik. Das wiederum erforderte eine Verdeutlichung durch eine entsprechend sorgfältige harmonische Aussetzung, die ein so weites Spektrum an primären und alterierten Stufen innerhalb der Tonalität benutzte, daß die Modulation ihre Aussagekraft als Verbindungs- und Überleitungselement verlor. Schönbergs Musik, die nie zu einer gleichmäßigen Modulation neigte, wurde durch dieses ständige Ausreizen der Möglichkeiten ein wenig monoton. Diese Tendenz ist in allen Liedern in zwei unterschiedlichen Formen zu beobachten. In *Der Wanderer, Am Wegrand* (das später in der Oper *Erwartung* zitiert wurde), dem *Mädchenlied* sowie in *Verlassen* – alle aus op. 6 – ist das tonale Zentrum, manchmal geradezu mit Besessenheit, betont. Dagegen wird es in *Sehnsucht* (op. 8), *Alles* und in *Lockung* (beide aus op. 6) kaum je berührt.

Das d-moll Streichquartett (op. 7) ist Schönbergs erstes, ganz und gar charakteristisches, seiner Mittel sicheres Meisterwerk in der großen Form. Es besteht, ähnlich wie *Pelléas und Mélisande*, aus einem einzigen großen Satz – naturgemäß ohne die erläuternden Zwischenspiele. Ein Scherzo, langsamer Satz und Rondo sind an verschiedenen Stellen zwischen den ersten Teil der Durchführung und die Coda eines musikalischen Verlaufs eingebaut, der normalerweise ein erster Satz gewesen wäre, und werden durch die Verwendung seines thematischen Materials gleichsam von ihm aufgesogen. Die Grundidee für solch eine einsätzige Form eines Werkes stammt ursprünglich von Liszt, dessen neue Form-Konzepte Schönberg bewunderte, während er dessen Versuche, sie in die Praxis umzusetzen, schematisch und ohne Einfühlung fand. Das Quartett verdankt seine Entstehung freilich noch mehr Schönbergs grundsätzlicher Vorliebe für die abstrakte Kompositionsweise, die sich ihrer selbst versicherte und damit auf seine jüngste Pflege der Strauss'schen symphonischen Dichtung zurückwirkte. Die bestimmenden Einflüsse von Wagner und Brahms finden in diesem Quartett wiederum ein ähnliches Gleichgewicht wie in der *Verklärten Nacht*, jetzt aber sind sie vollständig und endgültig assimiliert. Vielleicht ist der außerordentlich kühne melodische Atem die bemerkenswerteste Eigenschaft dieses Werkes. Wenn die Melodien ihre anfängliche, tonal gebundene musikalische ›Keimzelle‹ verlassen und sich durch kontrapunktische Kombination weiterentwickeln, dann gestalten sie das, was Schönberg einmal als ›schweifende‹ Harmonik bezeichnete. Die Musik verliert, obgleich sie noch nicht sehr dissonant klingt, ihre tonale Definition. Darum kann die Struktur des Stückes nicht ausschließlich mit tonalen Beziehungen erklärt werden. Die Einheit des Werkes wird durch die außerordentliche Fähigkeit des Komponisten aufrechterhalten, sein musikalisches Material immer in Beziehung zu dessen formaler Bestimmung zu entwickeln – eine Fähigkeit, die sich nach seiner Abkehr von der Tonalität als kraftvoll genug erwies, eine weit schwerere Last in struktureller Hinsicht zu bewältigen. Erst im Alter fiel es Schönberg auf, daß er sich nie damit zufrieden gegeben hatte, eine neue Idee allein aus strukturellen Gründen einzuführen: jede Idee mußte für ihn einen positiven Beitrag zur Substanz des ganzen Werks leisten. Diese Haltung nährte den für Schönberg typischen kompositorischen Reichtum, der sich schon im d-moll Streichquartett zeigt.

Die erste Kammersymphonie, die im Juli 1906 fertig wurde, übernimmt die einsätzige Anlage des Quartetts, aber in einer konziseren Form. Obgleich sie in keiner Weise ein weniger anspruchsvolles Werk ist als das Streichquartett, ist sie kaum halb so lang. Schönberg zielt in diesem Werk auf Konzentration statt auf Ausdehnung. Und er zeigt hier von seinem augenblicklichen künstlerischen Standpunkt aus Möglichkeiten auf, wie in Zukunft Komponieren möglich sein wird. So ging er immer vor, wenn es galt, bestimmte Probleme zu lösen, die sich aus einer bestimmten Fragestellung ergaben. Als erstes vergrößerte er in der Kammersymphonie die Zahl der Instrumente von vier auf 15, um gleichzeitig eine größere Konzentration von Ideen vorstellen zu können. Sieht man jedoch die größere Anzahl von Instrumenten von einer anderen Seite, so stellt sie eher eine Reduktion des großen Orchesters dar und festigt die solistische Orchesterbehandlung, die hier und da schon in den *Gurreliedern* und in *Pelléas* zu finden ist. Gleichzeitig macht die klangliche Reduktion den Weg frei für die kleinen, stark differenzierten Ensembles, entsprechend dem späteren Stil Schönbergs, als er – und einige jüngere Komponisten – bevorzugt für solche Besetzungen komponierte. Der Drang zur Konzentration jedoch berührte tiefere Schichten seines musikalischen Denkens. Die zwei Anfangsthemen basieren auf sich überlagernden reinen Quarten und der Ganztonskala und beide bauen sie konsequent Akkordstrukturen auf. Der Unterschied zwischen den melodischen und harmonischen Dimensionen wird dadurch zunehmend verwischt, ein Prozeß, der eng mit der Aufgabe der Tonalität in Schönbergs Musik verknüpft ist. Jedoch ist für den Moment hier in der Kammersymphonie die E-Dur-Struktur aufrechterhalten.

Obwohl im nachhinein für den Zuhörer der bevorstehende Wechsel zur Atonalität hier offensichtlich zutage tritt, sah der Komponist diese Zwangsläufigkeit damals noch nicht. Als er das mitreißende, lebendige Werk vollendet hatte, empfand er, daß er zu einem beständigen Stil gekommen war. Die Kompositionen des nächsten Jahres spiegeln diese Überzeugung wider. Weder in dem achtstimmigen Chorwerk *Friede auf Erden* – eine von ihm später als Illusion bezeichnete, weil zu einem Zeitpunkt geschriebene Komposition, als er noch glaubte, daß Harmonie unter den Menschen herrschen könne – noch in den zwei Balladen op. 12 wird eine nennenswert steigende ›Bedrohung‹ der Tonalität deutlich. Schönberg bedauerte es immer, daß er nicht die Zeit hatte, alle Möglichkeiten des Stils dieser Periode auszuschöpfen, weswegen er 30 Jahre später zu dieser Aufgabe zurückkehrte. Nach der Vollendung von op. 12 jedoch drängte ihn eine innere Krise dazu, neue Möglichkeiten des Ausdrucks zu suchen und beschleunigte die unvermeidbare Revolution in der Musik. Ein Wechsel der Stimmung hatte sich schon früher bemerkbar gemacht. Die Lieder des Jahres 1905 zum Beispiel sind ein beklommenes, zweifelnd fragendes ›Zwischenspiel‹ zwischen dem überzeugenden ersten Quartett und der ersten Kammersymphonie. Die zweite Kammersymphonie dann, die er sofort nach der ersten in Angriff nahm, beginnt in einem neuen Gefühl von düsterer Resignation. Trotz wiederholter Versuche war Schönberg nicht in der Lage, dieses Werk damals zu Ende zu komponieren. Vielleicht konnte er die sorgenlosere Stimmung, in der der zweite Satz anhebt, nicht mit seinen wechselnden Neigungen vereinbaren. In jedem Fall war der zeitgleich entstandene erste Satz des zweiten Quartetts ein sehr intimes, schwebendes Stück, das für ihn sprach und danach verlangte, weiterverfolgt zu werden.

*Expressionistische Werke*

Das neue Quartett jedoch erhielt nicht Schönbergs volle Aufmerksamkeit, es wurde erst gegen Ende des Jahres 1908 fertiggestellt. In derselben Zeit schrieb er einige Lieder und begann ernsthaft zu malen. Diese unerwartete Entwicklung entstand aus seinen persönlichen Kontakten mit den Wiener Malern Oskar Kokoschka und Richard Gerstl. Die meisten Werke auf dem Gebiet der Malerei stammen aus den Jahren 1908–10, einer Zeit, in der Schönbergs kompositorisches Schaffen in eine erste Krise gerät. Die Bilder sind größtenteils Portraits oder seltsame phantastische Köpfe, von denen er einige als Visionen bezeichnete. Sie sind in der Ausführung etwas unprofessionell, jedoch geschickt genug, um die Intensität seiner Vorstellung zu vermitteln. Gerade dieser Gegensatz scheint die Bilder für ihn so bedeutsam gemacht zu haben. In der Zeit, als Schönberg sich der Malerei zuwandte, waren die Künstler und Schriftsteller, die später als Expressionisten bezeichnet wurden, bestrebt, ihre geistigen Eingebungen immer direkter umzusetzen, gewissermaßen die Hilfsmittel der künstlerischen Tradition zu umgehen, um tiefere, grundlegendere Erfahrungsebenen zu erreichen. Das Verhältnis zur Tradition blieb jedoch der kritische Moment: als Maler begrenzte allein schon Schönbergs unprofessioneller Status die Möglichkeiten und Qualität seiner Arbeit. Auf der anderen Seite erlaubt ihm dieser Status, ohne bewußtes Eingreifen seinen Händen ›freien Lauf‹ zu lassen, wohingegen er auf dem Gebiet der Musik immer damit rechnen mußte, die Vorteile seiner Meisterschaft mit ihrer ›inneren‹ Zensur bezahlen zu müssen. Eine Zeitlang repräsentierte darum die Methode, die er in der Malerei anwandte, das Ideal, nach dem er auch in seiner kompositorischen Arbeit strebte.

Im Winter 1907/08 unterbrach Schönberg die Arbeit am Scherzo des zweiten Quartetts, um die zwei Lieder op. 14 zu komponieren. Es sind höchst imitative Stücke, das zweite erinnert in der Textur an *Ghasel*. Wie in einigen der 1905 geschriebenen Lieder tritt auch hier die tonale Harmonie bis zum

Ende in Erscheinung und übt noch weniger bestimmende Kraft aus. Gewisse Dissonanzen, vorzugsweise reine und alterierte Quartakkorde, lösen sich so zögernd und so unterschiedlich auf, als ob sie die Erwartung auf diesen Vorgang überhaupt schwächen wollten. Die in diesen Kompositionen eingeleitete Entwicklung der freieren Dissonanzbehandlung findet in dem Liedzyklus *Das Buch der hängenden Gärten* seine logische Fortsetzung. Wenigstens fünf Lieder dieser Sammlung (Nr. 4, 5, 3, 8, 7) sind in den Monaten März und April des Jahres 1908 komponiert worden. Hier hat sich die Dissonanz endgültig emanzipiert und sucht nicht länger nach einer Rechtfertigung durch geeignete Auflösungen. Als Konsequenz dieses Vorgangs verschwindet die strukturelle Harmonik und mit ihr die Notwendigkeit gegliederter Perioden und einer einheitlichen Gestalt. Ja die Tonalität selbst als organisierendes Zentrum der Musik verschwindet. Dagegen gewinnen die motivische Arbeit und die Tendenz zum Ausgleich von horizontaler und vertikaler Dimension – also die grundlegenden Elemente, die später die serielle Methode begründen – an Bedeutung. Die Gedichte von Stefan George, die Schönberg in *Das Buch der hängenden Gärten* vertonte und die ihn dazu führten, die verborgenen Ausdrucksmöglichkeiten der freien Dissonanz zu entdecken, beschreiben in metaphorisch überhöhter Sprache die wachsende Leidenschaft und schließlich die Trennung inmitten einer exotischen Umgebung. Weder Dichter noch Komponist hatten den Wunsch, Symphathie oder Begeisterung hervorzurufen. Die Lieder sind überwiegend langsam und ruhig, der Mangel an rhythmischem oder tonalem Antrieb läßt sie gleichsam aus der Zeit gleiten. Jedes Lied stellt mit seiner besonderen Lebendigkeit vorüberziehende Momente von Empfindungen dar – sehr distanziert, als ob sie in das Unterbewußtsein vergangener Erfahrungen eingeschlossen wären. Hier ist nichts von Waldemar und Tove zu spüren: der Sommerwind wird sicher bald alles davon hinwegfegen. Was wird übrig bleiben? Schönberg gab die Antwort in seinem zweiten Streichquartett, einem seiner persönlichsten Werke überhaupt.

Dieses Quartett besteht aus vier thematisch eng miteinander verbundenen Sätzen, die nacheinander die Wandlung seines Stils widerspiegeln, ihn jedoch nicht weiterentwickeln. Der dritte Satz ist später als die Lieder op. 14 geschrieben, aber weniger fortschrittlich als diese. Der letzte Satz steht, obgleich er nur in Teilen tonal gebunden ist, in ähnlicher Beziehung zu den zuerst entstandenen Liedern aus der Sammlung *Das Buch der hängenden Gärten*. Der Grund dafür, daß die letzten Sätze gewisse Grenzen, die vom rätselhaften ersten Satz (der in fis-moll steht) aufgestellt worden sind, nicht überschreiten dürfen, liegt nicht allein in technischen Überlegungen. Vielmehr mußte der Komponist sich zurückhalten, um die Krise zu erkennen, die ihn sicherlich überfallen hatte. Denn diese Krise war das Thema seines Werks. Das Trio des Scherzos zitiert die Volksliedmelodie *O du lieber Augustin*. Der Text, der mit dem Refrain >Alles ist hin< endet, ist eine persönliche Anspielung Schönbergs auf die Liaison seiner Frau mit dem Maler Richard Gerstl. Die letzten zwei Sätze enthalten Vertonungen von Gedichten Georges für Sopranstimme. Das erste Gedicht *(Litanei)* ist ein Gebet um göttlichen Trost für irdische Mühsal, das zweite eine Vision von der Reise der Seele in himmlische Sphären. Obwohl die Wahl der Texte seiner folgenden Vokalwerke sich auf menschliche Erkenntnisse ausrichtete, erkannte Schönberg wohl schon damals klar, daß sein letztendliches Ziel religiöser Natur war.

Anfang des Jahres 1909 komponierte Schönberg die ersten zwei der Klavierstücke op. 11, bevor er dann den Zyklus *Das Buch der hängenden Gärten* vollendete. Die fünf Orchesterstücke op. 16 und das dritte Stück der Klavierstücke op. 11 folgten im Sommer. Der Hauch von Resignation, der in der Liedsammlung durchgehend anklingt, ist auch in op. 11 Nr. 1 und 2 und op. 16 Nr. 2 zu hören. Die bis dahin ungewohnten Merkmale seines neuen Stils zeigen sich einerseits in dem spannungsgeladenen Aufruhr von op. 16 Nr. 1 und 4 und von op. 11 Nr. 3 sowie in der einzigartigen Ruhe von op. 16 Nr. 3. In diesen Stücken geht jedoch formale Ausdehnung nicht zwangsläufig mit größerer Reichweite des Ausdrucks einher. Schönberg sprach später davon, daß in diesen Stücken eine wechselseitige Abhängigkeit zwischen Kürze und Intensität des Ausdrucks bestehe. Die allmähliche Auflösung der funktionalen Harmonik schien zu dieser Zeit die Voraussetzungen für größere Formen ebenfalls zunichte gemacht zu haben. Aber von den Elementen, die ihre Wurzeln in der herkömmlichen Kompositionsweise hatten, überlebten insbesondere Verknüpfungstechniken der unterschiedlichsten Art (selbst wenn sie an die Tonalität erinnerten) sowie die thematische und motivische Durchführung. Sie erlangten nicht nur größere Bedeutung, sondern wurden neue Wegweiser.

Sie ermöglichten schnellere Übergänge und abruptere Kontraste, als sie die Musik bis dahin gekannt hatte. Darüber hinaus erlaubte die immer freiere Dissonanzbehandlung, zumindest was die Orchesterkompositionen betrifft, eine bisher noch nie dagewesene gleichzeitige Artikulation von Kontrasten. Es sind nicht nur die neuen Ausdrucksformen selbst, sondern auch die Kraft, scheinbar unvereinbare Elemente zueinander in Beziehung zu setzen, die den visionären Charakter dieser Musik ausmachen und zwar weit über das hinaus, was den gemalten ›Visionen‹ möglich war.

Eine Zeitlang glaubte Schönberg, wenn er allein den Zwängen des Ausdrucks folge, würde es ihm möglich sein, auf motivische Merkmale genauso zu verzichten wie auf die Tonalität. Hinweise darauf finden sich im jeweils letzten Stück von op. 11 und op. 16, die beide auch zuletzt entstanden. Der Kern des Orchesterstückes ist eine sich kontinuierlich entwickelnde Melodielinie, ohne daß sie wie in einer Exposition eingeführt würde. Das Klavierstück erhält seine Geschlossenheit gleichermaßen durch Dynamik, Gestus wie Struktur. Aus der Sicht dieser Stücke empfahlen sich zwei Möglichkeiten der kompositorischen Weiterentwicklung. Die eine stellte sich folgendermaßen dar: man entwirft Elemente, die völlig in sich geschlossen sind und keiner Durchführung bedürfen. Diese Möglichkeit konnte für einen Komponisten mit solch schöpferischer Fruchtbarkeit, wie Schönberg sie besaß, nur von vorübergehendem Reiz sein. Anfang 1910 komponierte er zwei kurze Stücke für Kammerensemble (und den Beginn eines dritten). 1911 folgten die sechs kleinen Stücke für Klavier, die er als op. 19 herausgab. Danach verließ er diesen Weg des Komponierens und überließ Webern die Weiterführung. Für Schönberg lag die Zukunft in der zweiten Möglichkeit: in der Herausbildung großer Formen auf der Basis eines Textes. Diese stellten ihm den Raum zur Verfügung, um auf seinen Erfahrungen von op. 11 und op. 16 aufzubauen. Unmittelbar nach den 1909 entstandenen Instrumentalkompositionen op. 11 und 16 schrieb er im gleichen Jahr in der erstaunlich kurzen Zeit von nur 17 Tagen das halbstündige Monodram *Erwartung*.

Der einzige Darsteller in diesem Stück ist eine namenlose Frau. Sie irrt in der Nacht voll Angst und Besorgnis auf der Suche nach ihrem Geliebten durch einen Wald. Das einzige dramatische Ereignis in diesem Stück, ihre Entdeckung seiner Leiche, findet zu einem sehr frühen Zeitpunkt statt. Danach schweift ihr Monolog von der Erinnerung an ihre gegenseitige Liebe über die Eifersucht zu einem aus der Erschöpfung geborenen Zustand der Versöhnung. Das ganze Drama könnte, wie der Komponist später bemerkte, vielleicht als Alptraum verstanden werden; aber das ist ganz unwesentlich, denn die Wirklichkeit, die hier entdeckt wird, ist rein psychologischer Natur. Es gibt keinen realistischen Zeitbezug: Gegenwart und Vergangenheit existieren gleichzeitig nebeneinander und gehen in der Vorstellung der Frau als Schrecken, Wunsch, Eifersucht und Zärtlichkeit ineinander über, indem sie in wirrer Assoziation einander überkreuzen. Die traditionelle tonale Ordnung hätte den Anforderungen solch eines Themas kaum gerecht werden können. Schönbergs außerordentliche Partitur beruht in beträchtlichem Ausmaß auf Rationalität jenseits von bewußter Kontrolle. Trotzdem sind verschiedene verklammernde Faktoren in dieser Komposition zu entdecken. Zum Beispiel feste Tonhöhen, die auf ein rudimentäres d-moll hinweisen (übrigens Schönbergs durch sein ganzes Leben hindurch bevorzugte Tonart, ob in tonalen, frei pantonalen oder seriellen Kompositionen), und eine Reihe von motivischen Figuren, die vor allem am Anfang von Phrasen immer wieder vorkommen. Da sie aber sehr kurz und weithin verstreut sind und bald in den Fluß der fortlaufenden Entwicklung münden, tragen sie wenig zur äußeren Geschlossenheit der Struktur des Stückes bei. Die Musik kann kaum als athematisch bezeichnet werden, jedoch geht sie weiter in diese Richtung als alle übrigen Werke Schönbergs. Der Monolog zerfällt in mehrere großbögige Abschnitte, die für eine überaus klare strukturelle Gestalt sorgen. Aber selbst in diesen Passagen sind die Einschnitte verwischt und größere Stimmungswechsel werden durch unzählige entgegengesetzte Gefühle unterbrochen. Unterhalb eines gewissen Punkts aber kann nichts das traumhafte Kontinuum musikalischer Bilder einschränken.

Im folgenden Jahr 1910 schrieb Schönberg den Text zu *Die glückliche Hand* und begann auch bald, die Musik dazu zu komponieren, schloß die Komposition aber erst drei Jahre später ab. Das Monodram ist ein Parallelstück zur *Erwartung*, diesmal mit einem namenlosen Mann im Zentrum der Handlung. Obwohl es kürzer ist als die *Erwartung*, verlangt es eine anspruchsvolle Inszenierung einschließlich eines auf die Handlung abgestimmten vielschichtigen Farbenspiels. Die Nebenrollen – eine Frau, ein Mann und einige Arbeiter – sind stumme Akteure, da sie lediglich psychische Projektionen des Mannes verkörpern. Aber der Chor, der zwölf Solisten umfaßt und die Handlung am Anfang und am Schluß des Stückes kommentiert, enthüllt durch sein Mitgefühl und Erbarmen, daß er eine unabhängige, vielleicht gar eine göttliche Ordnung repräsentiert. Am Anfang des Stückes fragt der Chor, warum der Mann, indem er vergebens nach irdischer Glückseligkeit suche, beständig seine überirdische Bestimmung verfehle. Die Handlung verbildlicht diese Situation. Der Mann liebt eine Frau, die ihn wegen eines anderen Mannes verläßt, aber zu ihm zurückzukehren scheint. Aus dem trügerischen Glauben, sie wiedergewonnen zu haben, schöpft er Kraft, um seinen Feinden standzuhalten, und Anregung für sein künstlerisches Werk. Das Ergebnis seiner Arbeit wird durch ein Schmuckstück symbolisiert, das Neid erregt. Er aber läßt sich von seinem Glanz blenden. Die Frau betrügt ihn und der Kreis schließt sich. Obwohl der musikalische Stil dem der *Erwartung* ähnelt, greift Schönberg hier auch auf Elemente zurück, die er zeitweise vernachlässigt hatte, um so der vielschichtigeren Handlung und den Andeutungen des Textes besser gerecht zu werden. Erneut zeigen sich klare Formstrukturen: Gegen Ende des Stückes spielen rekapitulierende Reminiszenzen eine wichtige Rolle und es gibt Bezüge zwischen den beiden Chorszenen, die die Handlung einrahmen und in denen sich die exakte Imitation wiederholt. Darüber hinaus zeigt sich auch hier ein neues Element, das in keinem anderen Werk des Jahres 1909 angedeutet wird: der Gebrauch der Parodie, um Situationen wie die Schmiedearbeit oder die launenhafte Untreue der Frau zu charakterisieren.

Die Parodie nimmt eine wichtige Funktion in *Pierrot Lunaire* ein. Dieses Werk, ein Zyklus von 21 Gedichten für Sprecher und Kammerensemble, wurde 1912 komponiert, bevor Schönberg *Die glückliche Hand* fertigstellte. Schönberg hatte das Melodrama zuvor schon in der Sommerwind-Erzählung der *Gurrelieder* benutzt und die Chorszenen der *Glücklichen Hand* enthielten ebenfalls gesprochene Passagen. Sein hochstilisierter Gebrauch der Sprechstimme, die er einerseits in relativen Tonhöhen, andererseits im exakten Metrum notierte, erwies sich als ein ideales Mittel für die *Pierrot*-Vertonung, die in einem – wie er selbst sagte – leichten, ironisch-satirischen Tonfall konzipiert war.

Die ziemlich modischen Verse, die teils grotesk, teils makaber oder bewußt sentimental sind, gaben eine gute Gelegenheit, um menschliches Verhalten als ein Schattenspiel zu präsentieren, in dem Bedrohung und Absurdität sich die Waage halten – im Unterschied zum Protagonisten der *Glücklichen Hand*, der diese Distanzierung verfehlte. Der Fokus schwankt nach Belieben, wie in einem Traum, zwischen den mondsüchtigen Aktivitäten des Clowns, unpersönlichen Vorgängen, dem Ich-Erzähler und dem selbstsüchtigen Künstler, der nicht ausgespart bleibt. Innnerhalb seines neuen Stils parodierte Schönberg Merkmale eines weiten Spektrums von Genre-Stücken, wobei er oftmals die leere Hülse ihrer formalen

*Anfang der »Roten Messe« aus »Pierrot lunaire«*
*(Autograph, 1912)*

Struktur beibehielt. In der Musik sind die Grenzen zwischen dem ironischen und dem unmittelbaren Rekurs auf diese Stücke oft nur schwer zu unterscheiden. Diese Vieldeutigkeit macht die besondere Faszination des *Pierrot lunaire* aus. Die alptraumhaften Vorstellungen einiger der Gedichte wären ohne die ironische Distanzierung kaum zu vermitteln, doch die Musik erschüttert öfters mit tatsächlichem Schrecken. Verspottung mündet in echten Humor, übertrieben dargestelltes Gefühl in echte Rührung. Ein Jahrzehnt später sollte Schönberg seine Sympathie für diese Welt der Ironie wiederentdecken, die er nach *Pierrot lunaire* bewußt hinter sich ließ. Für ihn waren jetzt andere Dinge wichtiger.

Nach *Pierrot lunaire* trug er sich mit dem Gedanken, ein Oratorium auf der Grundlage der Vision von Swedenborgs Himmel zu komponieren, die am Ende von Balzacs Novelle

*Séraphita* beschrieben wird. Diese Idee verwarf er 1914 und hatte stattdessen Pläne, eine große Chorsymphonie religiösen Inhalts zu schreiben, in der Texte von Dehmel, Tagore und dem Alten Testament verarbeitet werden sollten. Anfang 1915 schrieb er Texte für einen neuen Schlußteil, der aus den zwei Sätzen – ›Totentanz der Prinzipien‹ und *Die Jakobsleiter* – bestehen sollte. Aber obwohl er umfangreiche Skizzen machte, ging nichts davon in Erfüllung, bis er sich entschloß, sein eigenes Glaubensbekenntnis darzustellen, indem er *Die Jakobsleiter* in ein selbständiges Oratorium umwandelte. Er begann 1916, den Text zu überarbeiten und komponierte die erste Hälfte der Musik im folgenden Jahr. Am Anfang der Allegorie, die Balzacs *Séraphita* vieles verdankt, kommt eine große Menschenmenge, die dem Tod nahe ist, zum Erzengel Gabriel, der sie ermahnt, und ihnen Ratschläge erteilt. Dann treten sechs Vertreter verschiedener philosophischer Standpunkte vor, um von ihren irdischen Erfahrungen und Hoffnungen zu berichten und seine Erklärungen entgegenzunehmen. Zweifellos steckt in jedem von ihnen ein Stück von Schönberg, auch in der Person Gabriels, aber er selbst hat sich erklärtermaßen mit dem *Auserwählten* identifiziert, dessen spirituelle Auffassungen ihn zum Außenseiter machen und dessen Wort dazu bestimmt ist, mißverstanden zu werden. Ein großes symphonisches Zwischenspiel, das den Übergang von dieser Welt ins Jenseits symbolisiert, führt zum nicht mehr komponierten zweiten Teil. In diesem zweiten Teil werden die Seelen auf ihre Reinkarnation als nächsten Schritt innerhalb ihrer langen geistigen Wallfahrt vorbereitet, die sie zur Vollkommenheit führen soll. Der Auserwählte kehrt widerwillig zur Welt zurück, steht einmal mehr alleine da und fühlt sich, obgleich er keine Stütze findet, unfreiwillig gezwungen, zu sprechen und Dinge zu tun, die er nicht einmal zu denken gewagt hätte, geschweige denn, für sie Verantwortung zu tragen. Aber ihm wird aufgetragen, sich all dessen zu erinnern, was ihn mit dem Rest der Menschheit verbindet und seine Rolle als Prophet anzunehmen. Am Schluß des Stückes ruft Gabriel jede Seele dazu auf, sich im Gebet mit Gott zu vereinen.

Der Glaube und die Sicht seiner Sendung, die Schönberg in *Die Jakobsleiter* formuliert hatte, sollten seine ganze spätere Entwicklung als Komponist beeinflussen. Die kurze Partitur des ersten Teiles der *Jakobsleiter* jedoch stellt eher den Höhepunkt der Musik dar, die seit dem Jahre 1908 entstanden war, als einen Vorgeschmack auf die Kompositionen der 20er Jahre. Der Schlußteil der *Glücklichen Hand* lieferte ein Modell für die großen, teils gesungenen, teils gesprochenen Chöre. Die langen gesprochenen oder gesungenen Passagen der Solisten verlangten nach einer strengeren Schreibweise als z.B. in der *Erwartung*, wo die unterschiedlich intensiven Dissonanzen die Gleichmäßigkeit der Struktur und den ›Fluß‹ des Stückes stören. Deswegen konnte Schönberg sich den vier Orchesterliedern op. 22 (1913-16) und ihrem Vorläufer *Herzgewächse* (1911) zuwenden, wo er noch gleichmäßigere Strukturen entworfen hatte, in denen ein hoher Grad an Dissonanzen gleichzeitig in sechs und mehr Stimmen erreicht wird, kaum Oktavverdopplung auftritt und eine Tendenz zu symmetrisch aufgebauten Akkorden zu erkennen ist. Außer *Séraphita* (op. 22 Nr. 1) nehmen sämtliche Lieder aus op. 22 die religiöse Stimmung der *Jakobsleiter* vorweg. Die hohe Sopranstimme, die in *Herzgewächse* das Gebet symbolisiert, erscheint in der *Jakobsleiter* wieder für ›die Seele‹, die, kurz vor dem großen Zwischenspiel, himmelwärts steigt. Im Januar 1915 schrieb Schönberg an Zemlinsky, daß seine neue Symphonie ›ein gearbeitetes Werk‹ sein würde im Unterschied zu seinen vielen aus Impressionen heraus entstandenen Stücken aus jüngster Zeit. Er übertrug diese Lösung auf das Oratorium. Seine kurzfristige Erkundung der Traumwelt der freien Assoziation hatte seine musikalische Sprache und Vision auf Dauer bereichert. Aber nun mußte er eine größere formale Ausarbeitung und eine größere Dichte des Sinns wiedererlangen. Obwohl die Struktur der *Jakobsleiter*, wie auch der Monodramen davor, aus dem Text abgeleitet ist, benützt sie doch wiederkehrende Themen und Melodien oft in Verbindung mit kontrapunktischer Arbeit. Viele von ihnen stehen durch die Permutation eines Hexachords miteinander in Beziehung.

An einer Stelle des unvollendet gebliebenen großen symphonischen Zwischenspiels läßt Schönberg das extra postierte kleine Fern-Orchester in einem ›schwebenden‹ Rhythmus einsetzen, der nicht exakt mit dem des Hauptorchesters abgestimmt ist. Diese zeitweise Unterbrechung des gleichmäßigen, rhythmischen Antriebs symbolisiert die Auflösung der irdischen Fesseln an der Schwelle zum Jenseits.

Inwieweit Schönberg in der Lage gewesen wäre, über diese außergewöhnliche Konzeption hinaus in den Swedenborgschen Himmel seines Textes einzutreten, wenn er nicht unterbrochen worden wäre, läßt sich unmöglich sagen. Die Entstehungsgeschichte von *Moses und Aron* allerdings läßt vermuten, daß er auch bei *Die Jakobsleiter* das Ende nicht erreicht hätte.

Aber die serielle Methode der Zwölftonmusik, die ihn ab dem Jahr 1920 zunehmend beschäftigte, führte zu einer anderen Art der Weiterentwicklung. Die omnipräsenten Reihen sollten die gleichberechtigte Behandlung von horizontalen und vertikalen Elementen zum Prinzip machen, darüberhinaus alle Ideen einer Komposition sowohl untereinander wie mit ihrem Kontext zur Einheit verbinden. Schönberg hat ausdrücklich die Einheit des musikalischen Raumes mit der Konzeption von Swedenborgs Himmel verglichen, wo es »kein absolutes Unten, kein Rechts oder Links, kein Vor- oder Rückwärts«[6] gäbe. Die Musik muß in anderer Art und Weise als im großen symphonischen Zwischenspiel ›fließen‹. Die dodekaphonen Möglichkeiten entzogen der Tonalität ihre Anziehungskraft: die einzige quasi-tonal gebundene Musik in der *Jakobsleiter* gehört einem Berufenen, der offen dafür getadelt wird, daß er die Schönheit der Wahrheit vorzieht. Im Juni 1922, kurz bevor er jeden Versuch aufgab, das Oratorium weiterzuschreiben und als er bereits mit festem Fuß den Weg des Serialismus beschritt, begann Schönberg ein neues Skizzenbuch. Auf den Umschlag schrieb er: »Mit Gott«.

---

6 A. Schönberg: Stil und Gedanke. Aufsätze zur Musik (= Gesammelte Schriften 1). Frankfurt/M. 1976, S. 79 (A. d. Ü.)

## Serielle und tonale Werke von 1920 bis 1936

Seitdem der Serialismus eine Kompositionsmethode war, die aber nicht den Stil vorschrieb, hätte man von Schönberg erwartet, darin Möglichkeiten zu finden, die, wenn auch nicht zur Vollendung der *Jakobsleiter* so doch wenigstens zur Fortsetzung des von diesem Werk aufgezeigten Weges führten. Anstelle der Entdeckung dieser Möglichkeiten entwickelte Schönberg eine Form von Neoklassizismus. Das war aber keineswegs seine ursprüngliche Absicht.

Schönbergs erster bekannter Versuch, durchgehend seriell zu komponieren, ist eine dodekaphone Orchester-Passacaglia, für die er bereits im März 1920 erste Skizzen anfertigte. Die sparsam strukturierte Gestalt dieser Komposition gibt schon Hinweise auf die Serenade und das Bläserquintett (und er erinnerte sich sechs Jahre später, als er die Variationen für Orchester begann, der Einleitung dieser Orchester-Passacaglia). Die strukturelle Konzeption aber zeigt Ähnlichkeiten mit der Musik des *Ringenden* in der *Jakobsleiter*. Im Juli 1920 hat Schönberg die Klavierstücke op. 23 Nr. 1, 2 und 4 geschrieben oder zumindest begonnen, die am Stil der in den Vorkriegsjahren komponierten Instrumentalstücke anknüpfen. Genau ein Jahr später begann er die Klaviersuite op. 25 mit der Komposition der beiden einzigen Sätze (Prelude und Intermezzo), die keine Tanzsätze sind. Zunächst hatte er nur einen weiteren Zyklus von Stücken im Sinn. Die Variationen und die Tanzszene der Serenade op. 24 waren schon Ende des Jahres 1920 entstanden, der Marsch folgte im September 1921. Als Schönberg die drei Werke op. 24, 25 und 26 Anfang des Jahres 1923 fertigstellte, herrschten in allen Sätzen klassische Formen vor. Obgleich jedes Stück von op. 23 und op. 24 serielle Elemente benutzt, ist in nur jeweils einem der Stücke eine Zwölftonskala verarbeitet. Beide Sätze wurden nach den ersten Sätzen der Suite op. 25 komponiert und sind, wie die abgebrochene Passacaglia und fast alles, was Schönberg in den nächsten zehn Jahren komponieren sollte, durch und durch dodekaphon.

Der Grund dafür, daß Schönberg zu den klassischen Formen

zurückkehrte, muß in seinem Bedürfnis gesucht werden, neue Entfaltungsmöglichkeiten für sein von Natur aus auf Entwicklung angelegtes Denken zu finden. Paradoxerweise hat die entwickelnde Variation, vor allem in den Werken von 1909, ihn dazu gebracht, die Voraussetzungen für ihre eigene Verwendung zu verringern. Wenn jedes Motiv umgewandelt wird, bevor es der Zuhörer überhaupt erfassen kann, dann bringt die Durchführung auch keine Bedeutungsintensivierung. Wenn kein Schema sich durch sich selbst festigt, dann können nur extreme Kontraste Erwartungen vorspiegeln, die schnell enttäuscht werden. Wenn Schönbergs Kunst sich weiterentwickeln sollte, dann benötigte sie, vor allem in rhythmischer Hinsicht, eine stabile Grundlage. Für Schönberg gingen technische Notwendigkeiten immer mit philosophischen Zwängen einher. Es scheint, daß er in dieser Zeit seine Musik fast als die Heraufführung einer neuen ›Inkarnation‹ sah, ganz ähnlich wie der *Auserwählte* sie im zweiten Teil der *Jakobsleiter* verlangt. Die zweite wichtige Aufgabe seiner musikalischen Existenz war es – im Einklang mit einer ›höheren‹ und besseren Ordnung, nach der er strebte –, nicht seine eigene frühere Erfahrung zu bewerten, sondern vielmehr die Musikgeschichte, so gut er sie kannte und verstand, auf einer höheren Stufe zu wiederholen. Sein eigentliches Interesse begann mit Bach. Schönberg erklärte später, daß seine ›Lehrer‹ in erster Linie Bach und Mozart waren und erst in zweiter Linie Beethoven, Wagner und Brahms sein Werk nachhaltig beeinflußten. Obwohl Wagner und Brahms, wenigstens oberflächlich, auf seine tonalen Werke den stärksten Einfluß hatten, traten jetzt Bach, Mozart und Beethoven in den Vordergrund. Trotz der Abneigung des *Auserwählten* (und nach ihm des Moses in *Moses und Aron*), wieder auf die Erde zurückzukehren und als Prophet aufzutreten, konnte Schönberg im Dezember 1923 an Hauer schreiben, daß er endlich, nach 15jähriger Suche, eine Kompositionsmethode entdeckt habe, die es ihm möglich mache, mit einer Phantasie und Freiheit zu komponieren, wie er sie nur aus seiner Jugend kenne. Die nächsten 13 Jahre waren in seinem künstlerischen Schaffen bemerkenswert fruchtbar.

Die meisten Sätze der Serenade op. 24 und der Suite für Klavier berufen sich auf charakteristische Merkmale barocker Tanzsätze – ähnlich wie *Pierrot lunaire* sich an die Vorlagen anlehnte, die er parodierte. Aber obgleich die Serenade in vielen Einzelheiten, insbesondere in ihrem Humor, an *Pierrot* erinnert, sind sechs ihrer sieben Sätze weit großzügiger konzipiert – selbst wenn man die langen Wiederholungen nicht berücksichtigt, die Schönberg von seinen Modellen übernahm. Die Wiederholungen in der Serenade und in der Suite für Klavier sind einerseits die ersten von vergleichbarem Umfang, andererseits auch schon fast die letzten, die in seinem gesamten veröffentlichten Werk begegnen. Sie stellten ihn vor ein Problem besonderer Art: nämlich seine entwickelnde Phantasie innerhalb eines vorgegebenen Rahmens von Stimmung und Charakter soweit zu unterdrücken, daß eine Wiederholung sinnvoll wurde. Diese Übung war zweifellos ein wesentlicher Schritt, um in den großformatigen Instrumentalwerken und Opern der kommenden Jahre scharf unterschiedene Entwicklungsmodelle bilden zu können. Aber diese Konsequenz war eher beiläufig: Schönberg sagte, daß er nie wußte, was genau vor ihm lag und sein Zickzack-Kurs in den Krisen 1908 und 1920 hätte ihm das bestätigt. Die frühen seriellen Meisterwerke entstanden so gut wie ohne Vorbereitung: wie immer interessierte Schönberg nur das konkrete Werk, an dem er gerade arbeitete.

Aus diesem Grund kann man die Individualität der einzelnen Stücke in der einzigartigen Folge von Instrumentalwerken, die er zwischen 1920 und 1936 komponiert hat, nicht bloß als Stufen einer stilistischen und technischen Entwicklung betrachten. In jedem der Stücke schafft die energische Verwirklichung innerhalb ihrer besonderen Voraussetzungen ein sich selbst genügendes Gebilde, das einem allgemeinen Anspruch genügt und doch ganz und gar einmalig ist.

Die nächsten beiden Stücke, das Bläserquintett op. 26 und die Suite für sieben Instrumente op. 29, zeigen den schwankenden Standpunkt Schönbergs recht deutlich. Schönberg arbeitet hier mit dem Themenkontrast, wie ihn die klassischen

Formen verlangen, und mit der traditionellen viersätzigen Anordnung. Der erste Satz des Quintetts folgt der üblichen Sonatenhauptsatzform und der Finalsatz ist ein Rondo. Im ersten Satz der Suite jedoch fehlt der normale Durchführungsabschnitt. Aber trotz des Tanzcharakters des zweiten und vierten Satzes verbindet die durchgängige symphonische Behandlung die Suite mehr mit dem Quintett als mit der Serenade. Und dennoch unterscheiden sich beide Werke grundsätzlich voneinander. Die durchgehende kontrapunktische Struktur des Quintetts wirft einen Blick zurück auf das erste Streichquartett op. 7 und die erste Kammersymphonie op. 9 (und die nachdrückliche Betonung von Ganzton- und Quartklängen erinnert an das letztere Werk). Die Suite wurzelt in einer harmonischen Idee, die ihre Struktur und Melodik vollständig durchdringt. Die Abweichung bestimmt die Musik in jeder Hinsicht.

In den Variationen für Orchester op. 31 (komponiert in den Jahren 1926 bis 1928) und im 3. Streichquartett op. 30 (komponiert im Jahre 1927), die beide ebenfalls auf der klassischen Form basieren, vermied Schönberg weitgehend solch extreme harmonische und kontrapunktische Konstruktionen. Er etablierte vielmehr in diesen Kompositionen endgültig die Hauptstilmerkmale der seriellen Kompositionsweise. Diese Stilelemente blieben bis an sein Lebensende mehr oder weniger konstant. Die Permutation der Reihen als solche kann mit dem Ohr nicht durchgängig wahrgenommen werden, und er unternahm auch alles, um das nicht möglich zu machen. Obwohl für ihn die Reihen in einer Art motivischer Funktion benutzt werden konnten, bestehen seine Themen hauptsächlich aus rhythmischen Mustern, die jede serielle Ableitung tragen können. Die ›thematischen‹ Rhythmen sind ihrerseits nicht starr festgelegt. Schönberg zeigte ein bemerkenswertes Geschick, sie zu variieren, ohne dabei ihre Identität zu gefährden. Das Zusammenspiel von melodischen und rhythmischen Motiven macht zu einem sehr großen Teil den außergewöhnlichen Reichtum der Musik aus, indem es im Verlauf eines Werkes eine Fülle von Beziehungen zwischen den absolut

*Arnold Schönberg*

unterschiedlichen Elementen herstellt. Es beeinflußt auch das rhythmisch-melodische Zusammenwirken von Takt zu Takt nachhaltig. Die außergewöhnlich direkten kontrapunktischen Kombinationen, die so typisch für Schönbergs tonale Werke waren, verlieren in diesen Kompositionen zugunsten einer relativ einfachen Textur von ein oder zwei hervortretenden Linien an Bedeutung. Aber die rhythmische Artikulation der Begleitungen, die im regelmäßigen Wechsel aus der Reihengestalt abgeleitet werden, bringt einen Reichtum an motivischen Bezügen hervor. Sie ist auch für das geistvolle Spiel mit dem Rhythmus verantwortlich, das Schönbergs späte Partituren so auffällig charakterisiert. So weist gerade die Verarbeitung sehr vieler Ideen, trotz des Risikos der Überfrachtung, den Weg zu einer sorgfältig abgestuften Sicht. Durch sie kann der zunehmend vertrauter werdende Zuhörer eher die unter der Oberfläche liegenden Bedeutungsschichten des Werkes entdecken, als wenn er versucht, den unhörbaren Nullpunkt des totalen seriellen Zusammmenhalts zu erfassen.

Ende 1928 schrieb Schönberg den ersten Textentwurf zu *Moses und Aron* (in Form eines Oratoriums) nieder und komponierte die komische Oper in einem Akt *Von heute auf morgen*. Die Themen beider Werke wurden schon drei Jahre vorher in den kleinen Chorzyklen op. 27 und op. 28 vorweggenommen. Diese Stücke sind größtenteils in streng kanonischer oder fugenartiger Schreibweise komponiert, ein Merkmal, das, in sehr viel größerem Rahmen, auch in den Ensembleszenen und Chören der zwei Opern wieder aufgegriffen ist. Die drei Satiren op. 28 verspotten die, nach seiner Ansicht, Unverantwortlichkeit von >modischer< Modernität in der Musik (speziell war hiermit Strawinskys Neoklassizismus gemeint). Die Oper *Von heute auf morgen* attackiert dieselbe Haltung im Leben. *Von heute auf morgen* ist eine Komödie über einen Ehekrach und die anschließende Versöhnung. Vier Darsteller sind daran beteiligt. Hier kurz der Handlungsablauf: Ein Mann zeigt starkes Interesse an einer emanzipierten Frau >von heute<. Seine Frau demonstriert ihm, daß sie dasselbe Spiel spielen kann, wenn sie nur will – und bringt ihn dadurch >unter die Pantoffel<. Diese kleine Episode, die Gertrud Schönberg mit der Unterstützung ihres Mannes in ein brauchbares Libretto verwandelte, basierte auf dem häuslichen Leben der Schrekers, das für die Schönbergs eine Quelle vielfacher Heiterkeit war. Der Text setzt seine Pointen unmißverständlich, wie immer, wenn Schönberg etwas in die Hand nahm oder selbst schrieb. Der musikalische Stil jedoch ist alles andere als illustrativ. Er bevorzugt eine einfache Basis, die dennoch vielfältige Formen des Kommentars und der Interpretation ermöglicht. Die Oper übernimmt zwar klassische Schemata, behandelt sie jedoch freizügig und unkonventionell. Rezitative und ariose Passagen brechen in die Zwölftonformen ein und erweitern sie, um für eine freie Behandlung von Zeit und Ausdruck zu sorgen, wenn die streitsüchtigen Personen zwi-

*Klavierstück op. 33 a, komponiert Dezember 1928–April 1929
(Autograph)*

schen gesundem Menschenverstand und menschlicher Schwäche schwanken. Schönberg behandelt die Gemeinplätze und absurden Situationen nicht als deftige Komödie, sondern mit feinem Gespür für die Nuancen von Humor und Gefühl. Wie die extremen Gegensätze von Spiritualität und Verworfenheit in *Moses und Aron* sind auch sie ein fester Bestandteil seiner Ausdrucksmöglichkeiten.

18 weitere Monate vergingen, bevor Schönberg schließlich mit der Ausarbeitung von *Moses und Aron* begann. In der Zwischenzeit hatte er einige kleinere Werke geschrieben, in denen sich die Beziehung zur klassichen Form lockerte. Das erste der beiden Klavierstücke op. 33 und sein etwas später (1931) komponiertes Gegenstück arbeiten jeweils mit zwei kontrastierenden Themen. Aber nur das erste Stück erinnert an die konzentrierte Schreibweise der Klavierstücke op. 23.

Zu dieser Zeit interessierte sich Schönberg für die Probleme der Filmmusik. Da er nicht bereit war, seine Musik den

Erfordernissen eines tatsächlichen Films unterzuordnen, illustrierte er in seiner *Begleitmusik zu einer Lichtspielszene* stattdessen eine imaginäre und nicht verfilmbare Sequenz von Gefühlen, bestehend aus drohender Gefahr, Angst und Katastrophe. Er gebrauchte hier eine Art von freier Variationsform und setzte nur spärlich Elemente seines neuen Stils ein, um der programmatischen Natur dieses Projektes Rechnung zu tragen. Seit 1916 hatte Schönberg Tonalität nur hin und wieder in fragmentarischen Skizzen oder in Stücken für bestimmte Anlässe verwendet (hier ist besonders die wunderbare *Weihnachtsmusik* zu nennen, die auf dem Lied »Es ist ein' Ros' entsprungen« basiert), nicht jedoch in zur Veröffentlichung bestimmten Werken. 1929 schrieb er jedoch einige Volksliedbearbeitungen als Auftragskompositionen und bald darauf zwei nicht dodekaphone Stücke für Männerchor: *Glück* und *Verbundenheit* – das letztere mit d-moll als tonaler Basis. Obwohl die weiteren vier Chorstücke, mit denen *Glück* und *Verbundenheit* zusammen das Opus 35 bilden, alle dodekaphon komponiert sind, zeigen die Ausnahmen, daß das Bedürfnis, allmählich wieder zu tonalen Kompositionen zurückzukehren, Grund gewann.

Der zwischen 1930 und 1932 komponierte *Moses und Aron* ist Schönbergs zweites großes Glaubensbekenntnis. Es ist sozusagen eine Fortsetzung der *Jakobsleiter* und handelt von dem Dilemma, in dem der *Auserwählte* steckt, als er seine Rolle als Prophet übernehmen soll. Im Gegensatz zum Oratorium ist *Moses und Aron* keinesfalls ein Fragment, obgleich der kurze dritte Akt niemals vertont wurde. Der Grund dafür liegt wohl im Thema der Oper selbst. Am Anfang des ersten Akts hören wir die Stimme Gottes aus dem Dornbusch sprechen, der Moses die Rolle des Propheten zuweist. Schönberg hat die Probleme einer Verkündigung, die unmißverständlich sein will, im zweiten Chor von op. 27 wie folgt zusammengefaßt:

*»Du sollst Dir kein Bild machen. Denn ein Bild schränkt ein, begrenzt, faßt, was unbegrenzt und unvorstellbar bleiben soll. Ein Bild will Namen haben: Du kannst ihn nur vom Kleinen nehmen; du sollst das Kleine nicht verehren! Du mußt an den Geist glauben! Unmittelbar, gefühllos und selbstlos.«*

Moses beklagt, daß ihm die Beredsamkeit fehlt, um auszudrükken, was er von Gott versteht, der darum Aron als seinen ›Mund‹ bestimmt. Aron stellt sich Moses zu Seite. Aron gibt Moses' Gedanken in abgemilderter Form wieder. Diese unterschiedlichen Aufgaben werden auch in der Besetzung deutlich: Moses ist eine Sprecherrolle und Aron ein lyrischer Tenor. Zusammen kehren sie zu den entmutigten aber erwartungsvollen Israeliten zurück und überbringen ihnen die ›Botschaft des neuen Gottes‹, der sie von der ägyptischen Sklaverei befreien wird. Moses sagt ihnen unmißverständlich, daß der allmächtige, allgegenwärtige, unsichtbare und unvorstellbare Gott keine Opfer von ihnen verlangt, aber völlige Unterwerfung fordert. Er trifft damit auf Hohn, den Aron nur zügeln kann, indem er drei Wunder vollbringt, und so ein Bild an die Stelle der Wahrheit setzt.

Im zweiten Akt muß Aron die Zweifel des Volkes besänftigen. Während Moses auf einem Hügel betet, errichtet er das goldene Kalb als sichtbares Bild des neuen Gottes, das das Volk anbeten kann. Der heilende Nutzen eines Glaubens, der sich erst oberflächlich verbreitet hat, wird hinweggeschwemmt von einer Orgie, die in Menschenopfern, Selbstmord, Wollust und vollständiger Verwüstung gipfelt. Als Moses zurückkehrt, vergeht das goldene Kalb bei seinen Worten; doch Aron gelingt es, seine Handlungen zu verteidigen, indem er erklärt, daß er Moses' Mund und kein selbständig Handelnder ist. Man sieht, wie das Volk von einem neuen Bild, einer Feuersäule, geführt, davonzieht – Moses bleibt in Verzweiflung zurück. Der unkomponierte dritte Akt bringt eine letzte Auseinandersetzung zwischen den beiden Brüdern. Diesmal siegt Moses. Aron, der in Gefangenschaft gesetzt worden war, wird – wie es im Libretto heißt – »frei, steht auf und fällt tot um«. Wenn alle

Schranken vor dem Verständnis des ›Gottesdenkens‹ gefallen sind, dann wird das Volk endlich die Vereinigung mit Gott erreichen. Schönberg sagte einmal, daß es Beethoven, Bruckner und Mahler nicht vergönnt war, eine zehnte Symphonie zu komponieren, weil sie wahrscheinlich etwas enthüllt hätten, »was wir noch nicht wissen sollen, wofür wir noch nicht reif sind.«[7] Eine neunte Symphonie scheint eine Grenze darzustellen, nach der der Komponist ins ›Jenseits‹ treten muß. Eine Musik zu schreiben, die die Vereinigung mit Gott ausdrückt, wäre dem Wunsch gleichgekommen, eine zehnte Symphonie zu komponieren. Schönberg scheint dies von Anfang an empfunden zu haben, denn die ersten beiden Akte der Oper sind dramatisch und musikalisch in sich abgeschlossen. Aber um seinem Auftrag gerecht zu werden, konnte er dies nicht zugeben: Er sah es als seine Pflicht an, sich immer darum zu bemühen, das Unaussprechliche auszudrücken. Bis ans Ende seines Lebens sprach er davon, dieses Werk zu vollenden.

In der formalen Anlage folgt *Moses und Aron* der komischen Oper *Von heute auf morgen*. Beide demonstrieren eine Ausgewogenheit zwischen der klassischen Nummern-Oper und Wagners symphonischem Durchführungsstil, wobei *Moses und Aron* allerdings in weit größerem Ausmaß monumentale Chor- und Orchestersätze einschließt. Jeder Aspekt der Musik von *Moses und Aron* steht in Beziehung zu den Arbeiten der vorangegangenen zehn Jahre und die teilweise gesprochenen Texte der Chorsätze erinnern an Werke noch früherer Zeit. Es ist in jeder Hinsicht Schönbergs umfassendstes Meisterwerk, das in den Anfangstakten die Stille der reinen Geistigkeit für Augenblicke zu beschwören vermag, aber auch den Ton für Moses' Bitterkeit und Resignation auf der einen und für Arons ekstatische Wortgewandtheit und gelegentliche Schwäche auf der anderen Seite findet. Ebenso treffend sind die Stimmungen des Volkes wie Jubel, Schwanken, Spott, Gewalttätigkeit und äußerste Brutalität musikalisch umgesetzt.

---

[7] A. Schönberg, Gesammelte Schriften 1, S. 23.

Und es ist auffällig, daß die Musik das strenge Ethos des Librettos mit einem Hauch Sympathie ausdeutet, die in den bloßen Worten nicht zum Ausdruck kommt.

Daß Schönberg jetzt etwas Entspannung in einer weniger anspruchsvollen Aufgabe suchte, ist nicht verwunderlich. Überraschend ist eher seine Wahl, die sich in zwei Konzerten niederschlug: einem Cellokonzert nach dem Cembalokonzert D-Dur von Georg Matthias Monn, zu dem er übrigens 20 Jahre früher eine Continuo-Stimme beigesteuert hatte, und einem Konzert für Streichquartett und Orchester nach Händels Concerto grosso B-Dur op. 6 Nr. 7 (Händels Nr. 7 ist das einzige der Sammlung op. 6, bei dem die separaten Concertino-Stimmen durchweg fehlen). Diese beiden Werke von Schönberg werden mißverständlicherweise oft als Bearbeitungen bezeichnet. In seinen Orchestrierungen von Bach und Brahms fügte er nie substantiell Neues dem Originalwerk hinzu und verließ auch nie den Stil. Das Konzert für Cello und das für Streichquartett sind dagegen neue Kompositionen von fast demselben Ausmaß wie ein Variationszyklus über das Thema eines anderen Komponisten. So überlagert er in jedem Satz des Cello-Konzerts Monns Exposition mit zusätzlichen kontrapunktischen Stimmen und mit einer Harmonik, die bis zu Brahms oder noch darüber hinaus reicht, um dann in diesem Stil unabhängig weiter zu komponieren. In dem Konzert für Streichquartett hat er den vollständigen Grundriß des ersten Satzes im Original beibehalten und auch im zweiten Satz fast kaum etwas verändert. Andererseits hat er die zwei verbleibenden Sätze radikal umgeschrieben und im dritten Satz sogar nur wenige Phrasen von Händel übernommen. 1934 krönte er diese Gruppe von Werken mit einer Suite für Streichorchester in G-Dur. Sie ist in ähnlichem Stil gehalten wie die vorhergehenden Kompositionen, beruht aber vollständig auf seinem eigenen musikalischem Material. Um klar zu machen, daß diese Stücke nur einen geringeren Stellenwert in seinem Oeuvre einnehmen, hat Schönberg diese Kompositionen nicht mit Opus-Zahlen versehen. Dennoch handelt es sich um glänzende Stücke, die er früher gewiß nicht hätte schreiben können. Der Zwang zur Auflösung der Tonalität, der seine älteren tonalen Werke heimsuchte, ist hier überhaupt nicht zu spüren. Die späteren Werke ›akzeptieren‹ ihre ›Referenz‹ und die Klarheit, mit der sie ihren Erfindungsreichtum zur Geltung bringen, läßt sich direkt aus den seriellen Werken des vorangegangenen Jahrzehnts ableiten.

Der einzige Aspekt von Schönbergs serieller Musik, der in *Moses und Aron* nur begrenzt Raum fand, ist das Denken in absoluten symphonischen Formen. Dessen Verwirklichung wurde nun wieder sein Hauptanliegen. Nach seinen tonalen ›Ausflügen‹ komponierte er 1935/36 das Violinkonzert und das vierte Streichquartett. Es waren (abgesehen von den drei Liedern op. 48) seine ersten Zwölfton-Kompositionen seit der Oper *Moses und Aron* und mit dieser sicher die Gipfelwerke dieser Periode seines Schaffens. Sie folgen der herkömmlichen drei- bzw. viersätzigen Form, aber die einzelnen Sätze werfen die strikt klassische Anlage über Bord. Die Reprisen der Kopfsätze entsprechen den Ausmaßen der Exposition nicht mehr, sondern werden von der Durchführung förmlich aufgesogen, die sich unaufhaltsam bis zum Schluß ausdehnt.

Das Bedürfnis vorwärts zu treiben, das Schönbergs Musik insgesamt bestimmt, bestätigt sich hier so kraftvoll, daß eine Rückkehr zur einsätzigen Struktur durch den Wegfall der Trennung zwischen den Sätzen hätte vorhergesagt werden können. Solch eine Rückkehr fand in der Tat statt, aber der Übergang dorthin wurde nicht geradlinig vollzogen.

### *Späte Werke*

Schönbergs Musik erreichte wieder einmal einen Wendepunkt, wenn auch nicht einen so deutlichen wie in den Jahren 1908 oder 1920. Seit 1920 hatte ihn seine progressive Wiederbelebung früherer musikalischer Prinzipien von den barocken und klassischen Modellen zu einer flüssigeren, formalen Schreibweise geführt, die der des späten 19. Jahrhunderts nahekommt. Der nächste Schritt konnte ihn nur noch zu seinem eigenen Stil führen – nicht nur zur einsätzigen Form, sondern darüber hinaus zu den Errungenschaften seiner expressionistischen Jahre. Und gerade diese Leistungen stellten in erheblichem Maße die Basis für seine Neuorientierung dar. Wie um seine Situation besser zu verstehen, nahm er sich 1939 die Skizzen der zweiten Kammersymphonie wieder vor, die er bereits 1906 zu Beginn der Krise begonnen hatte, die ihm nun, wenn auch in anderer Weise, erneut widerfuhr. Schönberg vervollständigte das zweisätzige Werk, fügte im ersten Satz die letzten 20 Takte und im zweiten Satz die zweite Hälfte (ab Takt 309) hinzu, revidierte die schon früher komponierten Teile und instrumentierte sie neu. Im Verlauf dieser Arbeit hob er ein kompositorisches Element mit Nachdruck in den Vordergrund, das schon in den zeitgleich entstandenen Liedern op. 12 und op. 14 deutlich hervortritt. Während die Harmonik der ersten Kammersymphonie von komplexen Vorhalten und dissonanten Vorschlagsnoten bestimmt ist, tendiert die der zweiten Kammersymphonie dahin, sich stufenweise in allen Stimmen zu entfalten. Schönberg kombinierte diese Technik mit häufig vorkommenden Quartakkorden und mit ähnlichen Akkordverbindungen, die eine strenge Wirkung hervorrufen. Die Schlußcoda allerdings schlägt einen unmißverständlich tragischen Ton an, wie ihn sein späterer Stil wohl kaum gebilligt hätte. Vielleicht war diese Erkenntnis der im Material verborgenen Möglichkeiten ein zusätzlicher Grund, warum er gerade in dieser schwierigen Zeit seines Lebens zur zweiten Kammersymphonie zurückgekehrt ist.

Im vorangegangenen Jahr 1938 hatte Schönberg den traditionellen Text des *Kol nidre* in einem tonalen Stil komponiert, von dem er hoffte, daß er in der Synagoge akzeptiert würde. Jedoch wurde das Werk für den liturgischen Gebrauch als ungeeignet empfunden, weil er eine Introduktion hinzugefügt und darüberhinaus den überlieferten Text verändert hatte, um seinen geistigen Sinn noch stärker zum Ausdruck zu bringen. Um der Aussage des Textes, nämlich der Reue und Verehrung, die Würde des Gesetzes zu verleihen, griff er für die Vertonung auf eine marschartige Einkleidung zurück und verstärkte den Effekt noch durch eine harmonische Strenge, die, wenn auch in einfacheren Zügen bereits die der 2. Kammersymphonie vorwegnimmt. Auch nachdem er die Kammersymphonie beendet hatte, war er weiterhin der Überzeugung, daß sein harmonischer Stil, der seinen ersten pantonalen Werken unmittelbar voranging, noch viele ungenutzte Möglichkeiten bot. Er versuchte sie in den *Variationen über ein Rezitativ für Orgel* weiter auszuschöpfen. Wie in einigen Stücken der früheren Zeit wird hier die harmonische Komplexität durch einen ständigen Rückbezug auf die Tonalität ›kontrolliert‹; es werden aber auch serielle Elemente verwendet. In vieler Hinsicht ergänzen sich dieses und das nächste Werk, die Vertonung von Byrons *Ode to Napoleon* op. 41, im Kontrast. Jedes wurzelt in einer ihm eigenen harmonischen Vorgehensweise, die ihm einen ganz individuellen Klang verleiht. Die Orgelvariationen in d-moll entlehnen Elemente aus dem Serialismus und die dodekaphone *Ode* endet in Es- Dur. In den Orgelvariationen wird immer die Einheit des melodischen Themas gewahrt, die der *Ode* zugrundeliegende Reihe dagegen wird frei permutiert. Mit *Kol Nidre* beginnt eine Folge ungewöhnlich heterogener Werke, von denen sich jedes zu bestimmten Zwecken einer unterschiedlichen Technik bedient. Diese Werkgruppe zeigt, wie Schönberg wieder einmal scheinbar zufällig auf ein Ziel hinsteuert – diesmal die Wiederaufnahme der Zwölftonkomposition aus einer ganz anderen Richtung.

Das Klavierkonzert op. 43 von 1942 besteht aus einem Satz. Er stellt weniger eine Zusammenfassung von mehreren Einzelsätzen, wie zum Beispiel im ersten Streichquartett und der ersten Kammersymphonie, als vielmehr eine Ausdehnung eines einzigen Sonatensatzes dar, der die vier Symphoniesätze in ihrer traditionellen Abfolge zusammenfaßt. Wie in den bis 1936 entstandenen Zwölftonwerken sind auch im Klavierkonzert alle wesentlichen Faktoren aus der nicht-permutierten Reihe abgeleitet; es besteht aber ebenso eine Verwandtschaft mit der *Ode to Napoleon*. Was als erstes auffällt, ist, daß die Musik des Klavierkonzertes die quasi tonalen Anlehnungen der *Ode* in weiten Teilen übernimmt. Das führt zu stabileren

Strukturen, als es in frühen seriellen Werken, geschweige denn in den expressionistischen Werken der Fall war; desgleichen zumindest an der Oberfläche zu symmetrischen Bauformen. Das darf aber nicht zu dem Schluß verführen, Schönberg wäre mit der Krise des Jahres 1908 mehr und intensiver befaßt gewesen als mit der des Jahres 1936 – eher traf des Umgekehrte zu. Denn ein weiteres Erbe aus der *Ode* veränderte das Bild. Gleich am Anfang wird die Zwölftonmelodie durch Permutationen begleitet, die aus ihrer Grundgestalt gewonnen sind, ihre unübliche tonale Stabilität wird also durch ein unstabiles Element bewirkt. Die Konsequenzen stellen sich später ein: das Chaos lauert an Übergangsstellen, vor allem am Ende jedes der mittleren Abschnitte, wo die totale Chromatik wie ein völlig undifferenzierter ›Haufen‹ von Quarten für Augenblicke die Einheit des Werkes gefährdet. Dieser Abgrund hatte sich schon früher in Schönbergs Musik aufgetan, zum Beispiel in der *Erwartung*, aber niemals zuvor unterhalb einer so heiteren Oberfläche. Der Effekt ist dementsprechend beunruhigend.

Im folgenden Jahr 1943 komponierte Schönberg auf Wunsch seines Verlegers *Thema und Variationen für Blasorchester* in g-moll op. 43. Dieses Stück war für ein breites Publikum bestimmt und darum in einer gängigen tonalen Sprache gehalten, wie die *Suite G-Dur (im alten Stil) für Streicher*, die für ein College-Orchester bestimmt war. Die Variationen op. 43 besitzen die ganze Energie und Überschwenglichkeit der frühen Werke, und wie dort prägt auch hier seine Persönlichkeit jeden Takt nicht weniger entschieden als in seinem mehr dissonanten Stil. Danach hat Schönberg wegen der Verschlechterung seiner Gesundheit zwei Jahre lang nichts mehr geschrieben. Als er seine Kompositionstätigkeit wieder aufnahm und wie seit seiner Ankunft in Amerika durchschnittlich ein Werk pro Jahr schrieb, zwang ihn sein schlechtes Augenlicht, sein Arbeitspensum noch weiter zu begrenzen. Das erste Stück dieser letzten Werkgruppe war eine weitere Auftragskomposition. Er wurde aufgefordert, ein Prelude zu einer Suite für Chor und Orchester von verschiedenen Komponisten beizusteuern, der einzelne Verse aus der *Genesis* zu Grunde lagen. Schönberg war sichtlich überzeugt, daß Gott die Welt eher als Abbild einer göttlichen Ordnung denn aus dem uranfänglichen Chaos erschaffen habe. Der Kern seines konzentrierten Preludes besteht aus einem achtstimmigen Doppelkanon, gefolgt von zwei Engführungen, die in ihren Verlauf auch die eher amorphen Elemente des Anfangs hineinziehen. In den Werken dieser letzen Phase, außer natürlich in den Volksliedbearbeitungen op. 49, geht der tonale Einfluß, der im Klavierkonzert noch wahrnehmbar war, ganz zurück und die musikalischen Ausdrucksmittel nähern sich denen der seriellen Werke aus der Zeit vor 1936 an.

Das längste und komplexeste dieser letzten Werke ist das Streichtrio op. 45 aus dem Jahr 1946. Es ist ein einsätziges Stück, dessen Ausdehnung eine zwangsläufige Folge der ununterbrochenen und vielfältigen Durchführungsarbeit ist. Die unterschiedlichen musikalischen Charaktere gliedern sich nicht in deutlich wahrnehmbare Unter-Abschnitte, wie etwa im Klavierkonzert, sondern wechseln in einem Grad und in einer Häufigkeit des Kontrasts, wie ihn Schönberg seit seinen expressionistischen Werken vermieden hatte. Tatsächlich knüpfte er mit diesem Werk an seine eigenen früheren Errungenschaften an und ließ sie in seinem späteren musikalischen Denken aufgehen. Er gliederte das Stück in drei ›Teile‹, die wiederum durch zwei ›Episoden‹ von unterschiedlicher serieller Konstruktion getrennt sind. Der erste ›Teil‹ und die erste ›Episode‹ besitzen die Funktion einer Exposition. Der zweite ›Teil‹ und die zweite ›Episode‹ entsprechen einer Durchführung. Der dritte ›Teil‹ umfaßt eine gekürzte, aber ungewöhnlich genaue Reprise und eine Coda. Die Anlage erinnert an die des ersten Satzes des vierten Streichquartetts, insbesondere an die Stelle, wo sehr früh in der Durchführung die Codetta der Exposition wiederkehrt, bevor dann eine wichtige neue Melodie eingeführt wird.

Der Reichtum dieser schwer faßbaren, geradezu visionären Musik, die durch das Formskelett zusammengehalten wird, ist unmittelbar auf den außergewöhnlichen Begleitumstand des

Werks zurückzuführen: Schönberg hatte gerade einen beinahe tödlichen Herzinfarkt überstanden und später erklärt, diese Erfahrung in dem Trio verarbeitet zu haben. Es ist nicht schwer zu erraten, in welche Richtung seine Gedanken gingen. Näher als je zuvor war er an der Schwelle jener Erkenntnis gestanden, die zu erreichen dem Menschen auf dieser Welt versagt ist, und er fühlte sich gezwungen, das Erlebte auf seine Weise zu offenbaren. Die Neubewertung seiner expressionistischen Phase, mit der er gerade beschäftigt war, bekam plötzlich eine unerwartete Dringlichkeit. So wie fast 40 Jahre zuvor der Versuch, seine Eingebung von allen Zwängen zu befreien, ihn dazu gebracht hatte, seine Kunst ganz in den Dienst des Glaubens und folglich auch einer gänzlich neuen Kompositionsweise zu stellen, so erstrebte er von seinem jetzigen Standpunkt aus ein noch weitreichenderes Ziel. Aber wenn das Trio auch Einblicke ins Jenseits gibt, so ist es doch zugleich in dieser Welt verwurzelt: Die Melodie, die im zweiten Teil und dann nochmals in der Coda zu hören ist, erinnert an die Musik der kranken Frau aus dem 2. Akt von *Moses und Aron*, die auch durch den Glauben geheilt wird (auch wenn es nur der Glaube an ein Trugbild ist) und scheint auf seinen unsicheren Genesungsprozeß zu verweisen. Es besteht kein Zweifel, daß dieses Werk als persönliches und geistiges Testament bestimmt war. Und es hätte sein Lebenswerk würdig abgeschlossen.

Jedenfalls lebte Schönberg noch weitere fünf Jahre, und es war ihm möglich, 1950 ein zweites Testament zu komponieren. Das erste Werk, das er in dieser Zeit schrieb, *A survivor from Warsaw* (op. 46.), nötigte ihm der Bericht eines Überlebenden des Warschauer Ghettos ab: er beschreibt einen Zwischenfall, als Juden, die auf dem Weg in die Gaskammer waren, den Mut fanden, das Lied *Shema Yisroel* zu singen – die Aufforderung, Gott zu verehren, den einzigen und ewigen Herrn. Obwohl das Stück nicht umfangreich ist, stellt es große Anforderungen. Die Orchesterbegleitung des gesprochenen Berichts des Zeugen beschreibt eine entsetzlichere Realität, als Schönberg sie sich hätte ausmalen können, als er die *Begleitmusik für eine*

*Lichtspielszene* schrieb. Und die von ihm erfundene Melodie des hebräischen Liedes ist eine ungewöhnliche Eingebung, die eine verzweifelte Hartnäckigkeit ausdrückt, wie sie Schönberg selbst in hohem Maße besaß.

Die drei Volkslieder für gemischten Chor a capella op. 49 sind Neufassungen von Vorlagen, die er schon 1929 einmal arrangiert hatte. Die beiden Versionen von *Es gingen zwei Gespielen gut*, jeweils die kunstvollsten Bearbeitungen in beiden Zusammenstellungen, zeigen eine aufschlußreiche Verschiebung der Intention: Die Version von 1929 ist als komplexe Folge kanonischer Variationen angelegt. Die Version von 1948 ist weniger kompliziert und läßt die Originalmelodie des zugrunde gelegten Liedes sich im allgemeinen Gewebe von Veränderungen auflösen.

Schönbergs letztes Instrumentalwerk ist eine *Phantasie für Violine mit Klavierbegleitung* op. 47. Der Titel beschreibt exakt die Form dieses Werkes: Die Violinstimme führt das ganze Werk hindurch, sie wurde sogar für sich, vor der Niederschrift der Begleitung komponiert. Die Melodiestimme dominiert folglich und hält die im Streichtrio vorherrschende Tendenz zur scharfen Kontrastbildung in Grenzen, hält die störenden Folgen solcher Kontraste unter Kontrolle. Das ist eine Eigenschaft, die die besondere Qualität dieses Werkes ausmacht. Stilistisch steht es dem Streichtrio in vieler Hinsicht sehr nahe, zum Beispiel in der Melodiebildung oder in der behutsamen thematischen Kontinuität, findet aber zu mehr Ruhe und Gleichmaß.

Die drei religiösen Stücke für gemischten Chor op. 50 a-c sind jedes für sich und zu unterschiedlichen Zwecken entworfen worden und haben nur wenig gemeinsam. Schönberg hat jedoch zu der Zeit, als er noch hoffte, das letzte dieser Stücke vollenden zu können, ihre Aufführung als Einheit gewünscht. Der erste Chor, ›Dreimal tausend Jahre‹, ist eine vierstimmige Vertonung eines kurzen Gedichtes, das von der Wiederkunft Gottes unter die Gläubigen im neuen Israel handelt. Die ›engmaschige‹ Struktur und der engstimmige Satz erinnern an die *Sechs Stücke für Männerchor* op. 35. Dagegen erinnert die Mischung von Sprechgesang und Gesang in dem dramatischeren sechsstimmigen *De profundis* eher an *Moses und Aron*. Abwechslungsreiche Solopassagen, die das Flehen und die Reue ausdrücken, treten plastisch hervor. Das unvollendete dritte Stück von op. 50 sieht als Besetzung einen Sprecher sowie Chor und Orchester vor. Die Grundlage dieses Stückes bildet ein vom Komponisten selbst verfaßter Gebetstext. Es war der erste der *Modern Psalms*, die den Komponisten die letzten Monate seines Lebens beschäftigten. Gegen Ende spricht der Text von dem Gefühl der Vereinigung mit Gott, das man im Gebet erfahren kann. Diese Passage ist dem Sprecher übertragen und dann hätte der Chor diesen Textabschnitt übernehmen sollen. Aber genau an dieser Stelle bricht die Komposition ab, denn sie konfrontierte Schönberg hier mit derselben Aufgabe, die, wie schon zuvor im dritten Akt von *Moses und Aron*, zugleich unmöglich zu erfüllen und dennoch das Zentrum seines Glaubens war: nämlich durch seine Musik zu offenbaren, was dem Menschen zu wissen nicht gegeben ist. Obwohl Schönberg bis kurz vor seinem Tode die Hoffnung hegte, an der *Jakobsleiter* und an *Moses und Aron* weiter zu arbeiten, muß ihm bewußt gewesen sein, daß dies unmöglich war und daß der Rückzug ins Schweigen, wie er sich in den *Modern Psalms* manifestiert, sein endgültiges Vermächtnis darstellt.

Seit Schönbergs Tod wurde seine wegweisende Bedeutung als Neuerer auf dem Gebiet der Musik weltweit anerkannt. Ein Ergebnis davon ist, daß die meisten seiner Werke wenigstens gelegentlich zu hören sind. Aber obwohl seine musikalische Ausdrucksweise längst nicht mehr ungewohnt ist, bleibt seine Musik doch weniger leicht zugänglich als die seiner bedeutenden Schüler und Zeitgenossen. Zu dieser Schwierigkeit hat sicher beigetragen, daß Musiker, die seinen gesellschaftlichen Hintergrund und seine künstlerischen Voraussetzungen teilten und im Prinzip eine Aufführungstradition hätten herausbilden können – Männer wie Furtwängler, Walter, Kleiber und Klemperer, die alle in Berlin wirkten, während Schönberg dort lebte –, mit seiner Entwicklung nicht Schritt halten konnten.

Andererseits hat der objektivere, unkonventionellere Interpretationsstil der jüngsten Vergangenheit viel zu viel übersehen. Die Seltenheit guter Aufführungen hat sicherlich nicht dazu beigetragen, das Desinteresse des breiten Publikums aufzuheben, kann es andererseits aber auch nicht ganz erklären. Es dürfte grundsätzlichere Ursachen haben, die ebenso das Spezialistenpublikum betreffen.

1930 machte Alban Berg darauf aufmerksam, daß es zwischen der historischen Bedeutung Schönbergs und der Bachs enge Parallelen gibt. Er demonstrierte, daß einige wenige, kleine Änderungen genügen, um das in Riemanns Musiklexikon über Bach Gesagte auch auf Schönberg zutreffen zu lassen. Wie Bach lebte auch Schönberg in einer Zeit des Übergangs zwischen zwei musikalischen Stilen, und auch ihm gelang es, ihre gegensätzlichen Eigentümlichkeiten durch sein Genie auszusöhnen. Berg lebte nicht lange genug, um zu erfahren, wie sich sein Vergleich durch einen Wechsel des musikalischen Stils nach dem Tod seines Lehrers mehr und mehr bestätigte. Wie Bachs Musik bei einer Generation, die eher zur einfacheren Sprache der frühklassischen Symphonik neigte, nicht viel Interesse mehr hervorrief, so übte der größere Teil von Schönbergs Musik nur eine geringe Anziehungskraft auf Ohren aus, die sich immer mehr an die gröberen Effekte neuer Klangquellen und aleatorischer Prozesse gewöhnten. In ihrer Bach vergleichbaren Dichte, ihrer klaren Profilierung und strengen Ordnung widerspricht sie nicht nur dem Zeitgeist, sondern stellt auch außerordentliche Anforderungen an die interpretatorische Genauigkeit der Musiker wie an die Sensibilität der Zuhörer. Auf lange Sicht jedoch werden gerade diese besonderen Eigenschaften zu ihren Gunsten sprechen. Vielleicht hat kein anderer Komponist dieses Jahrhunderts so viel zu bieten.

# WERKVERZEICHNIS

Hier sind nur die bedeutenderen Fragmente von Schönbergs zahlreichen unvollständigen Werken aufgelistet. Mehr lassen sich bei Rufer (1959) finden. Die Fragmente ab dem Jahr 1933 sind detaillierter bei Maegaard, I (1972) aufgelistet. Einige der Fragmente sind auch bei Maegaard, III (1959) zu finden (M). Werke ohne Opuszahl sind, sofern nichts anderes ausgewiesen ist, unveröffentlicht. Für genauere Kompositionsdaten siehe Rufer (1959) und Maegaard (1972).

## *Opern*

op. 17: »Erwartung« (Monodram, in einem Akt, Text: M. Pappenheim), Aug. – Sept. 1909; Uraufführung am 6. Juni 1924 im »Neuen Deutschen Theater« in Prag; Klavierauszug von Schönberg.
op. 18: »Die Glückliche Hand« (Drama mit Musik, in einem Akt, Text: Schönberg), 1910 – Nov. 1913; Uraufführung am 14. Okt. 1924 in der Volksoper in Wien.
op. 32: »Von heute auf morgen« (Oper in einem Akt, Text: M. Blonda – Pseudonym von G. Schönberg), Okt. 1928 – Jan. 1929; Uraufführung am 1. Febr. 1930 im Opernhaus in Frankfurt; Klavierauszug von Schönberg; S A/7
»Moses und Aron« (Oper in drei Akten, Text: Schönberg), Mai 1930 – März 1932, Akt 3 ist nicht komponiert. Der Tanz um das Goldene Kalb wurde am 2. Juli 1951 in Darmstadt uraufgeführt; Akt 1 und 2 wurden konzertant am 12. März 1954 uraufgeführt; Akt 1 und 2 wurden erst am 6. Juni 1957 am Züricher Stadttheater inszeniert (Erstausg. 1957); S A/8

## *Opernfragmente*

»Und Pippa tanzt« (Text: G. Hauptmann), Aug. 1906 – März 1907; Prelude und Rezitativ vorhanden, Particell, 68 Takte

## *Chorwerke*

»Ei du Lütte« (mehrstimmig, Text: K. Groth), frühe Komp.; S A/18
»Friedlicher Abend senkt sich aufs Gefilde« (Mehrst. Lied in Kanon, Text: O. Kernstock), frühe Komp.; S A/18

»Viel tausend Blümlein auf der Au«, mehrst. Lied, frühe Komp.
»Gurrelieder« (Text: J. P. Jacobsen, Übers. von R. F. Arnold), für Solost. Chor und Orch., März 1900 – März 1901, orchestriert Aug. 1901–1903, Juli 1910 – Nov. 1911 (Erstausg. 1912)
op. 13: »Friede auf Erden« (Text: C. F. Meyer), SSAATTBB, Instrum. ad lib., Feb. – März 1907, begleit. Okt. 1911; S A/18
»Der deutsche Michel« (Text: O. Kernstock), Männerstimmen, 1914 oder 1915
op. 27: Vier Stücke, SATB: »Unentrinnbar« (Text: Schönberg), Sept. 1925; »Du sollst nicht, du mußt« (Text: Schönberg), Okt. 1925; »Mond und Mensch« (Text: Tschan-Jo-Su, übers. von Bethge), Okt. 1925; »Der Wunsch des Liebhabers« (Text: Hung-So-Fan, übers. von Bethge) mit Cl, Mand, Vn, Vc; Nov. 1925; S A/18
op. 28: Drei Satiren (Text: alle Schönberg), SATB, »Am Scheideweg«, Nov. 1925; »Vielseitigkeit«, Nov. – Dez. 1925; »Der neue Klassizismus«, mit Va, Vc, Kl, Nov. – Dez. 1925; Veröff. mit einem Anhang von drei Kanons (siehe Kanon); S A/18
Drei Volkslieder, SATB, Jan. 1929 (Erstausg. 1930): »Es gingen zwei Gespielen gut«; »Herzlieblich Lieb«, »Durch Scheiden«; »Schein uns du liebe Sonne«; S A/18
op. 35: Sechs Stücke (Text: Schönberg), f. Männerstimmen: »Hemmung«, Febr. 1930; »Gesetz«, März 1930; »Ausdrucksweise«, März 1930; »Verbundenheit«, April 1929; S A/18
op. 39: »Kol nidre« (jüdische Liturgie in Engl. mit Einleitung), für Sprecher, Chor, Orch., Aug. – Sept. 1939; S A/19
op. 44: Prelude »Genesis« (ohne Text), SATB, Orch., Sept. 1945; S A/19
op. 46: »A Survivor from Warsaw« (Text: Schönberg), für Erzähler, Männerstimme, Orch., Aug. 1947; S A/19
op. 49: Drei Volkslieder, SATB, Juni 1948: »Es gingen zwei Gespielen gut«; »Der Mai tritt ein mit Freuden«; »Mein Herz steten Treuen«; S A/19
op. 50a: »Dreimal tausend Jahre« (Text: D. D. Runes), SATB, April 1949, S A/19
op. 50b: »De profundis« (Ps cxxx in Hebräisch), SSATBB, Juni – Juli 1950; S A/19
op. 50c: »Modern Psalm« (Der erste Psalm) (Text: Schönberg), Sprecher, Chor, Orch., Okt. 1950, unvoll.; S A/19

## Fragmente von Chorwerken

»Wenn weder Mond noch Stern am Himmel stehn« (Text: L. Pfau), Männerstimm., Bläserensemble, Juni 1897; 54 Takte erhalten
»Darthulas Grabgesang« (Text: Goethe), für 14 Singst., Orch., April 1903; Klavierauszug; 65 Takte erhalten
»Sinfonie mit Chorsätzen«, 1914–15; Skizzen erhalten, M (in Auszügen)
»Die Jakobsleiter« (Oratorium, Text: Schönberg), für Solost., Chor, Orch., Juni 1917 – Juli 1922, Überarbeitung im Okt. 1944 begonnen und nach Takt 104 abgebrochen; die erste Hälfte ist nur im Entwurf komponiert, posthum von W. Zillig (1961) orchestriert; Text 1917 veröff. und in »A. Schönberg: Texte«, Wien (1926); Klavierauszug bearb. von W. Zillig (1975)
Israel Exists Again (Text: Schönberg), für Chor, Orch., März – Juni 1949; Particell, 55 Takte vorhanden

## Orchesterwerke

Adagio für Harfe und Str., frühe Komp.
Gavotte und Musette (im alten Stil), für Str., März 1897
op. 4: »Verklärte Nacht«, bearb. für Streichorch., 1917, zweite Version 1943
op. 5.: »Pelléas und Mélisande«, Sinfon. Dichtung nach Maeterlinck, Juli 1902 – April 1935; S A/12
op. 10: Streichquart. Nr. 2, bearb. für S, Str.orch., 1919(?)
op. 16: Fünf Orchesterstücke: Nr. 1, Mai 1909; Nr. 2–3, Juni 1909; Nr. 4, Juli 1909; Nr. 5, Aug. 1909; S A/12, bearb. für kleines Orch., Sept. 1949
op. 31: Variationen für Orchester, Mai 1926, Juli – Aug. 1928
op. 34: Begleitmusik zu einer Lichtspielszene, Okt. 1929 – Febr. 1930
Cellkonzert (nach Monn: Cembalokonzert in D, 1746), Nov. 1932 – Jan. 1933 (Erstausg. 1935); S A/27; überarb. von Schönberg für Singst., KL; S B/27
Streichquartett-Konzert (nach Händel: Concerto grosso op. 6 Nr. 7), Mai – Aug. 1933 (Erstausg. 1963), S A/27
Suite in G, für Str., Sept. – Dez 1934 (1935)
op. 36: Violinkonzert, 1935 – Sept. 1936; S A/15
op. 38: Kammersinfonie Nr. 2, Aug. 1906 – Dez. 1916, Aug. – Okt. 1939; S A,B/11
op. 42: Klavierkonzert, Juli – Dez. 1942; S A/15

op. 43a: Thema und Variationen, für Blasorch., vollendet im Juli 1943; bearb. für Orch. als op. 43b im Sommer 1943

### Fragmente von Orchesterwerken

Walzer, für Str.orch., frühe Komp., 10 Teile vollständig
Serenade, für kleines Orch., 1896; 1. Satz vollst., 2. und 3. Satz unvollst.
Frühlings Tod, sinfon. Dichtung nach Lenau, 1898; 254 Takte vorhanden, von denen 136 ganz in Part. geschrieben sind
Sinfonie, G, Febr. 1900; Einleitung vorhanden, g, 73 Takte im Kl.auszug.
Passacaglia, März 1920; Skizzen vorhanden, M
Sinfonie, Jan - Febr. 1937; Particell; 30-50 Takte von jedem der 4 Sätze vorhanden
Werk ohne Titel, Okt. - Nov. 1946; Particell, 28 Takte vorhanden
Werk ohne Titel, April 1948; Particell, 25 Takte vorhanden

### Kammermusik

»Alliance« Walzer, für 2 Vn, frühe Komp.
»Sonnenschein« Polka schnell, für 2 Vn, frühe Komp.
3 Lieder ohne Worte, für 2 Vn, frühe Komp.
Werk ohne Titel in d, für Vn, Kl, frühe Komp.
Presto, C, für Str.quart., frühe Komp.
Streichquartett, D, Sommer - Herbst 1897 (Erstausg. 1966)
Scherzo in F und Trio in a, für Str.quart., Juli 1897; zurückgezogener Satz des Streichquartetts D-dur
op. 4: »Verklärte Nacht« nach Dehmel, für 2 Vn, 2 Va, 2 Vc, vollendet im Dez. 1899
op. 7: Streichquartett Nr. 1, d-moll, Sommer 1904 - Sept. 1905
op. 9: Kammersinfonie Nr. 1, für 15 Instr., vollendet im Juli 1906; S A,B/II
op. 10: Streichquartett Nr. 2, mit S in den Sätzen 3 »Litanei« und 4 »Entrückung« (Text: George), März 1907 - Aug. 1908
Drei Stücke für Bläserquintett, Orgel/Harmonium, Cel, Str.quart., Kb, Febr. 1910, Stück 3 ist unvollst. (Erstausg. 1970)
Die eiserne Brigade, Marsch für Kl-Quintett, 1916 (Erstausg. 1978)
op. 24: Serenade für Cl, b Cl, Mand, Guit, Vn, Va, Vc mit B im 4. Satz »O könnt ich je der Rach' an ihr genesen« (Text: Petrarca, übers. von K. Förster), Aug. 1920 - April 1923

Weihnachtsmusik, für 2 vn, Vc, Harmonium, KL, Dez. 1921 (Erstausg. 1975)
op. 26: Bläserquartett, April 1923 – Aug. 1924
op. 29: Suite, für Es-Cl/Fl, Cl, b Cl/Fag, KL, Vn, Va, Vc, Jan. 1925 – Mai 1926
op. 30: Streichquartett Nr. 3, Jan. – März 1927; S A/21
op. 37: Streichquartett Nr. 4, April – Juli 1936; S A/21
op. 45: Streichtrio, Aug. – Sept. 1946; S A/21
op. 47: Fantasie, für Vn, KL, März 1949

*Fragmente von Kammermusikwerken*

Streichquartett, C-Dur, frühe Komp.; 41 Takte vorhanden
Klarinettenquintett, in d-moll; 28 Takte vorhanden
»Toter Winkel«, nach G. Falke; 31 Takte vorhanden
Kammersinfonie, in a-moll, wahrscheinlich vor op. 9 komp.; 22 Takte vorhanden
Fuge, in d-moll, für Str.quartett, März 1904; 80 Takte vorhanden
Streichquintett, in D-Dur, Winter 1904–05; 22 Takte vorhanden
Ein Stelldichein, nach Dehmel, für Ob, Cl, KL, Vn, Vc, Okt. 1905; 90 Takte vorhanden (Erstausg. 1981)
Streichseptett, März 1918; 25 Takte vorhanden
Tempo zwischen langsamen Walzer und Polacca, Satz, der für op. 24 vorgesehen war, Aug. 1920; 40 Takte vorhanden; M
Gerpa, in F-Dur für Schönbergs Sohn Georg (Hn, Vn, KL) und ihn selber (Vn, KL, Harmon), Nov. 1922; Thema und drei Variationen vollständig
Sonate, für Vn, KL, Jan. – Febr. 1928; 43 Takte vorhanden
Streichquartett, Juni 1949; Die Anfänge aller 4 Sätze vorhanden, insgesamt 36 Takte

*Lieder*
(wenn nicht ausdrücklich anderes angemerkt, für Singst., KL)

Lieder, die überwiegend vor 1900 komp. wurden: »Daß gestern eine Wespe dich«; »Daß schon die Maienzeit vorüber« (Text: A. Christen); »Der Pflanze, die dort über dem Abgrund« (Text: Pfau); »Drüben geht die Sonne scheiden« (Schilflied) (Text: Lenau); »Du kehrst mir den Rücken« (Text: Pfau); »Du mußt nicht meinen (Mannesbangen)« (Text: Dehmel); »Duftreich ist die Erde (Text: Ecloge) (W ...) (1975); »Einsam bin ich und alleine« (Text: Pfau); »Einst hat vor

Haus«; »Es ist ein Flüstern in der Nacht«, T, Str.quart.; »Es steht sein Bild noch immer da (Gedenken), S A/1; »Gott grüß dich Marie (Text: Pfau); »Ich grüne wie die Weide grünt« (Text: W. Wackernagel); »Ich hab' zum Brunnen ein Krüglein gebracht« (Das zerbrochene Krüglein) (Text: M. Greif); »Im Fliederbusch ein Vöglein saß« (Text: R. Reinick); »Juble, schöne junge Rose«; »Klein Vögelein, du zwitscherst fein«; »Könnt ich je zu dir mein Licht« (Text: Pfau); »Laß deine Sichel rauschen (Lied der Schnitterin) (Text: Pfau); »Mädel laß das stricken« (Nicht doch!) (Text: Dehmel); »Mein Herz das ist ein tiefer Schacht«; »Mein Schatz ist wie ein Schneck« (Text: Pfau); »Nur das thut mir so bitter weh« (Text: O. von Redwitz); »Sang ein Bettlerpärlein am Schenkentor« (Mädchenlied) (Text: P. Heyse); »Waldesnacht, du wunderkühle (Heyse); »Warum bist Du aufgewacht« [»Mailied« (Text: Goethe)]

»In hellen Träumen hab ich dich oft geschaut« (Text: A. Gold), 1893

»Du Kleine bist so lieb und hold« (Zweifler) (Text: Pfau), 1895(?)

»War ein Blümlein wunderfein« (Vergißmeinnicht) (Text: Pfau) 1895(?)

»In meinem Garten die Nelken« (Mädchenlied) (Text: E. Geibel), 1896

»Als mein Auge sie fand« (Sehnsucht) (J.C. von Zedlitz), 1896(?)

»Aprilwind, alle Knospen« (Mädchenfrühling) (Text: Dehmel), Sept. 1897

op. 1: Zwei Lieder (Text: K. von Levetzow), Bar, KL, 1898(?); »Dank«; »Abschied«; S A/1

»Sie trug den Becher in der Hand (Die Beiden)« (Text: Hofmansthal), April 1899

op. 2: Vier Lieder: »Erwartung« (Text: Dehmel), Aug. 1899; »Schenk mir deinen goldenen Kamm« (Text: Dehmel), 1899(?); »Erhebung« (Text: Dehmel), Nov. 1899; »Waldsonne« (Text: J. Schlaf); S A/1

»Dunkelnd über den See (Gruss in die Ferne)« (Text: H. Lingg), Aug. 1900 (Erstausg. 1976)

Lied der Waldtaube (aus den Gurreliedern), bearb. für Mez, 17 Instrum., 1900, bearb. Dez 1922 (Erstausg. 1923); S A/3

Kabarett-Lieder: »Der genügsame Liebhaber« (Text: H. Salus), April 1901 (Erstausg. 1975); »Einfältiges Lied« (Text: Salus), April 1901 (Erstausg. 1975); »Nachtwandler« (Text: G. Falke), für S, pic. Fl, F. Tpt, Rührtrommel, KL, April 1901 (Erstausg. 1969); »Jedem das Seine« (Text: Colly), Juni 1901 (Erstausg. 1975); »Mahnung« (Text: G. Hochstetter), Juli 1901 (Erstausg. 1975); »Galathea« (Text: Wedekind), Sept. 1901 (Erstausg. 1975); »Gigerlette« (Text: O. Bierbaum) Erstausg. 1975); »Seit ich so viele Weiber sah« (Aus dem Spiegel von Arcadia) (Text: Schikaneder) (Erstausg. 1975) »Deinem Blick mich zu bequemen« (Text: Goethe), Jan. 1903

op. 3: Sechs Lieder, für Mez./Bar., KL: »Wie Georg von Frundsberg von sich selber sang« (Text: aus »Des Knaben Wunderhorn«), März 1903; »Die Aufgeregten« (Text: G. Keller), Nov. 1903; »Warnung« (Text: Dehmel), Mai 1899; »Hochzeitslied« (Text: Jacobsen übers. von Arnold), 1900(?); »Geübtes Herz« (Text: Keller), Sept. - Nov. 1903; »Freihold« (Text: Lingg), Nov. 1900; S A/1

op. 6: Acht Lieder: »Traumleben« (Text: J. Hart), Dez. 1903; »Alles« (Text: Dehmel), Sept. 1905; »Mädchenlied« (Text: P. Remer), Okt. 1905; »Verlassen« (Text: H. Conradi), Dez. 1903; »Ghasel« (Text: Keller), Jan. 1904; »Am Wegrand« (Text:J.H. Mackay), Okt. 1905; »Lockung« (Text: K. Aram), Okt. 1905; »Der Wanderer« (Text: Nietzsche), April - Okt. 1905(?); S A/1

op. 8: Sechs Orchesterlieder: »Natur« (Text: H. Hart), Dez. 1903 - März 1904; »Das Wappenschild« (Text: aus »Des Knaben Wunderhorn«), Nov. 1903 - Mai 1904; »Sehnsucht« (Text: aus »Des Knaben Wunderhorn«), vollendet im April 1905; »Nie ward ich Herrin müd'« (Text: Petrarca, übers. von Förster), Juni - Juli 1904; »Voll jener Süße (Text: Petrarca, übers. von Förster), vollendet im Nov. 1904; »Wenn Vöglein klagen« (Text: Petrarca, übers. von Förster), vollendet Nov. 1904; S A/3

op. 12: Zwei Balladen, März - April 1907: »Jane Grey« (Text: H. Amman); »Der verlorene Haufen« (Text. V. Klemperer); S A/1

op. 14: Zwei Lieder: »Ich darf nicht dankend« (Text: George), Dez. 1907; »In diesen Wintertagen« (Text: K. Henckell), Febr. 1908; S A/1

op. 15: Das Buch der hängenden Gärten (Text: George), März 1908(?) - Febr./Mai 1909: »Unterm Schutz von dichten Blättergründen«; »Hain in diesem Paradies«; »Als Neuling trat ich ein in dein Gehege«, März 1908; »Da meine Lippen reglos sind und brennen«, März 1908; »Saget mir, auf welchem Pfade«, März 1908, »Jedem Werke bin ich fürder tot«; »Angst und Hoffen wechselnd mich beklemmen«, April 1908; »Wenn ich heut nicht deinen Leib berühre«, April 1908; »Streng ist uns das Glück und spröde«; »Das schöne Beet betracht ich mir im Harren«; »Als wir hinter dem geblümten Tore«; »Wenn sich bei heiliger Ruh in tiefen Matten«; »Du lehnest wider eine Silberweide«, Sept. 1908; »Sprich nicht immer von dem Laub«; »Wir bevölkerten die abenddüstern Lauben«, Febr. 1909; S A/1

»Am Strande« (Text: Rilke(?)), Febr. 1909, möglicherweise Febr. 1908; S A/1

op. 20: »Herzgewächse« (Text: Maeterlinck, übers. von K. L. Ammer und F. von Oppeln-Bronikowski), für hohen S, Cel, Hrf, Harm., Dez. 1911

op. 21: Dreimal sieben Gedichte aus Albert Girauds Pierrot lunaire (übers. von O. E. Hartleben), für Sprecher, Fl u. pic.Fl, Cl u. bCl, Vn u. Vla, Vc, KL, 1912: Teil I: »Mondestrunken«, April; »Colombine«, im April; »Der Dandy«, April; »Eine blasse Wäscherin«, April; »Valse de Chopin«, Mai; »Madonna«, Mai; »Der kranke Mond«, April; Teil II. »Nacht«, Mai; »Gebet an Pierrot«, März; »Raub«, Mai; »Rote Messe«, April; »Galgenlied«, Mai; »Enthauptung«, Mai; »Die Kreuze«, Juni (Mai(?) – Juli); Teil III: »Heimweh«, Mai; »Gemeinheit«, April – Juni; »Parodie«, Mai; »Der Mondfleck«, Mai; »Serenade«, April; »Heimfahrt«, April – Mai; »O alter Duft«, Mai

op. 22: Vier Orchester Lieder: »Seraphita« (Text: Dowson, übers. von George), vollendet Okt. 1913; »Alle welche dich suchen« (Text: Rilke), Nov. – Dez. 1914; »Mach mich zum Wächter deiner Weiten« (Text: Rilke), Dez. 1914 – Jan. 1915; »Vorgefühl« (Text: Rilke), Juli 1916; S A/3

»Allein Gott in der Höh' sei Ehr« (Text: N. Hovesch), Choralbearb. für A, KL Trio, zwischen 1918 und 1925

Vier Volksliedbearbeitungen, Jan. 1929 (Erstausg. 1930): »Der Mai tritt ein mit Freuden«; »Es gingen zwei Gespielen gut«; »Mein Herz in steten Treuen«; »Mein Herz ist mir gemenget«; S A/1

op. 41: Ode to Napoleon (Text: Byron), für Erzähler, KL, Str.quart.-/Str.orch., März – Juni 1942

op. 48: Drei Lieder (Text: J. Haringer), für A/B, KL: »Sommerwind«, Jan. 1933; »Tot«, Febr. 1933; »Mädchenlied«, Febr. 1933; S A/1

## *Liedfragmente*

»Gethsemane« (Text: Dehmel), für männl. Singst., Orch., Mai 1899; Singst. Partitur; 88 Takte vorhanden; S B/3

»Jeduch« (Text: H. Löns), Ballade, die als op. 12 vorgesehen war, März 1907; 2 Takte vorhanden; M (Teil)

»Mignon« (Kennst du das Land) (Text: Goethe), Herbst 1907; 54 Takte vorhanden; M

»Friedensabend« (Text: George), vorgesehen für op. 15, April 1908(?); 27 1/2 Takte vorhanden; M

## Kompositionen für Tasteninstrumente

Sechs Ländler, KL, frühe Komp.
Lied ohne Worte (Nocturne), für KL, frühe Komp.; bearb. für kleines Orch., verlorengegangen
Drei Klavierstücke, Okt. 1894; S A/4
Sechs Stücke, für Kl. zu vier Händen, 1896(?); S A/5
op. 9: Kammersinfonie Nr. 1, als Bearbeitung für Kl. zu vier Händen, vor 1912; S A/5
op. 11: Drei Klavierstücke, Nr. 1-2, Febr. 1909; Nr. 3 Aug. 1909; S A/4
op. 19: Sechs kleine Klavierstücke, Nr. 1-5, Febr. 1911; Nr. 6 Juni 1911; S A/4
op. 23: Fünf Klavierstücke, Nr. 1-2 und Beginn von Nr. 4, Juli 1920; Rest Febr. 1923; S A/4
op. 25: Klavier Suite, Prelude und Anfang vom Intermezzo, Juli 1921; Rest Febr. – März 1923; S A/4
op. 33a: Klavierstück, Dez. 1928 – April 1929; S A/4
op. 33b: Klavierstück, Okt. 1931; S /A/4
op. 38b: Kammersinfonie Nr. 2, Bearbeitung für 2 KL, Dez. 1941 – Jan. 1942; S A/5
op 40: Variationen über ein Rezitaitv, für Org., Aug. – Okt. 1941; S A/5

## Fragmente von Kompositionen für Tasteninstrumente

Scherzo in fis-moll, für KL; 80 Takte vorhanden; S A/4
Zwei Stücke, für KL zu vier Händen, frühe Komp.; Nr. 2 unvollst.; S B/5
Klavierstück in cis-moll, frühe Komp.; 77 Takte vorhanden; S B/4
Klavierstück in As-Dur, Dez. 1900 – Febr. 1901; 46 Takte vorhanden; S B/4
Klavierstück in B-Dur, Winter 1905-06; 26 Takte vorhanden; M; S B/4
Klavierstück in G-Dur, Frühling 1925(?); 41 Takte vorhanden; S B/4
Klavierstück, Febr. 1931; 35 Takte vorhanden; S B/4
Klavierstück in C-Dur, Juli 1931; 25 1/2 Takte vorhanden; S B/4
Fantasie, für KL zu vier Händen, Jan. 1937; 25 Takte vorhanden; S A/5
Stück, für 2 KL, Jan. 1941; 17 Takte vorhanden; S A/5
Orgel Sonate, Aug. 1941; Anfang der ersten zwei Sätze, 50 und 25 Takte vorhanden; S A/5
Klavierstück, aus der amerikanischen Zeit; 22 Takte vorhanden; S B/4
Alla marcia, in Es-Dur, vollständige Skizze im Zweiernotensystem, die zur Instrumentation vorgesehen war; 22 Takte vorhanden

*Kanonkompositionen*

(alle sind in S A/18 veröffentlicht)

Vierstimmiger Kanon »O daß der Sinnen doch so viele sind!« (Text: Goethe), April 1905(?)
Vierstimmiger Kanon »Wenn der schwer Gedrückte klagt« (Text: Goethe), April 1905(?)
»Eyn doppel Spiegel- und Schlüssel-Kanon«, 4 stg., Febr. 1922
»Ein Spruch und zwei Variationen über Ihn: O glaubet nicht, was Ihr nicht könnt, sei wertlos«, op. 28 Anh. 1, 4 stg. (Text: Schönberg), Dez. 1925 – Jan. 1926
Kanon für Str.quart., op. 28 Anh. 2, Febr. 1926
»Legitimation als Kanon: Wer Ehr erweist, muß selbst davon besitzen«, op. 28 Anh. 3, 6 stg. (Text: Schönberg), April 1926
Dreistimmiger Kanon für D. J. Bach »Wer mit der Welt laufen will« (Text: Schönberg), März 1926, Juli 1934
Vierstimmiger Kanon durch Augmentation und Diminution, April 1926
Vierstimmiger Kanon für Erwin Stein »Von meinen Steinen« (Text: Schönberg), Dez. 1926
»Arnold Schönberg beglückwünscht herzlichst Concert Gebouw«, 5 stg. (Text: Schönberg), März 1928
Kanon in drei Schlüsseln für die Genossenschaft deutscher Tonsetzer, 5 stg., April 1928
Spiegelkanon für Str.quart., April 1931
Vierstimmiger Spiegelkanon, Dez. 1931
Zweistimmiger Spiegelkanon für Herrmann Abraham »Spiegel dich im Werk« (Text: Schönberg), Dez. 1931
Spiegelkanon für Str.quart., 1931(?)
Vierstimmiger Spiegelkanon für Karl Moll, Dez. 1932
Dreistimmiger Rätselkanon für Carl Engel »Jedem geht es so (No man can escape)« (Text: Schönberg in deutsch und englisch)
Dreistimmiger Rätselkanon für Carl Engel »Mir auch ist es so ergangen (I, too was not better off)« (Text: Schönberg in deutsch und englisch) April 1933, Text 1943
Vierstimmiger Perpetuumkanon, April 1933
Vierstimmiger Spiegelkanon, April 1933
Vierstimmiger Spiegelkanon, Dez. 1933
Dreistimmiger Rätselkanon, März 1934

Vierstimmiger Rätselkanon durch Augmentation und Diminution, März 1934
Vierstimmiger Rätselkanon, März 1934
Vierstimmiger Rätselkanon für Rudolph Ganz »Es ist so dumm« (Text: Schönberg), Sept. 1934
Vierstimmiger Spiegelkanon, Sept. 1934
Vierstimmiger Spiegelkanon, 1934
Siebenstimmiger Perpetuumkanon, 1934
Vierstimmiger Spiegelkanon, 1934
Vierstimmiger Perpetuumkanon mit freiem Baß, für Alban Berg »Darf ich eintreten« (Text: Schönberg), Febr. 1935
Vierstimmiger Spiegelkanon für Frau Charlotte Dieterle, Nov. 1935
Vierstimmiger Spiegelkanon, Jan. 1936
Vierstimmiger Doppelkanon, 1938
Vierstimmiger Kanon »Mr. Saunders I owe you thanks« (Text: Schönberg), Dez. 1939
Vierstimmiger Spiegelkanon, Juni 1943
Vierstimmiger Kanon für Richard Rodzinsky »I am almost sure, when your nurse will change your diapers« (Text: Schönberg), März 1945
Vierstimmiger Doppel-Kanon für Thomas Mann zum 70. Geburtstag, Juni 1945
Vierstimmiger Kanon »Gravitationszentrum eigenen Sonnensystems« (Text: Schönberg), Aug. 1949

## Kanon-Fragmente

»Gutes thu rein aus des Guten Lieben« (Text: Goethe), April 1905(?); Coda unvollst.
»Dümmer ist nichts zu ertragen« (Text: Goethe), April 1905(?); Coda fehlt
»Wer geboren in bös'sten Tagen« (Text: Goethe), April 1905(?); Coda fehlt

## Bearbeitungen

H. Susaneck: Irmen Walzer, für 2 Vn; R Waldman: So wie du, für 2 Vn; Wiener Fiakerlied, für 2 Vn; alle frühe Komp.
A. Zemlinsky: Sarena, Klavierauszug, Sommer 1897
H. Schenker: »Vier syrische Tänze«, orchestr. 1903

J. S. Bach: Choralvorspiel »Komm Gott Schöpfer heiliger Geist« BWV 631, orchestr. April 1922 (Erstausg. 1925)
J. S. Bach: Choralvorspiel »Schmücke dich o liebe Seele« BWV 654, orchestr. April – Juni 1922 (Erstausg. 1925)
Johann Strauss (Sohn): Kaiserwalzer op. 431, für Kl, Cl, KL, Qunt., April 1925 (c 1960)
J. S. Bach: Präludium und Fuge, Es-Dur BWV 552, orchestr. Mai – Okt. 1928 (Erstausg. 1929)
J. Brahms: Klavierquartett, in g-moll ip. 25, orchestr. Mai – Sept. 1937; S A/26

## Gelegenheitsarbeiten

(In den Anfangsjahren hat Schönberg an die 6000 Seiten Operetten von Zepler und anderen in Partitur gesetzt; die folgenden Beispiele sind, außer dem zweiten, alle veröffentlicht worden:)
H. van Eyken: Lied der Walküre (Text: F. Dahn), orchestr. 1901(?); B. Zepler: Mädchenreigen, orchestr. April 1902; A. Lortzing: Der Waffenschmid von Worms, für KL z. 4 Hd., 1903(?); G. Rossini: Il barbiere di Siviglia, für KL z. 4 Hd., 1903(?); F. Schubert: Rosamunde: Ouverture, entr'actes und Ballet, für KL z. 4 Hd., 1903(?)
Continuo Aussetzungen, 1911 oder 1912; M. G. Monn: Sinfonie a 4, A (Erstausg. 1912); M. G. Monn: Vc Konzert in g-moll (Erstausg. 1912) auch für Vc, KL bearb. (Erstausg. 1913) und Kadenzen, S B 28; M. G. Monn: Cembalokonzert, in D-Dur (Erstausg. 1912); J. C. Monn: Divertimento, in D-Dur (Erstausg. 1912); F. Tuma: Sinfonia a 4, in e-moll (Erstausg. 1968); F. Tuma: Partita a 3, in A-Dur (Erstausg. 1968); F. Tuma: Partita a 3, in c-moll (Erstausg. 1968); F. Tuma: Partita a 3, in G-Dur (Erstausg. 1968)
Lieder, orchestriert für Julia Culp: L. v. Beethoven: Adelaide op. 46, Febr. 1912; C. Loewe: Der Nöck op. 129 Nr. 2, Herbst 1912; F. Schubert: Drei Lieder, Sept. 1912
Bearbeitungen für den Verein für musikalische Privataufführungen (Schönberg hat an vielen Umarbeitungen/Bearbeitungen seiner eigenen Werke und Werke anderer für kleines Orchester/Ensemble mitgearbeitet. Wenige davon sind aber vollständig von ihm allein gestaltete Bearbeitungen. Siehe dazu auch L. Stein (1960): Johann Strauss (Sohn): Rosen aus dem Süden op. 388, für Harmonium, KL-Quint., Mai 1921; Johann Strauss (Sohn): Lagunenwalzer op. 411, für Harmonium, KL-Quint., Mai 1921 (Die Bearbeitung von Busonis Berceuse élégiaque ist nicht von Schönberg))

Instrumentationsübungen für Unterrichtszwecke 1921: F. Schubert: Ständchen D 889, für Singst., Cl, Fag., Mand., Guit., Str.quart.: L. Denza: Funiculi, funicula, für Cl, Guit., Mand., Str.trio; J. Sioly: Weil i a alter Drahrer bin, für Cl, Guit., Mand., Str.trio
Hauptverleger: Belmont, Dreililien, Hansen, G. Schirmer, Schott, Universal Edition
MSS befinden sich in der University of Southern California School of Music, Los Angeles (Sammlung des Komponisten); in der Library of Congress, Music Division, Washington DC; in der North Texas State University Musik Library, Denton; bei der Universal Edition in Wien und in der Pierpont Morgan Library, New York (Robert-Owen-Lehman-Sammlung)

## Schriften

Texte ohne Musik

»Totentanz der Prinzipien« Jan. 1915 (als Sinf. skizziert 1914–15); veröff. in A. Schönberg, Texte, Wien (1926)
»Wendepunkt«, Dez. 1916(?) (für Kammersinf. Nr. 2 als Monodram geplant (veröff. bei Maegaard, I (1972)
»Requiem«, erster Teil 1920 oder 1921, Rest Nov. 1923, veröff. in A. Schönberg, Texte, Wien (1926)
»Der biblische Weg«, Drama, Juni 1926 – Juli 1927
Psalmen, Gebete und andere Gespräche mit und über Gott, Sept. 1950 – Juli 1951 (Erstausg. Mainz 1956) (die 16 Stücke waren ursprünglich als »Modern Psalms« betitelt, das letzte ist unvollst., das erste ist teilweise in op. 50c eingearbeitet)

## Textfragmente

»Aberglaube«, Opernlibr., früh entstanden, zwei Akte und Anfang des dritten vorhanden; »Odoaker«, Opernlibr., früh entstanden, drei Anfangsszenen vorhanden; »Die Schildbürger«, komisches Opernlibr., nach G. Schwab, Juni – Juli 1901, zwei der drei Akte vorhanden

*Theoretische und Pädagogische Schriften*

»Harmonielehre«, Frühjahr 1910 – Juli 1911, Wien (1911, überarb. 3/1922);
»Models for Beginners in Composition«, vervollst. im Sept. 1942, Los Angeles (1942), erweitert 2/1943, überarb. 3/1972 von L. Stein
»Structural Functions of Harmony«, vervollst. März 1948, Hrsg. H. H. Searle, London (1954, überarb. 2/1969 von L. Stein)
»Preliminary Exercises in Counterpoint«, 1936–50, Hrsg. L. Stein, London (1963)
»Fundamentals of Musical Composition«, 1937–48, Hrsg. L. Stein, London (1967)

*Fragmente*

»Komponieren mit selbständigen Stimmen«, Juni 1911; »Die Lehre vom Kontrapunkt«, Okt. 1926; »Der musikalische Gedanke und seine Darstellung«, 1925–36 (drei Entwürfe unter dem gleichen Titel).

*Essays, Briefe etc.*

»Style and Idea«, New York (1950) (15 Essays)
Briefe, ausgewählt und hrsg. von E. Stein, Mainz (1958)
»Schöpferische Konfessionen«, hrsg. von W. Reich, Zürich (1964)
»Testi poetici e drammatici«, hrsg. von L. Rognoni, Mailand (1967)
Arnold Schönberg – Franz Schreker: Briefwechsel, hrsg. von F. C. Heller, Tutzing (1974)
Berliner Tagebuch, hrsg. von J. Rufer, Frankfurt (1974)
F. Busoni: »Entwurf einer neuen Aesthetik der Tonkunst«, mit handschriftlichen Anmerkungen von A. Schönberg, Frankfurt (1974)
»Style and Idea«, hrsg. von L. Stein, London (1975) (104 Essays)
Gesammelte Schriften, I: Stil und Gedanke. Aufsätze zur Musik, hrsg. von I. Vojtech, Frankfurt (1976)
The Arnold Schönberg – Hans Nachod Collection, hrsg. von J. Kimmey, Detroit (1979) (Briefe und frühe Kompositionen)
Arnold Schönberg, Wassily Kandinsky: Briefe, Bilder und Dokumente einer aussergewöhnlichen Begegnung, hrsg. von J. Hahl-Koch, Salzburg (1980)
Siehe Rufer (1959) für unveröff. Schriften; siehe Brinkmann für Bi-

bliographie von veröff. Schriften: Arnold Schönberg: Drei Klavierstücke op. 11, Wiesbaden (1969)

# BIBLIOGRAPHIE

*Monographien*

Wellesz, E.: »Arnold Schönberg«, Wien (1921)
Stefan, P.: »Arnold Schönberg: Wandlung, Legende, Erscheinung, Bedeutung, Wien (1935)
Wind, H.: »Die Endkrise der bürgerlichen Musik und die Rolle Arnold Schönbergs«, Wien (1935)
Leibowitz, R.: »Schönberg et son école«, Paris (1947)
Newlin, D.: »Bruckner, Mahler, Schönberg«, New York (1947), deutsche Übers. 1954; überarb. 2/1979
Leibowitz, R.: »Introduction à la musique de douze sons«, Paris (1949)
Stuckenschmidt, H.: »Arnold Schönberg«, Zürich (1951, überarb. 2/1957)
Rufer, J.: »Die Komposition mit zwölf Tönen«, Berlin (1952)
Rognoni, L.: »Espressionismo e dodecafonia«, Turin (1954), (überarb. 2/1966 als »La scuola musicale di Vienna«)
Rufer, J.: »Das Werk Arnold Schönbergs«, Kassel (1959, überarb. 2/1975)
Payne, A.: »Schönberg«, London (1968)
Reich, W.: »Arnold Schönberg oder der konservative Revolutionär«, Wien (1968)
Leibowitz, R.: »Schönberg«, Paris (1969)
Maegaard, J.: »Studien zur Entwicklung des dodekaphonen Satzes bei Arnold Schönberg«, Kopenhagen (1972)
Freitag, E.: »Arnold Schönberg in Selbstzeugnissen und Bilddokumenten, Reinbek (1973)
Stuckenschmidt, H.: »Schönberg: Leben, Umwelt, Werk«, Zürich (1974)
Arnold Schönberg. Gedenkausstellung 1974. Redaktion: Ernst Hilmar, Wien (1974)
Dibelius, W. (Hrsg.): Herausforderung Schönberg. Was die Musik des Jahrhunderts veränderte, München (1974)
Manzoni, G.: »Arnold Schönberg: l'uomo, l'opera, i testi musicali«, Mailand (1975)
Rosen, C.: »Arnold Schönberg«, New York (1975)
Schubert, G.: »Schönbergs frühe Instrumentation«, Baden-Baden (1975)
Macdonald, M.: »Schoenberg«, London (1976)

Maegaard, J.: »Praeludier til musik af Schönberg«, Kopenhagen (1976)
Velten, K.: »Schönbergs Instrumentation Bachscher und Brahmsscher Werke als Dokumentation seines Traditionsverständnisses«, Regensburg (1976)
Pfisterer, M.: »Studien zur Kompositionstechnik in den frühen atonalen Werken von Arnold Schönberg«, Neuhausen-Stuttgart (1978)
Satoh, T.: »A Bibliographic Catalog with Discography and a Comprehensive Bibliography of Arnold Schönberg«, Tokio (1978)
Lessen, A.: »Music and Text in the Works of Arnold Schönberg«, Ann Arbor (1979)
Thieme, U.: »Studien zum Jugendwerk Arnold Schönbergs: Einflüsse und Wandlungen«, Regensburg (1979)
Newlin, D.: »Schoenberg Remembered: Diaries and Recollections (1938–1976)«, New York (1980)
Zelinsky, H.: »Der ›Weg der Blauen Reiter‹. Zu Schönbergs Widmung an Kandinsky in ›die Harmonielehre‹«, in: A. Schönberg – W. Kandinsky, Salzburg/Wien (1980), S. 223
Dümling, A.: Die fremden Klänge der hängenden Gärten. Die öffentliche Einsamkeit der Neuen Musik am Beispiel von Arnold Schönberg und Stefan George, München (1981)
Jakob, A.: »Arnold Schönberg. Die verräumlichte Zeit«, Regensburg (1983)
Mayer, H.: »Zeitgenosse Arnold Schönberg«, in: Ein Denkmal für Johannes Brahms. Versuche über Musik, Frankfurt (1983), S. 162
Mäckelmann, M.: »Arnold Schönberg und das Judentum. Der Komponist und sein religiös-nationales und politisches Selbstverständnis nach 1921«, Hamburg (1984)
Wellesz, E.: »Arnold Schönberg«, Wiesbaden (1985)
Stephan, R.: »Berg und Schönberg«, in: Die Sprache der Musik. Festschr. K. W. Niemöller zum 60. Geburtstag, Regensburg (1989), S. 545
Stephan, R.: »Die Wiener Schule«, Darmstadt (1989)
Haimo, E.: »Schönbergs serial odyssey. The evolution of his twelve-tone method 1914–1928«, Oxford (1990)
Ringer, A.: »Arnold Schönberg. The Composer as Jew«, Oxford (1990)
Nono-Schönberg, N.: Arnold Schönberg. Lebensgeschichte in Begegnungen, Klagenfurt (1991)

*Artikel- und Essaysammlungen*

»Der Merker«, II/17 (1911) (Ausgabe über Schönberg)
»Arnold Schönberg: mit Beiträgen von Alban Berg, Paris von Gütersloh« (und anderen), München (1912)
»Arnold Schönberg zum fünfzigsten Geburtstag«, Wien (1924)
»Schönberg und seine Orchesterwerke«, in Pult und Taktstock, IV (1927) März – April
»Arnold Schönberg zum 60. Geburtstag«, Wien (1934)
Armitage, M. (Hrsg.): »Schoenberg«, New York (1937)
»Canon«, III/2 (1949) (Ausgabe über Schönberg)
»Stimmen« (1949), Nr. 16 (Ausgabe über Schönberg)
»The Score« (1952), Nr. 6 (Ausgabe über Schönberg)
Stein, E.: »Orpheus in New Guises«, London (1953)
Webern, A.: »Der Weg zur neuen Musik«, Wien (1960)
Boretz, B. und E. Cone (Hrsg.): »Perspectives on Schönberg and Strawinsky«, Princeton (1968)
»Towards the Schoenberg Centenary«, in: PNM, XI-XIII (1972–75)
Hilmar, E. (Hrsg.): »Arnold Schönberg Gedenkausstellung 1974«, Wien (1974)
I. Kongress der Internationalen Schönberg-Gesellschaft: Wien 1974, hrsg. von R. Stephan
ÖMZ, XXIX/6 (1974) (Ausgabe über Schönberg)
»Zeitschrift für Musiktheorie«, V/1 (1974) (Ausgabe über Schönberg)
Dallapiccola, L.: »Über Arnold Schönberg«, in: Beiträge der Österreichischen Gesellsch. für Musik 74/75 (1974)
»Journal of the Arnold Schönberg Institute« (1976)
Mf, XXIX/4 (1976) (Ausgabe über Schönberg)
Dahlhaus, C.: »Schönberg und andere: gesammelte Aufsätze zur neuen Musik«, Mainz (1978)
Musik-Konzepte, Sonderband, »Arnold Schönberg«, München (1980)
Schaeffner, R.: »Variations Schoenberg«, in: Essais des musicologie et autres fantasies, Paris (1980), S. 347
Hahl-Koch, J. (Hrsg.): »Arnold Schönberg – Wassily Kandinsky. Briefe, Bilder und Dokumente einer aussergewöhnlichen Begegnung«. Mit einem Essay von H. Zelinsky, Salzburg/Wien (1980)
Jalowetz, H.: »Die Harmonielehre«, in: Schönberg in höchster Verehrung, München (1980), S. 49
Federhofer, H.: »H. Schenkers Verhältnis zu A. Schönberg«, Wien (1982)
Dahlhaus C.: »Zum Spätwerk Arnold Schönbergs«, in: Die Wiener Schule – Referate Darmstadt 1983, Mainz (1983), S. 19

Metzger, H. K. u. R. Riehn (Hrsg.): »Schönbergs Verein für musikalische Privataufführungen«, Musik-Konzepte 36, München (1984)
Wiesmann, S.: »Arnold Schönberg und das Wien des Jahrhundertanfangs«, in: Festschr. Arno Forchert zum 60. Geburtstag, Kassel (1986), S. 441
Rolum-Larsen, C.: »Die Literatur über Arnold Schönbergs ›Verein für Musikalsiche Privataufführungen‹ in Wien«, in: Dansk Arborg for Musikforsking 18 (1987), S. 7
Maegaard, J.: »Die Komponisten der Wiener Schule und ihre Textdichter sowie das Komponisten-Dichter Verhältnis heute«, in: Zum Verhältnis von zeitgenössischer Musik und zeitgenössischer Dichtung, Wien (1988)
Federhofer, H.: »Motivtechnik von Joh. Brahms und Arnold Schönbergs Dodekkaphonie«, Wien (1989)

*Einzelne Artikel*

Nadel, A.: »Arnold Schönberg«, in: Die Musik, XI/3 (1912, S. 353
Somigli, C.: »Il modus operandi di Arnold Schönberg«, in: RMI, XX (1913), S. 583
Bekker, P.: »Schönberg«, in: Melos, II (1912), S. 123
Henry, L.: »Arnold Schönberg«, in: MO, XLIV (1921), S. 420/511
Gray, C.; »Arnold Schönberg, a Critical Study«, in: ML, III (1922), S. 73
Wohlfahrt, F.: »Arnold Schönbergs Stellung innerhalb der heutigen Musik«, in: Die Musik, XVI (1924), S. 894
Linden, R. van den: »Arnold Schönberg«, in: ML, VII (1926), S. 322; VIII (1927), S. 38
Westphal, K.: »Schönbergs Weg zur Zwölfton-Musik«, in: Die Musik XXI (1929), S. 491
Machabey, A.: »Schönberg«, in: Le ménstrel, XCII (1930), S. 81, 245, 257
Weiss, A.: »The Lyceum of Schönberg«, in: MM, IX (1932), S. 99
Gerigk, H.: »Eine Lanze für Schönberg«, in: Die Musik XXVII (1934), S. 87
Bach, D. J.: »A Note on Arnold Schönberg«, in: MQ, XXII (1936), S. 8
Hill, R.: »Schoenberg's Tone-rows and the Tonal System of the Future«, MQ XXII (1936), S. 14
Jalowetz, H.: »On the Spontaneity of Schoenberg's Music«, in: MQ XXX (1944), S. 358

Milhaud, D.: »To Arnold Schoenberg on his Seventieth Birthday: Personal Recollections«, in: MQ, XXX (1944), S. 379

Sessions, R.: »Schoenberg in the United States«, in: Tempo (1944), Nr. 9, S. 2; überarb. in: Tempo (1972), Nr. 103, S. 8

Newlin, D.: »Arnold Schönberg's Debt to Mahler«, in: Chord and Dischord, II/5 (1948), S. 21

Leibowitz, R.: »Besuch bei Arnold Schönberg«, in: SMz, LXXXIX (1949), S. 324

Newlin, D.: »Schoenberg in America«, in: Music Survey, I (1949), S. 128, 185

Wiesengrund-Adorno, T.: »Schönberg und der Fortschritt«, in: Philosophie der neuen Musik, Tübingen (1949)

Rubsamen, W.: »Schoenberg in America«, in: MQ, XXXVII (1951), S. 469; deutsch in: Melos, Jg. 20 (1953), S. 132, 168

Vlad, R.: »L'Ultimo Schönberg«, in: RaM, XXI (1951), S. 106

Duhamel, A.: »Arnold Schönberg, la critique, et le monde musical contemporain«, in: ReM (1952), Nr. 212, S. 77

Keller, H.: »Unpublished Schoenberg Letters: Early, Middle and Late«, in: Music Survey, IV (1952), S. 499

Perle, G.: »Schoenberg's Later Style«, in: MR, XIII (1952), S. 274

Wiesengrund-Adorno, T.: »Arnold Schönberg 1874-1951«, in: Neue Rundschau, LXIV (1953), S. 80; neu aufgelegt in T. Wiesengrund-Adorno: »Prismen«, München (1963), S. 147

Eisler, H.: »Arnold Schönberg«, in: Sinn und Form, VII (1955), S. 5

Reich, W.: »Alban Berg als Apologet Arnold Schönbergs«, in: SMz, SCV (1955), S. 475

Wiesengrund-Adorno, T.: »Zum Verständnis Schönbergs«, in: Frankfurter Hefte, X (1955), S. 418

Milhaud, D.: »Begegnungen mit Schönberg«, in: Melos, Jg. 22 (1955), S. 100

Birke, J.: »Richard Dehmel und Arnold Schönberg, ein Briefwechsel«, in: Mf, XI (1958), S. 279; XVII (1964), S. 60

»Letters of Webern and Schoenberg to Roberto Gerhard«, in: The Score (1958), Nr. 24, S. 36

Stuckenschmidt, H.: »Stil and Ästhetik Schönbergs«, in: SMz, XCVIII (1958), S. 97

Gradenwitz, P.: »Schönbergs religiöse Werke«, in: Melos, XXVI (1959), S. 330

Kerner, D.: »Schönberg als Patient«, in: Melos, XXVI (1959), S. 327

Reich, W.: »Ein unbekannter Brief von Arnold Schönberg an Alban Berg«, in: ÖMz, XIV (1959), S. 10

Oesch, H.: »Hauer und Schönberg«, in: ÖMz, XV (1960), S. 157

Rognoni, L.: »Gli scritti e i dipiniti di Arnold Schönberg«, in: L'approdo musicale, III (1960), S. 95
Glück, F.: »Briefe von Arnold Schönberg an Adolf Loos«, in: ÖMz, XVI (1961), S. 8
Maegaard, J.: »A Study in the Chronology of op. 23–26 by Arnold Schoenberg«, in: DAM, II (1962), S. 93
Marbach, G.: »Schlemmers Begegnungen mit Schönberg, Scherchen und Hindemith«, in: NZM, Jg. 123 (1962), S. 530
Notowicz, N.: »Eisler und Schönberg«, in: DJbM, VIII (1963), S. 8
Wiesengrund-Adorno, T.: »Über einige Arbeiten Arnold Schönbergs«, in: Forum, X (1963), S. 378, 434
Nelson, R.: »Schoenberg's Variation Seminar«, in: MQ, I (1964), S. 141
Prieberg, F.: »Der junge Schönberg und seine Kritiker«, in: Melos, XXXI (1964), S. 264
Schuller, G.: »A Conversation with Steuermann«, in: PNM, III (1964), S. 22
Steiner, R.: »Der unbekannte Schönberg: aus unveröffentlichten Briefen an Hans Nachod«, in: SMz, CIV (1964), S. 284
Dille, D.: »Die Beziehung zwischen Bartók und Schönberg«, in: Dokumenta bartókiana, II (1965), S. 53
Vojtech, I.: »Arnold Schönberg, Anton Webern, Alban Berg: unbekannte Briefe an Erwin Schulhoff«, in: MMC, XVIII (1965), S. 31
Friedheim, P.: »Rhythmic Structure in Schoenberg's Atonal Compositions«, in: JAMS, XIX (1969), S. 59
Fuchs, V.: »Arnold Schönberg als Soldat im ersten Weltkrieg«, in: Melos, XXXIII (1966), S. 178
Jung, R.: »Arnold Schönberg und das Liszt-Stipendium«, in: BMw, VIII (1966), S. 56
Odegard, P.: »Schoenberg's Variations: an Addendum«, in: MR, XXVII (1966), S. 102
Stein, L.: »The Privataufführung revisited«, in: Paul A. Pisk, Essays in his Honor, Austin (1966), S. 203
»Unveröffentlichte Briefe an Alfredo Casella«, in: Melos, XXXIV (1967), S. 45
Lewin, D.: »Inversional Balance as an Organizing Force in Schoenberg's Music and Thought«, in: PNM, VI/2 (1968)
Newlin, D.: »The Schoenberg-Nachod Collection, a Preliminary Report«, MQ, LIV (1968), S. 31
Klemm, E.: »Der Briefwechsel zwischen Arnold Schönberg und dem Verlag C. F. Peters«, in: DJbM, XV (1970), S. 5

Byrns, H.: »Meine Begegnung mit Arnold Schönberg«, in: Melos, XXXVIII (1971), S. 234

Vlad, R.: »Arnold Schönberg schreibt an Gian Francesco Malipiero«, in: Melos, XXXVII (1971), S. 461

Stephan, R.: »Ein unbekannter Aufsatz Weberns über Schönberg«, in: ÖMz, XXVII (1972), S. 127

Lampert, V.: »Schoenbergs, Bergs und Adornos Briefe an Sándor (Alexander) Jemnitz«, in: SM, XV (1973), S. 355

Ringer, A.: »Schoenbergiana in Jerusalem«, in: MQ, LIX (1973)

Glück, F.: »Briefe von Arnold Schönberg an Claire Loos«, in: ÖMz, XXIX (1974), S. 203

Hicken, K.: »Schoenberg's ›Atonality‹: Fused Bitonality?«, in: Tempo (1974), Nr. 109, S. 28

Lessem, A.: »Schönberg and the Crisis of Expressionism«, in: ML LV (1974), S. 427

Maegaard, J.: »Schönberg hat Adorno nie leiden können«, in: Melos, XLI (1974), S. 262

Meggett, J. und R. Moritz: »The Schoenberg Legacy«, in: Notes, XXXI (1974), S. 30

Samson, J.: »Schoenberg's ›Atonal Music‹«, in: Tempo (1974), Nr. 109, S. 16

Schmid, E.: »Ein Jahr bei Schönberg in Berlin«, in: Melos, XLI (1974), S. 190

Schneider, F.: »Arnold Schönberg, Versuch einer musikgeschichtlichen Positionsbestimmung«, in: BMw, XVI (1974), S. 75, 277

Schreiber, W.: »Schönberg und Dallapiccola«, in: ÖMz 29 (1974), S. 304

Steiner, E.: »Schoenberg's Quest: Newly Discovered Works from his Early Years«, in: MQ, LX (1974), S. 401

Stephan, R.: »Hába und Schönberg«, in: Festschrift für Arno Volk, Köln (1974)

Szmolyan, W.: »Schönberg in Mödling«, in: ÖMz, XXIX (1974), S. 189

Maegaard, J.: »Zu Th. W. Adornos Rolle im Mann/Schönberg-Streit«, in: Thomas Mann Gedenkschrift. Text und Kontext, Sonderreihe II, Kopenhagen (1975)

Dümling, A.: »›Im Zeichen der Erkennntis der socialen Verhältnisse‹: der junge Schönberg und die Arbeitersängerbewegung«, in: Zeitschrift für Musiktheorie VI (1975), S. 11

Harvey, J.: »Schönberg: Man or Woman?«, in: ML, LVI (1975), S. 371

Maegaard, J.: »Der geistige Einflußbereich von Schönberg und Zem-

linsky in Wien um 1900«, in: Studien zur Wertungsforschung«, VII (1976)
Dahlhaus, C.: »Schönbergs musikalische Poetik«, in: AMw, XXXIII (1976), S. 81
Hilmar, E.: »Arnold Schönbergs Briefe an den Akademischen Verband für Literatur und Musik in Wien«, in: ÖMz, XXXI (1976), S. 273
Nono-Schoenberg, N.: »Mon père Schoenberg«, in: SMz, CXVI (1976), S. 2
Szmolyan, W.: »Schönbergs Wiener Skandalkonzert«, in: ÖMz, XXXI (1976), S. 293
Steiner, E.: »Ein Schönberg-Konzert in Berlin«, in: ÖMz, XXXI (1976), S. 105
Maegaard, J.: »Schönbergs Zwölftonreihen«, in: MF, XXIX (1976), S. 385
Mayer, G.: »Arnold Schönberg im Urteil Hanns Eislers«, in: BMw, XVIII (1976), S. 195
Rufer, J.: »Schoenberg – Yesterday, Today and Tomorrow«, in: PNM, XVI (1977), S. 125
Simms, B.: »New Documents in the Schoenberg-Schenker Polemic«, in: PNM, XVI (1977), S. 110
Theurich, J.: »Briefwechsel zwischen Arnold Schönberg und Ferrucio Busoni 1903–1915 (1927)«, in: BMw, XIX (1977), S. 163
Ashforth, A.: »Linear and textual Aspects of Schoenberg's Cadences«, in: PNM, XVI (1978), S. 195
Forte, A.: »Schoenberg's Creative Evolution: the Path to Atonality«, in: MQ, LIX (1978), S. 133
Schneider, F.: »Schönberg und die ›politische Musik‹«, in: BMw, XX (1978), S. 23
Szmolyan, W.: »Schönberg und Eisler«, in: ÖMz, XXXIII (1978), S. 439
Cross, C.: »Three Levels of ›Idea‹ in Schoenberg's Thought and Writings«, in: CMc, Nr. 30 (1980), S. 24
Hyde, M.: »The Roots of Form in Schoenberg's Sketches«, in: JMT, XXIV (1980)
Hyde, M.: »The Telltale Sketches: Harmonic Structure in Schoenberg's Twelfe-Tone Method«, in: MQ, LXI (1980), S. 560
Ringer, A.: »Weill, Schönberg und die Zeitoper«, in: Mf, XXXIII (1980), S. 465
Smith, J.: »Schoenberg's Way«, in: PNM, XVIII (1980), S. 285 (Erinneringen von Menschen, die eng mit Arnold Schönberg und seinem Kreis vertraut waren)

Stadlen, P.: »Schoenbergs Speech-song«, in: ML, LXII (1981), S.
Szmolyan, W.: »Die Konzerte des Wiener Schönberg-Vereins«, in: ÖMz, XXXVI (1981), S. 82/154
Szmolyan, W.: »Bemerkungen zum Schönberg-Verein«, in: ÖMz (1981), S. 154
Federhofer, H.: »Johannes Brahms – Arnold Schönberg und der Fortschritt«, in: Studien zur Musikwissenschaft. Beihefte zu DTÖ, Tutzing (1984), S. 111
Neighbour, O.: »Veraltete Sentimentalität: Arnold Schönberg in defence to Richard Strauss«, in: Festschr. Albi Rosenthal (1984), S. 253
Schibli, S.: »Ein Stück praktisch gewordene Ideologie. Zum Problem der komplexen einsätzigen Form in den Frühwerken Arnold Schönbergs«, in: AfM, Jg. 41 (1984), S. 274
Schmidt, C. M.: »Reihenabweichung in Schönbergs Kompositionen als Problem der Textkritik«, in: Bericht über den internat. Musikwissenschaftskongress Bayreuth 1981, Kassel (1984), S. 462
Schollum, R.: »Was vor und nach Schönberg geschah. Ein musikalisches Essay«, in: Studia minora Facultatis Philosophicae Univesitas Brunensis (1984), S. 155
Friedmann, M.: »A Methodology for the Discussion of Contour: its application to Schoenberg's Music«, in: JMT, Vol. 29/2 (1985), S. 223
Kell, R.: »What Schoenberg left out«, in: MR, 46/4 (1985), S. 302
Mead, A.: »Large-Scale Strategy in Arnold Schönbergs Twelve Tone Music«, in: PNM, Vol. 24/1 (1985), S. 120
Vlad, R.: »Una Pagina di Schoenberg«, in: Studi musicali, XIV (1985/1), S. 171
Dahlhaus, C.: »Das Verhältnis zum Text. Zur Entwicklung von Arnold Schönbergs musikalischer Poetik«, in: Festschr. Arno Forchert zum 60. Geburtstag, hrsg. von G. Allroggen und D. Altenburg, Kassel (1986)
Phipps, G. H.: »The Tritone as an Equivalency: a contextual Perspective for Approaching Schoenberg's Music«, in: JMT, Vol. 4/1 (1984/86), S. 51
Zelinsky, H.: »Arnold Schönberg – der Wagner Gottes. Anmerkungen zum Lebensweg eines deutschen Juden aus Wien«, in: NZM, Jg. 147 (1986), S. 7
Lewis, C.: »Mirrors and metaphors: Reflections on Schoenberg and nineteenth century tonality«, in: 19th century music 11/1 (1987), S. 26
Schmidt, C. M.: »Zur Theorie und Praxis der Zwölfton Komposition Arnold Schönbergs«, in: Musiktheorie, 2/1 (1987), S. 73
Brinkmann, R.: »Was uns die Quellen erzählen ... Ein Kapitel Werk-Philologie«, in: Das Musikalische Kunstwerk, Festschr. Carl Dahl-

haus zum 60. Geburtstag, hrsg. von H. Danuser u.a., Laaber (1988), S. 679

Irving, J.: »Schönberg in the news: The London performances of 1912–1914«, in: MR 48/1 (1988), S. 52

Gervink, M.: »Zwischen Theorie und Mystik – Arnold Schönbergs Weg zur Reihentechnik«, in: Die Sprache der Musik. Festschr. K. W. Niemöller zum 60. Geburtstag, Regensburg (1989), S. 201

Krebs, H.: »Tonalität in Schönbergs ›atonaler‹ Musik. Die Aussage der Skizzen«, in: Musiktheorie 4/3 (1989), S. 223

Ringer, A. L.: »Über die musikalische Rede bei Beethoven und Schönberg«, in: Die Sprache der Musik. Festschr. K. W. Niemöller zum 60. Geburtstag, Regensburg (1989), S. 451

Stephan, R.: »Berg und Schönberg«, in: Die Sprache der Musik. Festschr. K. W. Niemöller zum 60. Geburtstag, Regensburg (1989), S. 545

Finscher, L.: »Arnold Schönbergs Brahms-Vertonungen«, in: Musik und Tradition, Festschr. Rudolf Stephan zum 65. Geburtstag, Laaber (1990), S. 485

Mauser, S.: »Modellfall Schönberg. Zur wissenschaftlichen Rezeption eines kompositionstechnischen Rezeptionsverhaltens«, in: Rezeptionsästhetik und Rezeptionsgeschichte in der Musikwissenschaft«, Laaber (1991), S. 307

*Untersuchung von einzelnen Werken*

Opern

Keller, H.: »Schoenberg's ›Moses und Aron‹«, in: The Score (1957), Nr. 21, S. 30

Keller, H.: »Schoneberg's Comic Opera«, in: The Score (1958), Nr. 23, S. 27

Wörner, K. H.: »Gotteswort und Magie«, Heidelberg (1959)

Wiesengrund-Adorno, T.: »Sakrales Fragment«, in: Quasi una fantasia, Frankfurt (1963), S. 306

Wörner, K. H.: »›Die glückliche Hand‹, Arnold Schönbergs Drama mit Musik«, in: SMz, CCIV (1964), S. 274

Buchanan, H.: »A Key to Schoenberg's ›Erwartung‹«, in: JAMS, XX (1967), S. 434

Wörner, K. H.: »Schönbergs ›Erwartung‹ und das Ariadne-Thema«, in: Die Musik in der Geschichte, Bonn (1970), S. 91

Crawford, J.: »Die glückliche Hand: Schoenberg's Gesamtkunstwerk«, in: MQ, LX (1974), S. 583

Boventer, H. (Hrsg.): »Moses und Aron«. Zur Oper Arnold Schönbergs, Bensberg (1979)

Budde, E.: »Arnold Schönbergs Monodrama ›Erwartung‹: Versuch einer Analyse der ersten Szene«, in: AMw, XXXVI (1979)

Mauser, S.: »Forschungsbericht zu Schönbergs ›Erwartung‹«, in: ÖMz, XXXV (1980), S. 215

Serravezza, A.: »Critica e ideologia nel ›Moses und Aron‹«, in: RIM, XV (1980), S. 204

Steiner, E.: »The ›Happy‹ Hand: Genesis and Interpretation of Schoenberg's Monumentalkunstwerk«, in: M, XLI (1980), S. 207

Laborda, J. M. Garcia: »Studien zu Schönbergs Monodram ›Erwartung‹ op. 17«, Laaber (1981)

Weaver, R.: »The Conflict of Religion and Aesthetics in Schoenbergh's ›Moses and Aron‹«, in: Essays on the Music of J. S. Bach and other divers subjects: a Tribute to Gerhard Herz, Louisville (1981), S. 291

Stern, C.: »Pythagoras and Pierrot: an approach to Schoenberg's use of numerology in the construction of »Pierrot Lunaire'«, in: PNM 21 (1982/83), S. 506

Schmidt, C. M.: »Bemerkungen zu Schönbergs ›Moses und Aron‹«, in: ÖMz 42 (1987), S. 351

Mäckelmann, M.: »Die glückliche Hand. Eine Studie zu Musik und Inhalt von Arnold Schönbergs ›Drama mit Musik‹«, in: Hamburger Jhb. der Musikwiss. 10 (1988), S. 7

Mauser, S.: »Schönbergs ›Moses und Aron‹. Zum Konzept eines Oratoriums als Oper«, in: Festschr. Günther Massenkeil zum 60. Geburtstag, hrsg. von R. Cadenbach und H. Loos, Bonn (1988), S. 455

Naumann, P.: »Untersuchungen zu Wort-Ton-Verhältnis in den Einaktern von Arnold Schönberg« (2 Bände), Diss. Köln 1978, Köln (1988)

Schmidt, C. M.: »Schönbergs Oper ›Moses und Aron‹. Analyse der diasthematischen, formalen und musikdramatischen Komposition«, Mainz (1988)

## Chorwerke

Berg, A.: »Arnold Schönbergs Gurrelieder, Führer«, große Ausg., Wien (1913); kleine Ausg., Wien (1914)

Strecke, G.: »Arnold Schönbergs op. XIII«, in: Melos, I (1920), S. 231

Günther, S.: »Das trochäische Prinzip in Arnold Schönbergs op. 13«, in: ZMw, VI (1923), S. 158

Nachod, H.: »The Very First Performance of Schoenberg's ›Gurrelieder‹«, in: Music Survey, III/3 (1950), S. 38

Zillig, W.: »Notes on Arnold Schoenberg's Unfinished Oratorio ›Die Jakobsleiter‹«, in: The Score (1959), Nr. 15, S. 7

Zillig, W.: »Bericht über A. Schönbergs ›Jakobsleiter‹«, in: Neue Musik in der Bundesrepublik Deutschland, Band 4 (1960/61), Kassel 1961

Pauli, H.: »Zu Schönbergs ›Jakobsleiter‹«, in: SMz, CII (1962), S. 350

Lück, R.: »Arnold Schönberg und das deutsche Volkslied«, in: NZM, Jg. 124 (1963), S. 86

Wörner, K. H.: »Schönbergs Oratorium ›Die Jakobsleiter‹: Musik zwischen Theologie und Weltanschauung«, in: SMz, CV (1965), S. 250, 333

Schmidt, C. M.: »Schönbergs Kantate ›Ein Überlebender aus Warschau‹«, in: AMw, XXXIII (1976), S. 174

Mäckelmann, M.: »Israel exists again. Anmerkungen zu Arnold Schönbergs Entwurf einer Israel-Hymne«, in: Die Musikforschung, 39 (1986), S. 18

Zahn, D.: »Arnold Schönbergs ›Kol nidre‹ op. 39. Eine Analyse«, in: Musik und Kirche 57 (1987), S. 57

### Orchesterwerke

Berg, A.: »Arnold Schönberg: Pelléas und Mélisande Op. 5: kurze thematische Analyse«, Wien 1920

Dahlhaus, C.: »Schönberg: Variationen für Orchester, op. 31«, München (1968)

Doflein, E.: »Schönbergs Opus 16 Nr. 3«, in: Melos XXXVI (1969), S. 203

Förtig, P.: »Analyse des Opus 16 Nr. 3«, in: Melos, XXXVI (1969), S. 206

Rufer, J.: »Noch einmal Schönbergs Opus 16«, in: Melos, XXXVI (1969), S. 366

Dahlhaus, C.: »Das obligate Rezitativ«, in: Melos/NZM, I (1975), S. 193

Gülke, P.: »Über Schönbergs Brahms-Bearbeitung«, in: BMw, XVII (1975), S. 5

Schmidt-Brunner, W.: »Arnold Schönbergs ›pädagogische Musik‹. Suite für Streichorchester (1934) und Thema und Variationen für Blasorchester op. 43a (1943)«, in: Bläserklang und Blasinstrumente im Schaffen R. Wagners, hrsg. von W. Suppan, Tutzing (1985), S. 227

Mäckelmann, M.: »Arnold Schönberg: Fünf Orchesterstücke op. 16«, München (1987)

Kammermusikwerke

Berg, A.: »Arnold Schönberg fis-moll-Quartett: eine technische Analyse«, in: Erdgeist, IV (1909), S. 225

Berg, A.: »Arnold Schönberg: Kammersymphonie Op. 9: thematische Analyse«, Wien 1918

Greissle, F.: »Die formalen Grundlagen des Bläserquintetts von Arnold Schönberg«, in: Musikblätter des Anbruch, VII (1925), S. 63

Wiesengrund-Adorno, T.: »Schönbergs Bläserquintett«, in: Pult und Taktstock, V (1928), Mai - Juni, S. 45; neu aufgel. in T. Wiesengrund Adorno: Moments musicaux, Frankfurt (1964), S. 161

Schmid, E.: »Studie über Schönbergs Streichquartette«, in: SMz, LXXIV (1934), S. 1, 84, 155

Gradenwitz, P.: »The Idiom and Development in Schoenberg's Quartets«, in: ML, XXVI (1945), S. 123

Hyamson, W.: »Schoenberg's String Trio«, MR, XI (1950), S. 184

Neighbour, O.: »Dodecaphony in Schoenberg's String Trio«, in: Music Survey, IV (1952), S. 489

Neighbour, O.: »A Talk on Schoenberg for Composers' Concours«, in: The Score (1956), Nr. 16, S. 19 (zu op. 37)

Pfannkuch, W.: »Zu Thematik und Form in Schönbergs Streichsextett«, in: Festschrift Friedrich Blume, Kassel (1963), S. 258

Klemm, E.: »Zur Theorie der Reihenstruktur und Reihendisposition in Schönbergs 4. Streichquartett«, in: BMw, VIII (1966), S. 27

Lester, J.: »Pitch Structure Articulation in the Variations of Schoenberg's Serenade«, in: PNM, VI/2 (1968), S. 22

Staempfli, E.: »Das Streichtrio Opus 45 von Arnold Schönberg«, in: Melos, XXXVII (1979), S. 35

Pfisterer, M.: »Zur Frage der Satztechnik in den atonalen Werken von Arnold Schoenberg«, in: Zeitschrift für Musiktheorie, II (1971), S. 4 (zu op. 10)

Rauchhaupt, U. von (Hrsg.): »Schoenberg, Berg, Webern: the String Quartetts, a Documentary Study«, Hamburg 1971; deutsch München 1971

Gerlach, R.: »War Schönberg von Dvorak beeinflußt?«, in: NZM, Jg. 133 (1972), S. 122 (über das D-Dur Quartett)

Whittall, A.: »Schoenberg Chamber Music«, London (1972)

Whittall, A.: »Schoenberg and the ›true Tradition‹: Theme and Form in the String Trio«, in: MT, CXV (1974), S. 739

Raab, C.: »Fantasia quasi una Sonata: Zu Schönbergs ›Phantasy for Violin with Piano Accompaniment‹ op. 47«, in: Melos/NZM, II (1976), S. 191

Möllers, C.: »Reihentechnik und musikalische Gestalt bei Arnold Schönberg: eine Untersuchung zum III. Streichquartett op. 30«, Wiesbaden (1977)

Wike, R.: »Brahms, Reger, Schönberg: Streichquartette. Motivisch-thematische Prozesse und formale Gestalt«, Hamburg 1980

Gradenwitz, P.: »Beethoven op. 131 – Schönberg op. 37«, in: Kongressbericht Berlin 1974: Arnold Schönberg, Kassel (1980)

Hyde, M.: »Schoenberg's Twelfe-tone Harmony: the Suite op. 29 and the Compositional Sketches«, Ann Arbor (1982)

Dietrich, N.: »Arnold Schönbergs drittes Streichquartett op. 30. Seine Form und sein Verhältnis zur Geschichte der Gattung«, Diss., Heidelberg (1981), München/Salzburg (1983)

Maegaard, J.: »Arnold Schönbergs Scherzo in F-Dur für Streichquartett«, in: Dansk Arbog for Musikforsking, XIV (1983), S. 133

Petes, St. V.: »Interpretations of sets in multiple dimensions notes on the second movement of A. Schönberg's String Quartett Nr. 3«, in: PNM 22 (1983/84), S. 303

Schmidt, C. M.: »Materialien für eine Analyse des Streichtrios op. 45 von Arnold Schönberg«, in: Die Wiener Schule heute. Referate Darmstadt 1983, Mainz (1983), S. 33

Schmidt, C. M.: »Arnold Schönberg: Streichtrio op. 45«, in: Melos, Jg. 47 (1985/3), S. 67

Gradenwitz, P.: »Arnold Schönberg: Streichquartett Nr. 4 op. 37«, München (1986)

Butz, R.: »Untersuchungen zur Reihentechnik in Arnold Schönbergs Bläserquintett op. 26«, in: AfM 45/4 (1988), S. 251

Dahlhaus, C.: »Arnold Schönberg: Drittes Streichquartett op. 30«, in: Melos 50/1 (1988), S. 32

Hattesen, H.: »Emanzipation durch Aneignung. Untersuchungen zu den frühen Streichquartetten Arnold Schönbergs«, Kassel (1990)

Lieder

Tenschert, R.: »Eine Passacaglia von Schönberg«, in: Die Musik, XVII (1925), S. 590 (über op. 21 Nr. 8)

Ehrenforth, K. H.: »Ausdruck und Form: Schönbergs Durchbruch zur Atonalität«, Bonn (1963) (über op. 15)

Ehrenforth, K. H.: »Schönberg und Webern: das XVI. Lied aus Schönbergs Georgelieder op. 15«, in: NZM, Jg. 126 (1965), S. 102

Dahlhaus, C.: »Schönberg's Lied ›Streng ist uns das Glück und spröde‹«, in: Neue Wege der musikalischen Analyse, Berlin (1967), S. 45

Kaufmann, H.: »Struktur in Schönbergs Georgeliedern«, in: Neue Wege der musikalischen Analyse, Berlin (1967), S. 53

Stroh, W.: »Schoenberg's Use of the Text: the Text as a Musical Control in the 14th Georgelied, op. 15«, in: PNM VI/2 (1968), S. 35

Brinkmann, R.: »Schoenberg und George: Interpretation eines Liedes«, in: AMw, XXVI (1969) (über op. 15, Nr. 14)

Weber, H.: »Schoenbergs und Zemlinskys Vertonungen der Ballade ›Jane Gray‹ von Heinrich Ammann: Untersuchungen zum Spätstadium der Tonalität«, in: IMSCR, XI, Kopenhagen (1972), S. 705

Lessem, A.: »Text and Music in Schoenberg's ›Pierrot Lunaire‹«, in: CMc, Nr. 19 (1975), S. 103

Baily, K.: »Formal Organization and Structural Imagery in Schoenberg's ›Pierrot Lunaire‹«, in: SMA, II (1977), S. 93

Martin, H.: »A Structural model for Schoenberg's ›der verlorene Haufen‹ op. 12/2«, in: In Theory only, III/3 (1977), S. 4

Diettrich, E.: »Schönbergs ›Herzgewächse‹«, in: Festschr. Othmar Wessely zum 60. Geburtstag, Tutzing (1982), S. 103

Simms, B.: »Line and Harmony in the Sketches of Schoenbergs ›Seraphita‹ op. 22«, in: JMT, 26/2 (1982), S. 291

Breig, W.: »Schönbergs ›Litanei‹«, in: Festschr. H. H. Eggebrecht, Stuttgart (1984), S. 361

Ruf, W.: »Arnold Schönbergs Lied ›Herzgewächse‹«, in: AfM, Jg. 41 (1984), S. 257

Larson, St.; »A tonal mode of an ›atonal‹ piece: Schönbergs opus 15 Nr. 2«, in: PNM 25 (1987), S. 418

Schmidt, C. M.: »Zur Balladenkomposition Schönbergs oder über das Verhältnis zum Text«, in: Das musikalische Kunstwerk. Festschr. Carl Dahlhaus zum 60. Geburtstag, hrsg. von H. Danuser u.a., Laaber (1988), S. 669

Beinhorn, G.: »Das Groteske in der Musik Arnold Schönbergs ›Pierrot lunaire‹«, Pfaffenweiler (1989)

Musik für Tasteninstrumente:

Welker, L.: »Arnold Schönbergs op. 11«, in: Die Musik, XII/1 (1912), S. 109
Leichtentritt, H.: »Arnold Schönberg: opus 11 and opus 19«, in: Musical Form Cambridge, Mass. (1951), S. 425
Tuttle, T.: »Schoenberg's Compositions for Piano Solo«, in: MR, XVIII (1957), S. 300
Forte, A.: »Context and Continuity in an Atonal Work«, in: PNM, I/2 (1963), S. 72 (über op. 19)
Rogge, W.: »Das Klavierwerk Arnold Schönbergs«, Regensburg (1964)
Travis, R.: »Directed Motion in Schoenberg and Webern«, in: PNM, IV/2 (1966), S. 85 (über op. 19/2
Wille, R.: »Reihentechnik in Schönbergs opus 19,2«, in: Mf, XIX (1966), S. 42
Krieger, G.: »Schönbergs Werke für Klavier«, Göttingen (1968)
Brinkmann, R.: »Arnold Schönberg: Drei Klavierstücke Op. 11«, Wiesbaden (1969)
Graziano, J.: »Serial Procedures in Schoenberg's Opus 23«, in: CMC Nr. 13 (1972), S. 58
Oesch, H.: »Schönberg im Vorfeld der Dodekaphonie«, in: Melos, XLI (1974), S. 330 (über op. 23 Nr. 3)
Baily, K.: »Row Anomalies in op. 33: an Insight into Schoenberg's Understanding of the Serial Procedure«, in: CMc, Nr. 22 (1976), S. 42
Glofcheskie, J.: »›Wrong‹ Notes in Schoenberg's op. 33a«, in: SMA, I (1976), S. 88
Gostomsky, D.: »Tonalität – Atonalität: zur Harmonik von Schönbergs Klavierstück op. 11 Nr. 1«, in: Zeitschrift für Musiktheorie, VII/1 (1976), S. 54
Maegaard, J.: »Om den kronologiske af Schönbergs klaverstykke op. 23 Nr. 3«, in: Musik en Forskning, II (1976)
Stein, D.: »Schoenberg's op. 19 Nr. 2: Voice leading and Overall Structure in an Atonal Work«, in: In Theory only, II/7 (1976), S. 27
Grangjean, W.: »Form in Schönbergs op. 19, 2«, in: Zeitschrift für Musiktheorie, VIII/1 (1977), S. 15
Guck, M.: »Comment: Symmetrical Structures in Op. 19, 2«, in: In Theory only, II/10 (1977), S. 29
Lewin, D.: »Some Notes on Schoenberg's op. 11«, in: In Theory only, III/1 (1977), S. 3

Bond, T.: »Schoenberg's Sonata for Organ«, in: MT, CXIX (1978), S. 984

Radulescu, M.: »Arnold Schönbergs ›Variationen über ein Rezitativ op. 40‹. Versuch einer Deutung«, in: Musik und Kirche 52 (1982), S. 175

Theoretische Schriften etc.

Stein, E.: »Praktischer Leitfaden zu Schönbergs Harmonielehre«, Wien (1923)

Lück, R.: »Die Generalbass-Aussetzungen Arnold Schönbergs«, in: DJbM, VIII (1963), S. 26

Parmentola, C.: »La ›Harmonielehre‹ di Schoenberg nella crisi del pensiero moderno«, in: NRMI, II (1968), S. 81

Richter, L.: »Schönbergs Harmonielehre und die freie Atonalität«, in: DJbM, XIII (1968), S. 43

Rexroth, D.: »Arnold Schönberg als Theoretiker der tonalen Harmonik«, Bonn (1971)

Spratt, J.: »The Speculative Content of Schoenberg's ›Harmonielehre‹«, in: CMc, Nr. 11 (1971), S. 83

Stephan, R.: »Schönbergs Entwurf über ›Das Komponieren mit selbständigen Stimmen‹«, in: AMw, XXIX (1972), S. 239

Dahlhaus, C.: »Schoenberg and Schenker«, in: PRMA, C (1973-74), S. 209; deutsch in Aufsatzsammlung »Schönberg und andere« (1978), S. 154

Malerei

Rufer, J.: »Schönberg als Maler. Grenzen und Konvergenzen der Künste«, in: Aspekte der neuene Musik, hrsg. von W. Burde, Kassel (1968)

Hofmann, H.: »Beziehungen zwischen Malerei und Musik«, in: Schönberg, Webern, Berg: Bilder, Partituren, Dokumente, Wien (1969)

Gütersloh, P. von: »Schönberg der Maler«, in: Schönberg in höchster Verehrung, München (1980), S. 65

Zaunschirn, Th.: »Arnold Schönberg. Das Bildnerische Werk«, Katalog zur Ausstellung, Klagenfurt/Los Angeles (1991)

# WEBERN

## PAUL GRIFFITHS

ERSTES KAPITEL
## DAS LEBEN

Anton Friedrich Wilhelm von Webern wurde am 3. Dezember 1883 in Wien geboren. Seine Kindheit verbrachte er in Wien, Graz (1890-94) und Klagenfurt (1894-1902), wo er bei Edwin Komauer Klavier und Cello-Unterricht nahm. Einige seiner ersten Stücke komponierte er auf dem Preglhof in Kärnten, dem Sommersitz der Familie. Dort verbrachten er und sein Cousin Erich Diez die Zeit mit Spaziergängen, mit dem Sammeln von Pflanzen und Mineralien und mit Hochgebirgstouren, für die Webern sein Leben lang eine Vorliebe behielt. Im Jahre 1902 machte Webern am Klagenfurter Gymnasium sein Abitur und wurde von seinem Vater mit einer Reise nach Bayreuth belohnt. Im Herbst 1902 immatrikulierte er sich an der Wiener Universität, um bei Guido Adler Musikwissenschaft zu studieren. Zusätzlich nahm er Unterricht in Harmonielehre bei Hermann Graedener und Kontrapunkt bei Karl Navrátil und setzte seinen Cello- und Klavierunterricht fort. Gleichzeitig sang er im ›Akademischen Richard Wagner-Verein‹ unter den Dirigenten Mottl, Richter, Nikisch und Mahler. Im Herbst 1904 begann er bei Schönberg Stunden zu nehmen.

Für Webern, wie für viele andere auch, war Schönbergs Unterricht von entscheidender Bedeutung. Weberns Kompositionen der Jahre 1904 und 1905 zeigen, wieviel er den rein technischen Ratschlägen, die er von Schönberg erhielt, verdankt. Aber genauso wichtig war die Berührung mit Schönbergs Philosophie sowie die wachsende gegenseitige Freundschaft und Achtung, die sich zwischen Lehrer und Schüler entwickelte. Ihre Beziehung blieb, bis Schönberg 1925 nach Berlin übersiedelte, sehr eng. Webern schloß auch mit seinen Mitschülern Egon Wellesz und Alban Berg intensive und dauerhafte Freundschaften. Bergs Tod 1935 erschütterte ihn tief. 1906 erwarb er mit seiner Arbeit über Heinrich Isaac den Doktorgrad (Dr. phil.). Drei Jahre später wurde seine Edition des zweiten Teils des *Choralis constantinus* veröffentlicht. Seinen Unterricht bei Schönberg setzte er bis 1908 fort, im gleichen Jahr überreichte er seine inoffizielle Abschluß-Arbeit: Es war die Passacaglia op. 1 für Orchester.

Webern schlug danach eine ziemlich unsichere Laufbahn als Dirigent ein, zu der ihm jegliche Ausbildung fehlte. Er hatte Engagements in Bad Ischl (im Sommer 1908), Teplitz (1910) und Danzig (1910-1911), dirigierte aber hauptsächlich Operetten und andere Unterhaltungsmusik. Im Herbst 1911 folgte er Schönberg nach Berlin. Im November 1911 wohnte er in München der Uraufführung von Mahlers *Lied von der Erde* bei und im Juni 1912 nahm er in Stettin eine Stelle als Dirigent an, die er aber schon im Januar 1913 wieder aufgab. Nach der Entlassung aus dem Militärdienst (1915-1917) nahm er im Herbst 1917 eine Dirigentenstelle am Deutschen Theater in Prag an. Aber wieder war seine Anstellung nur von kurzer Dauer: Im August 1918 kehrte er nach Wien zurück und zog in Mödling in die Nähe von Schönberg. Er übernahm eine führende Rolle im ›Verein für musikalische Privataufführungen‹, spielte dort Cello, leitete Aufführungen und stellte Bearbeitungen von eigenen und fremden Werken her. Seit 1921 erschienen seine Partituren bei der Wiener Universal Edition im Druck.

In dieser Zeit begann auch Weberns eigentliche Dirigententätigkeit. Er übernahm (von 1921-22) die Leitung des Wiener Schubertbundes, leitete von 1921-1926 den Mödlinger Männergesangverein, von 1922 bis 1934 die Wiener ›Arbeitersymphoniekonzerte‹ und von 1923-1934 den ›Singverein der Kunststelle‹, den Wiener Arbeiterchor. Vor allem seine Arbeit mit den beiden letzten Organisationen resultierte aus dem idealistischen Wunsch, zur Volksbildung beizutragen und das Verständnis für neue Musik zu wecken, obgleich er natürlich auch die Wiener Klassiker von Haydn bis Brahms dirigierte. Seine Konzertprogramme enthielten außer seinen eigenen Werken und Bearbeitungen einige Sinfonien Mahlers und Stücke von Berg, Reger und Schönberg. 1932 dirigierte er ein Konzert mit ausschließlich amerikanischer Musik, auf dessen Programm auch Gesänge von Ives standen. 1926 wurde

*Webern, Kreidezeichnung von Egon Schiele (1918)*

Webern zum Festival der ›Internationalen Gesellschaft für Neue Musik‹ (IGNM) nach Zürich eingeladen, um Schönbergs Bläserquintett op. 26 und die Uraufführung seiner fünf Stücke für Orchester op. 10 zu dirigieren. 1927 bekam er die Möglichkeit, regelmäßig beim Österreichischen Rundfunk zu dirigieren und 1929 brach er zu seiner ersten wichtigen Konzerttournee auf, auf der er München, Frankfurt, Köln und London besuchte. Seine Briefe und die Berichte seiner Zeitgenossen lassen erkennen, daß Webern beim Erarbeiten einer Partitur mit äußerster Sorgfalt vorging.

Weitere Ereignisse in diesen Jahren waren die zweimaligen Auszeichnungen mit dem Wiener Großen Musikpreis (in den Jahren 1924 und 1931) und sein Zusammentreffen mit der Dichterin Hildegard Jone (1926), die von diesem Zeitpunkt an die Texte zu all seinen abgeschlossenen Vokalwerken schrieb. Ebenfalls 1926 trat er eine Stelle als Lehrer für Musiktheorie am ›Israelitischen Blindeninstitut‹ an. Dies war seine einzige offizielle Anstellung als Lehrer, obgleich er einige Privatschüler, darunter Karl Amadeus Hartmann, Humphrey Searle und Leopold Spinner unterrichtete. Für seine Schüler hielt er zwei Vorlesungsreihen: *Der Weg zur Komposition in zwölf Tönen* (1932) und *Der Weg zur neuen Musik* (1933), die beide 1960 unter dem Titel der letzteren veröffentlicht wurden.

Das Aufkommen des Nationalsozialismus führte 1934 zum Zusammenbruch der Gewerkschaften und damit auch der Arbeitersymphoniekonzerte. Seine Stelle am Rundfunk wurde ihm 1938 gekündigt, so daß er gezwungen war, eine untergeordnete Tätigkeit beim Verlag Universal Edition anzunehmen. Die meiste Zeit des Krieges verbrachte er in völliger Zurückgezogenheit in Mödling, obgleich es ihm 1943 möglich war, in Winterthur der Uraufführung seiner Variationen für Orchester op. 30 beizuwohnen. In den letzten Kriegswochen verließ Webern zusammen mit seiner Frau Wien, um den beiden Töchtern nachzufolgen, die bereits in das in der Nähe Salzburgs gelegene Gebirgsdorf Mittersill geflohen waren. Webern starb dort am 15. September 1945, als ihn ein amerikanischer Soldat aus Versehen erschoß.

ZWEITES KAPITEL
# VOR DER FORMULIERUNG DER ATONALITÄT

*(1899–1914)*

Die meisten Kompositionen, die Webern in der ›vorschönbergschen‹ Zeit schrieb, sind kaum mehr als jugendliche Übungen (viele davon sind inzwischen in praktischen Ausgaben veröffentlicht), die zeigen, wie schnell und wie sehr er unter der Anleitung Schönbergs in den Jahren 1904–08 die Fertigkeiten des Komponierens erlangte. Das Streichquartett von 1905 dokumentiert schon einen deutlichen Fortschritt. Weberns Vorbild bei diesem Stück war Schönbergs Streichsextett *Verklärte Nacht*, aus dem an manchen Stellen zitiert wird. Wie Schönberg versucht Webern hier, Abschnitte in verschiedenen Tempi, Strukturen und tonalen Bindungen in einen einzigen Satz zu verschweißen. Jedoch sind die Nahtstellen zu häufig und zu unbeholfen, um damit Erfolg zu haben. Außerdem reicht der variierte wiederkehrende Rückgriff auf ein Drei-Ton-Motiv nicht aus, um die Struktur zu stärken.

Mit dem Klavierquintett (von 1907) schrieb Webern ein Werk, das in Form und Tonalität stabiler ist als das Streichquartett: es kann als ein Sonatensatz in C-Dur angesehen werden, der ein bißchen an den gediegenen Brahmsschen Stil erinnert. Vom Standpunkt Regers und Schönbergs aus gesehen steht Brahms auch wieder hinter Weberns *Passacaglia* op. 1 für Orchester (1908). Dieses Stück ist ein durchgängig bewundernswerter Versuch, Schönbergs ›entwickelnde Variation‹ zu übernehmen – eine Technik, für die sich die Form gut eignet, obwohl das Passacaglia-Thema verschwindet, wenn die Musik auf ihren Höhepunkt zusteuert. In der Orchestrierung hält sich das Stück eng an Mahler und an Schönbergs *Pelléas*, besonders in den dramatisch erregten Momenten. Dagegen atmen solche Passagen, wie die erste Variation – mit *pianissimo* bezeichnet und nur mit Flöte, Trompete, Harfe, Bratschen und Celli besetzt –, bereits unverwechselbar Weberns Stil.

Webern erinnerte sich später, mit welch ehrfürchtigem ›Schock‹ er Schönbergs erste Kammersymphonie (1906) aufnahm. In der *Passacaglia* hielt er sich fern von den harmonischen Wagnissen dieses Werks und blieb damit, wie schon im Streichquartett von 1905, fünf Jahre hinter seinem Lehrer zurück. Doch zur selben Zeit vervollständigte er eine Sammlung von fünf Liedern auf Gedichte von Dehmel (1906-1908), die zeigen, daß er mit Schönbergs Annäherungen an die Atonalität Schritt hielt. Jedes der Lieder hat eine bestimmte Tonart vorgeschrieben, die Tonalität selbst ist im allgemeinen jedoch bis zur Bedeutungslosigkeit aufgelöst, oftmals durch den Gebrauch verminderter Dreiklänge oder anderer Ganzton-Verbindungen. Die Singstimme ist nicht deklamatorisch aufgefaßt und bewegt sich nur zögernd in kleinen Tonschritten innerhalb eines beschränkten Stimmumfangs fort. In der Begleitung dominieren imitatorisch geprägte Stimmen. Im Schweben der Harmonie und in der Struktur zeigen sie schon das, was den späteren Webern ausmacht. Zum Beispiel bringen sie in Dehmels Vision von der Seele als einem Stern, der das ewige Licht trinkt (*Am Ufer*), eine angemessen eisige Klarheit. Das eindrucksvollste Stück dieser Sammlung ist das Lied *Helle Nacht*. Es ist in einem dreistimmigen Kontrapunkt geschrieben, wobei in jedem der drei Teile des Lieds die Stimmen abwechselnd und unterschiedlich der Singstimme und der linken bzw. der rechten Hand zugeordnet sind.

Wie Schönberg begann auch Webern ›die Luft eines anderen Planeten‹ im Verein mit den Versen Stefan Georges zu entdecken, die er in der Chorkomposition *Entflieht auf leichten Kähnen* op. 2 (1908) und in 14 Liedern der Jahre 1907-1909 verwendete. Zehn dieser Lieder veröffentlichte er als op. 3 und op. 4. Georges Beschwörung, die reale Welt zugunsten einer Welt der Phantasie und der Träume hinter sich zu lassen (op. 2, op. 3 Nr. 5 und op. 4 Nr. 1), entsprach den Ansatzpunkten in der neuen Musik, und auch seine aufgelöste Syntax paßte sehr gut zu einer Musik, die ganz zur Auflösung tendierte. *Entflieht auf leichten Kähnen* (op. 2) ist ein vierstimmiger Kanon, der noch eine Tonart vorgeschrieben hat, aber die Tonalität wechselt fast von Akkord zu Akkord. Mit den Liedern von op. 3 und op. 4 verließ er schon eindeutig das Gebiet der Tonalität und größtenteils auch das der rhythmischen Stabilität: Die Musik besitzt keinen stetigen rhythmischen Impuls mehr, die Tempi sind sehr flexibel und die Phrasen von unregelmäßiger Länge. Metrum und rhythmische Muster sind gleichfalls unregelmäßig. In der Dynamik gehen die Stücke fast nie über *piano* hinaus; die meisten sind sehr kurz und vermeiden jede wörtliche Wiederholung. All diese Merkmale sollten für Weberns frühe atonale Musik charakteristisch bleiben. Im Fall von op. 3 und op. 4 verleihen sie den Vertonungen eine ausgeprägt lyrische Intimität. Die erste Zeile von op. 3 Nr. 1, *Dies ist ein Lied für dich allein*, könnte als Motto für alle zehn Lieder gelten. Aber die Intimität entsteht gleichermaßen aus Enttäuschungen wie aus Liebe: die Gedichte sind voller Bilder der Kälte, der eintönigen, grauen Stimmung und des Winters, die ihr Echo in einer ›heimatlosen‹ (tonartlosen) Musik und deren aufgelöster Struktur finden.

Wie angedeutet wurde, sind die Lieder op. 3 und op. 4 in freier Form gehalten (Webern machte kaum Anstrengungen, um die Anlehnung an Georges meisterhaft beherrschte Sprachstruktur zu gestalten), und die von Moment zu Moment sich ergebenden Zusammenhänge sind entsprechend schwer zu fassen. Die Imitation beispielsweise wird subtiler angewendet als die in den Dehmel-Vertonungen, überdies ist die treibende kontrapunktische Kraft dieser früheren Vertonungen hier durchgehend zurückgenommen, vor allem in den Liedern op. 4. Es ist jedoch möglich, die Bedeutung der grundlegenden Motive (genaugenommen sogenannte Tonhöhengruppen) zu erkennen, die durch Umkehrung, Transponierung, Neuanordnung, Oktavversetzung und/oder durch Lagenwechsel (linear oder akkordbezogen) beständig umgeformt werden. Dies ist eine weitere wichtige Technik in Weberns späterer atonaler Musik.

Webern und seine Mitstreiter erachteten es als notwendig, zugleich mit der Tonalität auch die thematische Arbeit aufzugeben, weil ihr Verständnis der entwickelnden Variation untrennbar mit den Möglichkeiten der tonalen Modulation verbunden war. Webern wandte sich nun dem Problem zu, reine Instrumentalmusik atonal und ohne Themen zu komponieren: 1909-1910 entstanden die Fünf Sätze für Streichquartett op. 5, die Sechs Stücke für Orchester op. 6 und die Vier Stücke für Violine und Klavier op. 7. Nur in einem der Stücke, in op. 5 Nr. 1 – einem Sonatensatz, in dem einige motivische Ideen verarbeitet sind – spielt die thematische Entwicklung noch eine entscheidende Rolle. Mit 55 Takten ist es zugleich das längste Stück. In den anderen Stücken ist die Form schwerer zu fassen – selbst dort, wo sie (wie in op. 6 Nr. 2 und 4) durch fortschreitende Tonbeziehungen hergestellt ist oder (wie in op. 6 Nr. 1) durch wechselnde Zu- und Abnahme der kontrapunktischen Dichte. Einige der Stücke sind so kurz, daß nur noch Raum für die Artikulation einiger kurzer Ideen bleibt, die eine schattenhafte Beziehung zueinander aufnehmen.

Jeder der Zyklen ist ausgewogen in zwei Gruppen von Stücken unterteilt: einmal in Stücke, die sich in der Dynamik, im melodischen Ambitus, in der Klangfarbe und in der harmonischen Vielfalt durchgehend zurückhalten. In der anderen Gruppe von Stücken werden einige oder alle dieser und anderer Merkmale in abrupt variierender Kontrastierung benutzt. In op. 7 Nr. 4 fallen beide zusammen, so daß einige Takte von gleichmäßiger Ruhe die zuvor kurzfristig leidenschaftliche Spannung abdämpfen. Diese Takte enthalten ein Element, das charakteristisch ist für die ruhige Musik von op. 5-7: eine Phrase von sechs Noten, die in einem gleichmäßigen Rhythmus auf- oder absteigen, und zwar in Sept- oder verminderten Nonenschritten, die durch eine oder zwei Noten getrennt sind (im folgenden absteigenden Beispiel, mit der Vortragsbezeichnung ›wie ein Hauch‹, sind die Tonhöhen D-B-Es-H-G-C-Fis). Halbtöne und deren Oktavtransponierungen überwiegen in der Melodik und Harmonik aller 15 Stücke. Kleine Gruppen von Halbtonverbindungen dienen auch als grundlegende Bausteine der formalen Struktur. Weberns Wahl der Klangfarbe ist immer von ganz entscheidender Bedeutung – ganz gleich, ob sie der Charakterisierung der Raserei oder der vollkommenen Stille dient. Op. 6 ist für eine ähnliche Orchesterbesetzung geschrieben wie Mahlers sechste Symphonie, aber die Möglichkeiten der Klangfülle einer solchen Besetzung werden nur im zweiten und vierten Stück gezogen. Das letztere ist ein düsterer Trauermarsch für Bläser und Schlagzeug. In den verbleibenden Stücken werden unterschiedliche Kombinationen von Instrumentengruppen eingesetzt und die Klangfarbe ist entsprechend weniger beständig. Diese Instabilität des Timbres ist besonders am Anfang des ersten Stückes zu beobachten, wenn die Führung der Melodielinie zwischen den Instrumenten (Flöte – Horn – Flöte – Trompete) abwechselt. Fortwährender Wechsel ist ein Prinzip auf allen hörbaren Ebenen der Stücke von op. 5–7. Manchmal ist ein konstantes Metrum vorgegeben, am auffälligsten in op. 6 Nr. 4 und op. 5 Nr. 3, öfter jedoch fehlt es – entweder weil die markierte Taktvorschrift verschleiert wird (wie in op. 6 Nr. 1), oder weil das Tempo beständig wechselt (wie in op. 6 Nr. 3 und in op. 7 Nr. 3). Mit Stücken wie diesen beiden zuletzt genannten, die nur zehn bzw. 13 Takte umfassen, schien Webern offensichtlich wohl am Ende des Weges angekommen: hier gibt es keine Durchführung mehr, nur noch zwanghafte Wiederholung oder ein fließendes Gleiten von Motiv zu Motiv.

Als Schönberg vor demselben Problem stand, fand er den Weg zu größeren Formen mithilfe dramatischer Texte *(Erwartung* und *Die glückliche Hand)*. Unter gänzlich anderen Umständen verfolgte auch Webern kurzfristig den Plan, eine Oper zu schreiben, eine Vertonung von Maeterlincks *Alladine et Pallomides*. Von diesem Projekt hat nur ein einziges Skizzenblatt überlebt. Jetzt freilich wandte Webern sich zwei kurzen Liebesgedichten Rilkes zu, deren Vertonung den Zustand momenthafter Verdichtung widerspiegelt, den er in den flüchtigsten Stücken der vorausgegangenen op. 5 bis op. 7 erreicht hatte. Die Singstimme der zwei Rilke-Lieder op. 8 (1910) folgt einem durchgängigen Bogen, aber die für acht Instrumente gesetzte Begleitung ist noch sparsamer und flüchtiger als alles in den unmittelbar vorausgehenden Kompositionen, als ob sie die Melodie nur hin und wieder berühren wolle. Die Melodie selbst verfügt über die anmutige Leichtigkeit von op. 3 und op. 4, obwohl sie sich in einem größeren Tonumfang und größeren Intervallen fortbewegt. Die Septen und verminderten Nonen, die charakteristisch für Weberns Melodieführung bleiben sollten, treten hier häufiger auf als jemals zuvor.

Die nächsten drei Werke entsprechen der Trias der Jahre 1909-10: wieder befindet sich darunter eine Komposition für Streichquartett (die Sechs Bagatellen op. 9), eine Komposition für Orchester (die Fünf Stücke op. 10) und eine Komposition für ein Streichinstrument und Klavier (die Drei kleinen Stücke für Violoncello und Klavier op. 11). Aber die Stücke sind von einer derart umstandslosen Kürze, daß ihre Vorgänger geradezu wie ausgedehnte Kompositionen erscheinen: ein paar Motive, Akkorde und Ostinati erklingen, und schon ist alles vorbei. Etwas von der Beunruhigung, die diese Kürze ausgelöst hat, und die zugleich von ihr erst hervorgerufen wurde, hat Webern selbst benannt, als er 1932 in einem Vortrag auf die Bagatellen op. 9 zu sprechen kam: »Ich habe dabei das Gefühl gehabt: Wenn die zwölf Töne abgelaufen sind, ist das Stück zu Ende ... Es klingt grotesk, unbegreiflich, und es war unerhört schwer.«

Einer tatsächlichen Zwölftonkomposition am nächsten kam er in op. 10 Nr. 4, einem Stück, das so kurz und spärlich orchestriert ist, daß es zur Gänze zitiert sei. (Beispiel 1, S. 122). Hier wird die vollständige chromatische Skala in den ersten zwölf Tönen exponiert, ohne aber eine serielle Kompositionsweise darzustellen. Man kann hier wie in allen nicht seriell komponierten, atonalen Werken Weberns die Bedeutung der Tonhöhengruppen erkennen (z.B. die ersten drei Töne in der Mandoline, die mehrmals und in auffälligen Verbindungen wiederkehren). Trotzdem bleibt die Struktur dieser Musik rätselhaft. Das vielleicht einzige offensichtliche Strukturmuster wird vom letzten Intervall in jedem der vier Melodie-Fragmente gebildet.

Obgleich op. 10 Nr. 4 ungewöhnlich kurz ist, ist das Stück charakteristisch für diese Werkgruppe (op. 9-11) und bezeich-

Beispiel 1: Fünf Stücke für Orchester, op. 10 Nr. 4

net den Kulminationspunkt von Bestrebungen in Weberns Musik, die seit op. 3 zu beobachten sind. Lineare Polyphonie ist in all diesen Stücken so gut wie nicht vorhanden, die Musik tatsächlich a-metrisch und die Textur offen. Die Klangfarben wechseln von Takt zu Takt, die Dynamik ist sehr zurückgenommen, und keine Phrase ist mehr als sechs Töne lang. Der rhetorische Gestus und mit ihm das Orchester-Volumen von op. 6 sind völlig verschwunden: In op. 10 sind nur 20 Instrumentalisten vorgesehen, und es herrscht auch zahlenmäßig ungefähr ein Gleichgewicht zwischen Bläsern, Streichern und Schlagzeug. Die Besetzung erinnert in manchem an den Orientalismus des späten Mahler, doch Webern verwendet sie in einer fluktuierenden Weise, die weit vom Stil Mahlers entfernt ist. Die ersten drei Noten von op. 10 Nr. 1, von denen

*Drei kleine Stücke, op. 11 Nr. 3, komponiert 1914 (Autograph)*

jede unterschiedlich instrumentiert ist, zeigen diesen verfeinerten Umgang sehr deutlich (in vergleichbarer Weise hatte op. 6 Nr. 1 mit einer extremen Diskontinuität der Klangfarben begonnen). Dennoch sind solche Vorläufer dessen, was später ›Pointillismus‹ genannt wurde, spärlich zu finden, und die Orchestrierung von op. 10 Nr. 4 ist ungleich typischer für Weberns Vorgehen.

Der Plan für die Zusammenstellung dieses Zyklus, der schließlich als op. 10 veröffentlicht wurde, wechselte mehrmals: drei der posthum veröffentlichten vier Stücke gehören eindeutig zum Zyklus op. 10 (das vierte ist eng mit op. 6 verbunden). Ein anderer Plan sah vor, daß zu op. 10 auch noch das Orchesterlied *Oh sanftes Glühn der Berge* von 1913 gehören sollte. Den Text dieses Liedes, der die Visionen einer Frau schildert, hat Webern selbst geschrieben. Im selben Jahr komponierte Webern ein weiteres Lied auf einen eigenen Text, *Schmerz, immer blick nach oben*, für Singstimme und Streichquartett (ursprünglich für die Bagatellen op. 9 bestimmt) und schrieb außerdem ein Bühnenstück mit dem Titel *Tot*. Das Stück entstand aus einer momentanen Eingebung der Trauer um den Tod eines Neffen, aber auch um den schmerzlichen Verlust der Mutter, die 1906 gestorben war und deren Tod ihn noch immer bedrückte. In einem Brief an Berg schreibt er am 12.7.1912: »Mit Ausnahme der Violinstücke und einiger meiner letzten Orchesterstücke beziehen sich alle meine Kompositionen von der ›Passacaglia‹ an auf den Tod meiner Mutter.« Wenn auch Trauer und Verlust die vorherrschenden Ausdrucksmittel von op. 1 bis op. 11 sind, war es Weberns Leistung, Musik geschaffen zu haben, die zugleich schmerzvoll und außergewöhnlich intensiv sein konnte.

Die Möglichkeit, diese beiden Elemente miteinander zu verbinden, steht in Beziehung zu Weberns Verdichtungs-Tendenzen, die ihren äußersten Grad in den Drei kleinen Stücken für Violoncello und Klavier op. 11 (1914) erreichten: das letzte besteht lediglich aus 20 Tönen. Der Weg dorthin führte über nicht viel mehr als die Permutation der chromatischen Skala. Der Komposition dieser drei Cello-Stücke ging unmittelbar die Niederschrift des ersten Satzes einer Sonate für Cello und Klavier voraus – ein Werk, mit dem Webern, wie er Schönberg schrieb, versuchte, »endlich wieder einen Weg zu längeren Sätzen zu finden«. Dieser erste Satz (ein vorgesehener zweiter wurde nicht geschrieben) ist immer noch ziemlich kurz, er ist aber entschiedener ›durchkomponiert‹ als alles andere, was Webern seit op. 5 Nr. 1 geschrieben hatte. Jedoch blieben die Schwierigkeiten, die sich beim Schreiben einer atonalen, a-thematischen Musik ergaben, die keine Textstruktur als Grundlage hatte, ungelöst. Außer einem Trio-Satz für Klarinette, Trompete und Violine, den er 1920 noch im Entwurf abbrach, komponierte Webern bis 1924 keine reine Instrumentalmusik mehr. Erst als er sich mit der seriellen Technik anfreundete, fand er wieder zur Instrumentalkomposition zurück.

DRITTES KAPITEL
# AUF DEM WEG ZUM SERIALISMUS

*(1914–1927)*

Während des Ersten Weltkriegs schrieb Webern im Stil von *O sanftes Glühn* noch weitere Lieder mit einer kleinen Orchesterbesetzung (ähnlich der von op. 10) als Begleitung. Aber unter den vier Liedern, die er auswählte, um sie als op. 13 zu veröffentlichen, war keines mit einem selbstverfaßten Text zu finden. Gleichzeitig komponierte er vier Lieder mit Klavierbegleitung, die er als op. 12 veröffentlichte. Nach einer Zeit, in der Webern extrem schnell Fortschritte machte – er war immerhin drei Jahre nach der Passacaglia bereits bei der Arbeit an op. 10 angelangt –, folgte jetzt eine Zeit der gleichmäßigeren, soliden Entwicklung und weniger fruchtbaren Kreativität. Die Lieder op. 12 und op. 13 nehmen den Vokalstil von op. 8 mit kleinen Änderungen wieder auf. Sie sind jedoch umfangreicher und ihre Begleitung wird, vom zuerst entstandenen Lied an, linearer.

Im Stil und vom Thema her bildet op. 12 eine heterogene Gruppe. Die Volkslied-Vertonung *Der Tag ist vergangen* ist leicht und einfach, das Lied auf Goethes Vers *Gleich und gleich* fast verspielt. Aber in gewissem Sinne weisen gerade diese Lieder am weitesten in die Zukunft, weil ihre Themen – naive Frömmigkeit und die Beobachtung von Naturgesetzen – Weberns spätere Vokalmusik so nachhaltig bestimmen sollten. *Schien mir's, als ich sah die Sonne*, das deklamatorischste Lied dieser Periode, ist eine Vertonung eines mystischen, moralischen Gedichts aus der *Gespenstersonate* von A. Strindberg. Obgleich dieses Lied die einzige Vertonung blieb, war er einer der wichtigsten Dichter für Webern. *Die geheimnisvolle Flöte* besitzt eine leicht schwüle Atmosphäre, eine Manier, die Webern auch noch in zwei anderen Vertonungen chinesischer Gedichte in der Übersetzung Hans Bethges verwendet. Sie stellen die zentralen Stücke von op. 13. dar. Die früheste

Vertonung von op. 13, das Lied *Die Einsame* (1914), weist in der fragmentarischen Instrumentalbehandlung Ähnlichkeiten mit der zeitgleich entstandenen Vertonung eigener Verse wie *O sanftes Glühn* und *Leise Düfte* auf. Die späteren Stücke von op. 13 sind dagegen polyphoner gehalten. Alle Lieder von op. 13 sind jedoch thematisch durch die Person des Wanderers verknüpft, der aus einer fernen Heimat verbannt ist und dessen Heimweh durch alles, was er in der Natur wahrnimmt, verstärkt wird (in den chinesischen Gedichten wird dies durch den Mond dargestellt, wobei Vergleiche mit Schönberg hier kaum haltbar sind). Das letzte Lied dieser Jahre, das auch den Zyklus von op. 13 abschließt, war die Vertonung von G. Trakls, *Ein Winterabend*. Hier findet der Wanderer Frieden durch die Erscheinung des Abendmahls.

Webern hatte zuvor bereits ein anderes Gedicht Trakls, *Abendland III*, vertont, jedoch in einem davon völlig verschiedenen Stil: nämlich durch und durch kontrapunktisch und mit wesentlich stärkerem Ausdruck. Fünf weitere Trakl-Vertonungen wurden *Abendland III* hinzugefügt, so daß die Gruppe dann die *Sechs Lieder* op. 14 bildete. Sie sind für Sopran, zwei Klarinetten und zwei Streicher (in der Zeit von 1917–21) komponiert. Fast durchgängig sind in diesem Zyklus die Instrumentallinien so kontinuierlich gehalten wie die Melodik der Singstimme. Der Solopart ist der technisch schwierigste, den Webern bis dahin geschrieben hatte. Der Tonumfang ist sehr groß, und vor allem die Anforderungen an die Dynamik sind sehr anstrengend. Die Instrumentation wechselt in jedem Lied, neigt jedoch insgesamt zu einem dunklen und brütenden Klang. In all dem glaubte man den Einfluß von *Pierrot Lunaire* zu erkennen, obgleich diese Lieder ganz und gar nicht theatralisch sind. Tatsächlich unternimmt Webern nichts, um Trakls erschreckendes Bild des Verfalls zu unterstreichen. Er betont vielmehr die verweifelte Melancholie von Trakls Gedichten, nicht aber dessen Vision einer Immanenz des Bösen.

Die neue Struktur der Trakl-Lieder – eine Sopranstimme, die in Spannung erstarrt, wird von einer dichten instrumentalen Polyphonie begleitet – wird auch in den ersten vier der *Fünf geistlichen Lieder* op. 15 wiederaufgenommen. Der Zyklus entstand in den Jahren 1921–1922. Wie schon in op. 12 Nr. 1 griff Webern auf religiöse Volksdichtungen zurück, die er hier aber alles andere als naiv behandelt. Das letzte Lied des Zyklus, ein wesentlich gelasseneres Stück, das im Jahre 1917 komponiert wurde, ist ein Doppel-Kanon und weist damit schon auf Weberns nächstes Werk, die *Fünf Canons nach lateinischen Texten* op. 16, voraus. Sie sind für Sopran, Klarinette und Bassklarinette gesetzt. In op. 14 und op. 15 war der Kontrapunkt in einem Reichtum und mit einer Freiheit geflossen, wie es beispiellos in Weberns Musik ist. Hier greift er nun auf Strukturen von äußerster Strenge zurück. Andererseits ist die Musik aber auch stabiler und nackter gefügt: Die Melodik setzt sich hauptsächlich aus kurze Phrasen zusammen, die durch Pausen voneinander getrennt sind, die Rhythmik ist regelmäßiger als bisher, die Flexibilität von Tempo und Metrum reduziert und die Dynamik arbeitet mit scharfen Kontrasten. Nur das zweite Lied ist durchgehend ruhig und still, in Übereinstimmung mit dem naiven Text aus *Des Knaben Wunderhorn*. Die übrigen Lieder, die Texte aus der Gründonnerstags- und Karfreitagsliturgie vertonen, demonstrieren im Extrem die zerklüftete Stimmführung von Weberns vokaler Schreibweise. Die polyphone Textur sollte von nun an die Regel werden, die bußfertige Schlichtheit dieser Kanonvertonungen allerdings sollte Webern nicht wiederholen.

1924, dem Jahr, in dem die *Fünf Canons nach lateinischen Texten* fertiggestellt wurden, kehrte Webern zum ersten Mal wieder erfolgreich zur Instrumentalkomposition zurück. Er schrieb das kleine *Kinderstück* für Klavier, ein einfaches Übungsstück in der seriellen Kompositionsweise, in der die Reihe immer in der selben Form wiederholt wird. Im darauffolgenden Jahr komponierte er in der gleichen Weise, wenn auch mit etwas größerem Anspruch, das Klavierstück (»Im Tempo eines Menuetts«) und den Satz für Streichtrio (»Ruhig fließend«). Von diesen drei Instrumentalstücken ist das letzte das bemerkenswerteste. Es ist sehr kurz, aber seine a-thematische Verwendung der Reihe, die eine Vielzahl von Motiven hervorbringt, die alle in schnellen, gleichen Notenwerten (16tel, 32tel und 64tel) ausgeführt werden, ist mit derjenigen im ersten veröffentlichten, vollständig seriellen Werk, dem Streichtrio op. 20 (von 1926/27), vergleichbar.

In der Zwischenzeit setzte Webern seine Folge von Vokalkompositionen fort, die alle als Begleitung ein kleines Instrumentalensemble vorsehen. Die *Drei Volkstexte* op. 17 (1924/25) und die Drei Lieder op. 18 (1925) knüpfen im Stil direkt an op. 14 bis op. 16 an: Die vokale Melodik ist raumgreifend und extrem ›verdreht‹. Der Ausdruck erreicht in op. 18 Nr. 2 einen spannungsgeladenen Höhepunkt, wenn die Singstimme, und dies mehrfach auch in Septen und verminderten Nonen, über einen Umfang von zweieinhalb Oktaven, auf- und abwärtsspringt. Die Instrumentalstimmen gehen auf gleiche Weise im Tonumfang bis an die Grenzen der Reichweite, insbesondere die Stimme der Es-Klarinette in op. 18. Desgleichen besteht auch in Hinsicht der Textwahl eine Verbindung zu op. 18. Die drei Volkstexte von op. 17 sind volkstümliche Fürbitten um Erlösung – ein Thema, das mit erneuter Intensität in dem *Wunderhorn*-Lied *Erlösung* op. 18 Nr. 2 wiederaufgenommen wird, einem flehentlichen Dialog zwischen der Jungfrau und Christus bzw. zwischen Christus und Gott-Vater. Das dritte Lied in op. 18 vertont das marianische Antiphon *Ave, regina coelorum*, während das erste Lied offensichtlich ein fröhliches Liebesgedicht (*Schätzerl klein*) ist. Für Webern standen die *Drei Lieder* in op. 18 in einem engen »Zusammenhang«, wie er Berg in einem Brief am 8. 10. 1925 schrieb. Op. 18 Nr. 1 kann demnach sowohl als Lobpreisung der Erlösung wie auch der irdischen Ehe verstanden werden und macht damit alle drei Lieder zu einem Zyklus auf die Fürbitte der Jungfrau Maria.

In den sechs Stücken von op. 17 und op. 18 ist es möglich, die frühe Entwicklung von Weberns serieller Technik nachzuzeichnen. Op. 17 Nr. 1 ist nicht seriell komponiert, op. 17 Nr. 2 und op. 18 Nr. 1 (das erste der später komponierten Sammlung) sind, ähnlich aufgebaut wie die zeitgleich entstandenen Instrumentalkompositionen, aus angrenzenden Partikeln desselben Reihenmaterials gebaut; Op. 17 Nr. 3 exponiert die Reihen unabhängig in der Vokalstimme und ergänzt diese mit Bruchstücken der Reihe in der Begleitung; Op. 18 Nr. 2 gebraucht vier Formen der Reihengestaltung – eine Grundgestalt und ihre Umkehrung, die auf der selben Note beginnt, sowie die Krebsformen dieser beiden Typen –, um die vier voneinander unabhängigen Sprachebenen des Textes zu verdeutlichen; Op. 18 Nr. 3 schließlich ist das erste Beispiel einer Technik, die für Webern verpflichtend werden sollte und bei der jede kontrapunktische Linie ihre eigene Sequenz der Reihengrundgestalt verfolgt. Der besondere Eindruck, den diese Kompositionen hinterlassen, besteht darin, daß sie verschiedene Möglichkeiten einer Methode aufzeigen, denn keines der fünf seriellen Lieder basiert auf der selben Reihe. Aber die Anwendung der seriellen Kompositionsweise determinierte keinesfalls Weberns Stil. Alle in den Jahren 1922 bis 1925 entstandenen Lieder behandeln geistliche Inhalte in einer geradezu überspannten, ganz und gar chromatischen Schreibweise, für die die seriellen Techniken vielleicht das Regelwerk bereitstellten, das Webern zunächst in der kanonischen Schreibweise gesucht hatte.

Weberns Stil ist entspannter in seinem nächsten Werk, den *Zwei Chorkompositionen* op. 19 (1926) auf Texte aus Goethes *Chinesisch-deutschen Jahres- und Tageszeiten*, die er für gemischten Chor mit Begleitung einer Violine, zwei Klarinetten, Celesta und Gitarre vertont hat. In den Instrumentalstimmen werden hier noch häufiger als sonst die schnellen, kurzen Notenwerte verwendet, die so kennzeichnend für Weberns frühe serielle Werke sind und der Musik einen außergewöhnlich erregten Charakter verleihen. Was die serielle Technik betrifft, so sind in op. 19 in zweierlei Hinsicht Fortschritte zu erkennen: Beide Stücke basieren auf einer identischen Reihe, und es werden hier Transponierungen verwendet. Es existiert noch ein faszinierender Entwurf zu einem dritten Goethe-Chor, der aber ohne Begleitung gesetzt ist. Die wenigen Takte, die Webern niedergeschrieben hat, zeigen den Anfang eines vierstimmigen Kanons, in dem jede Stimme ihre eigene Reihengestalt vorträgt – ein kurzer Blick voraus auf die schlichte Nüchternheit der Symphonie op. 21.

## VIERTES KAPITEL
## DIE SERIELLEN WERKE (1927—1945)

*Instrumentalwerke (1927-1940)*

Webern war jetzt in der Lage, zu Instrumentalkompositionen von großer Form zurückzukehren, die er seit der Passacaglia nicht mehr erfüllen konnte. »Erst nach der Formulierung des ›Gesetzes‹ der Zwölftonmethode durch Schönberg«, so hat Webern sich 1932 in einem Vortrag geäußert, »wurde es möglich, wieder längere Stücke zu komponieren«. Aber trotzdem ist sein erstes größeres serielles Werk, das Streichtrio op. 20 (1926-1927), in seiner typisch kompakten Form gehalten und dauert nur annähernd acht Minuten. Seine zwei Sätze können als Rondo und Sonate aufgefaßt werden, wenngleich diese Formen keineswegs unmittelbar wahrzunehmen sind. Das Thema des Rondos ist polyphon, und seine einzelnen Noten werden in den drei Wiederholungen in Lage, Klangfarbe, Rhythmus und Dynamik jeweils neu kombiniert. Ein Vergleich mit Schönbergs in der gleichen Zeit entstandenem dritten Streichquartett zeigt, wie weit diese beiden Werke in ihrer Annäherung an formale Konventionen voneinander entfernt sind. In Weberns Musik gibt es nur wenig, was auf ein ohne Begleitung gestütztes melodisches Thema hindeutet; die Geschlossenheit des Stückes wird weniger durch thematische Verarbeitung als durch das Gleichmaß der rhythmischen Struktur und der Intervallik hergestellt. Wie in den Liedern op. 17 und op. 18 überwiegen auch hier die Halbtonintervalle, vor allem die Septen und verminderten Nonen, aber auch Intervalle von noch größerer Weite. Und auch die straffe ungemein lebendige Musik zeigt, daß das Trio mehr mit den unmittelbar davor entstandenen Werken in Beziehung steht als mit denen, die ihm folgen sollten.

Was die Instrumentalkompositionen der Jahre 1928 bis 1940 von dem Streichtrio unterscheidet, ist, um es in einem Wort zu sagen, Symmetrie. Die Symphonie op. 21 zeigt diese Symmetrie in der formalen Anlage ihrer beiden Sätze: der erste Satz zeigt die Symmetrie in der horizontalen Achse mit dem vierstimmigen Spiegel-Kanon in der Mitte. Symmetrie in der vertikalen Achse zeigt der zweite Satz mit seinen palindromischen Variationen. In den Werken, die danach folgen – das Quartett op. 22 für Violine, Klarinette, Tenor-Saxophon und Klavier, das Konzert für neun Instrumente op. 24, die Variationen für Klavier op. 27, das Streichquartett op. 28 und die Variationen für Orchester op. 30 –, kehren Kanon, Palindrome und Variationen als grundlegenden Bausteine wieder. Oft sind diese formalen Elemente mit anderen formalen Gerüsten wie der Sonatenform, dem Rondo und anderen kombiniert. Der erste Satz des Streichquartetts ist typisch für solch eine Strukturverschmelzung. Er besteht aus einem Thema und sechs Variationen, kann funktionell aber als ›Adagio-Form‹ angesehen werden (Thema = Introduktion, Variation 1 = Thema, Variation 2 = Wechsel zum zweiten Thema etc.). Gleichzeitig ist der Satz, außer den ersten 15 Takten, als zweistimmiger Kanon komponiert.

Wie im Streichtrio ist Weberns Vorstellung eines Themas und seiner Exposition unkonventionell. Nur am Anfang des zweiten Satzes der Symphonie und im zweiten Abschnitt der Variationen für Orchester sind deutlich exponierte melodische Themen zu finden, aber selbst in diesen beiden Fällen verlieren die Themen in der folgenden Durchführung ihre Identität vollständig. Typisch für Webern sind Themen, die aus einer Reihe von (harmonischen, melodischen oder rhythmischen) Motiven bestehen, oft Unterschiede in klanglicher und/oder rhythmischer Gestalt aufweisen und normalerweise in einer sehr offenen Textur aufgestellt werden. Die Anfangstakte von op. 22, op. 24 und op. 30 zeigen diese Themengestaltung am deutlichsten. Das Thema selbst kehrt (außer natürlich in vorgeschriebenen Wiederholungen) ohne entscheidende Änderungen nicht wieder, nicht einmal in einer Reprise wie der im ersten Satz (Sonatensatz) von op. 22. Gerade das Wiedererkennen von Weberns Themen als solchen macht seine größere Formdisposition umso deutlicher und überzeugender.

Dies Wiedererkennen wird dadurch unterstützt, daß ein Thema gewöhnlich aus eng miteinander in Beziehung stehenden Motiven gebildet ist – was jedoch auf das Streichtrio noch nicht zutrifft. Das schon erwähnte Thema des 1. Satzes von op. 22 – zehn Takte eines zweistimmigen Spiegelkanons sind von einer Saxophonmelodie durchwoben – zeigt, wie viele Elemente innerhalb eines Themas wiederkehren, das hier aus klar erkennbaren Zwei- und Dreiton-Gruppen zusammengesetzt ist. Diese Allgegenwart derselben kleinen musikalischen Zelle erreicht im Konzert op. 24 eine äußerste Steigerung. Hier entwickelt sich alles aus einer Dreiton-Gruppe, die unablässig durch Transponierung und/oder Umkehrung und/oder Krebsgängigkeit variiert und dabei immer wieder (besetzungsmäßig, harmonisch/melodisch und so weiter) neu präsentiert wird. Wo die Grundgestalt wie hier alles durchdringt, entsteht das Problem, daß man nicht mehr erkennt, wenn das Motiv auch größere Zusammenhänge stiftet. Die faszinierende Geschlossenheit, mit der sich die Musik an ihrer Oberfläche präsentiert, blockiert ein tieferes Verständnis ihrer Komplexität. Das Spiel von Zwei- und Dreiton-Gruppen im zweiten Satz von op. 24 etwa vermag die Aufmerksamkeit vom Zusammenschweißen der zwei- und dreitaktigen Einheiten abzulenken. Auf diese Weise entsteht schon eine subtile Beziehung zwischen kleineren und größeren Gebilden, wobei die kleineren Einheiten, wenn sie auch manchmal den Blick auf die größeren verstellen, notwendig sind, um diese größeren überhaupt wahrzunehmen.

Dies ist geradezu augenfällig in Weberns Kanonkompositionen, zum Beispiel im Kanon der Symphonie, der nicht in vier voneinander klar zu unterscheidenden Stimmen vorgetragen wird: in jedem Abschnitt wechseln wiederholt Klangfarbe und Register, so daß seine Einzigartigkeit weniger unmittelbar deutlich wird als die kurzatmigen Tonfolgen, die er mit den anderen Abschnitten teilt. Außergewöhnliches geschieht in den Takten 47–48, wo ein aufsteigendes h-b Intervall zweimal in der ersten Violinstimme vorkommt, zunächst vom 1. Geiger allein *piano*, dann im Tutti *forte* vorgetragen. Diese Sequenz ist wesentlich auffälliger als die Herkunft der Zweiton-Gruppe aus den unterschiedlichen kanonischen Stimmen. Der mittlere Satz der Klaviervariationen op. 27 geht viel weiter im Verwischen kanonischer Strukturen, obgleich – vielleicht paradoxerweise – die Textur des Satzes wesentlich auf einem kanonischen Beziehungsgeflecht basiert. Es wäre tatsächlich merkwürdig, daß Webern Kanonformen komponiert hätte, um sie dann vorsätzlich so aufzulösen, daß sie nicht mehr wahrnehmbar sind.

In dieser Hinsicht ist eine Aussage aufschlußreich, die er in Zusammenhang mit seiner Bach-Bearbeitung machte, die ebenfalls in den Jahren 1934–35 entstand. Webern hatte das sechsstimmige Ricercare aus *Das Musikalische Opfer* orchestriert und dabei die Technik der Motivaufteilung, die auch in seiner Symphonie und den Variationen für Orchester vorkommt, gebraucht. Am 1.1.1938 schrieb er an den Dirigenten Hermann Scherchen, der seine Bachbearbeitung aufführen wollte: »Natürlich ... darf das Thema dadurch nicht zerrissen werden. Meine Instrumentation versucht (damit spreche ich jetzt vom ganzen Werk), den motivischen Zusammenhang bloß zu legen ... Alles ist Hauptsache in diesem Werk und – in dieser Instrumentation.« Es ist wahrscheinlich nicht zu vermessen, diesen Kommentar auch auf seine eigenen Werke anzuwenden, in denen der Interpret ebenfalls in der Lage sein muß, die lineare Kontinuität, ungeachtet des Lagen- oder Klangfarbenwechsels, aufrecht zu erhalten. Unterstützung erfährt diese übertragbare Deutung von Weberns Aussage durch den Bericht seiner Reaktion auf eine unbefriedigende Aufführung seiner Symphonie durch Otto Klemperer: »Eine hohe Note, eine tiefe Note, eine Note in der Mitte – wie die Musik eines Verrückten.«

Aber, wie auch immer der Ausführende sich verhalten mag, ein Thema von Webern ist ein ungewöhnlich mannigfaltiges Gebilde – und das in einem Ausmaß, daß seine Unterscheidung von jeder Durchführung wie sein Wiedererkennen in jeder Wiederholung (außer, wie gesagt, der wörtlichen Reprise) genauso schwierig ist, wie seiner Identität innezuwerden. Webern wandte verschiedene Lösungen an, um die Schwierigkeiten zu überwinden, die sich bei der Gliederung größerer Formstrukturen ergaben. Einige dieser Lösungen finden sich im ersten Satz der Symphonie. Der Anfangsteil (bis Takt 25) ist langsam und gleichmäßig (abgesehen von Vorschlagsnoten gibt es nur Längen von einer bis vier bzw. sechs Vierteln) und in mittel-tiefer Lage gehalten (es gibt nur 13 Tonhöhen, die sich über drei Oktaven erstrecken, und als höchsten Ton e" nicht überschreiten). Der zweite Teil führt Achtel ein und erhöht den Tonumfang stetig bis zum cis"", schwächt zur gleichen Zeit das harmonische Gefüge, das sich aber in der letzten Hälfte des Satzes wieder einstellt. Somit besitzt der Satz die Beschaffenheit einer Exposition (Stabilität), einer Durchführung (Instabilität) und einer Reprise (Rückkehr zur Stabilität), jedoch ohne tonale Gebundenheit. Der erste Satz des Quartetts op. 22 gebraucht Lagen und Dichte in ähnlicher Absicht. (Es wurde einiges zur ›symmetrischen Harmonie‹ in diesem, aber auch in anderen Sätzen gesagt. Wenn jedoch jede Tonhöhengruppe lagenmäßig fixiert und die Komposition ein Kanon in der Umkehrung ist, entsteht zwangsweise eine symmetrische Harmonik. Das entscheidende Element scheint die Fixierung der Lagen zu sein. Trotzdem behauptet Archibald [1972], daß die symmetrische Harmonik in op. 5 Nr. 2 hörbar funktional sei.)

Ähnlich wie Zeitmaß, Lage und Dichte gebraucht werden, um eine großbögige Form zu verdeutlichen, wird die motivische Arbeit in Weberns späten Instrumentalwerken klarer gemacht durch den Gebrauch von Klangfarbe, Dynamik, Zeitdauer und Rhythmus (es gibt kaum Grund zur Annahme, daß Webern bereits mit einem autonomen ›seriellen‹ Konzept nicht tonhöhengebundener Parameter arbeitet). Der Vorrang der Tonhöhen geht mit der Vermeidung von Faktoren einher, die in diesem Bereich Unbestimmtheit hervorrufen würden. In stärkstem Kontrast zum Streichtrio und den früheren Werken für Streichquartett verlangt das Streichquartett op. 28 kein Oberton-, kein *col legno-* und nur wenig *sul ponticello-*Spiel. Ebenso werden in den Orchesterkompositionen keine tonhöhenungebundenen Schlaginstrumente verwendet (die Kantaten op. 26, 29 und op. 31 sind gleichfalls äußerst sparsam im Gebrauch von ›Lärm‹). Die Orchestrierung jedoch ist hier genauso leicht, fließend und anmutig wie die von Weberns charakteristischsten früheren Stücken. Dies gilt besonders für die Variationen für Orchester, wo die Schreibweise im allgemeinen freier und abwechslungsreicher ist als in den übrigen späten Orchsterwerken.

Einer der erfreulichsten Aspekte all dieser Kompositionen ist ihre geistvolle Verwendung des Rhythmus. Ein durchlaufender Schlag drängt in Weberns atonalen Werken nur selten mit bestimmender Kraft vor; andererseits zeigt aber auch das ständig wechselnde Metrum im Streichtrio, trotz seiner variablen Metrik und Synkopationen, wenig Ergebnisse. Die Symphonie jedoch profitiert sehr vom gegensätzlichen Spiel zwischen dem motivischen Rhythmus und dem vorgeschriebenen Metrum. Und das Quartett op. 22 verdankt einiges von seinem scherzosen Charakter geschickt vorgenommenen metrischen Veränderungen, die dann in allen folgenden Werken mit beträchtlicher Wirkung verwendet werden. Weberns Erfolg jedoch wurde verschiedentlich, sogar von einer Autorität wie der Strawinskys, in Zweifel gezogen. Die serielle Technik dieser Werke, die in dieser Hinsicht am ausgiebigsten untersucht wurden, wird weiter unten (vgl. Kapitel 5) noch ausführlicher beleuchtet werden.

## *Lieder und Kantaten (1929–1945)*

Nachdem Webern 1926 die Dichterin Hildegard Jone kennengelernt hatte, vertonte er nur noch Texte von ihr. Im Januar 1930 wurde der Plan zur Zusammenarbeit für ein Bühnenwerk diskutiert, aber bereits im September wieder fallengelassen, als Webern sie um einen Kantatentext bat. Aber auch daraus wurde nichts und so wählte er schließlich aus den bereits vorhandenen Gedichten einige Texte für seine sechs Lieder

(1933–35) und für seine drei Chorwerke (1935–43) aus. In dieser Zeit stand er in engem brieflichen Austausch mit H. Jone und ihrem Mann, dem Bildhauer Josef Humplik. Untereinander besprachen sie ihre Werke. Aus Weberns Briefen wird deutlich, daß er von Jones Versen tief beeindruckt war, die ihm, wenngleich sie nicht von großer literarischer Bedeutung sind, den sprachlichen und philosophischen Rohstoff lieferten, den er benötigte: eine Sicht der Natur, in deren Ordnung und Symmetrie sich die Gnade Gottes zeigt; eine Sprache, deren Bildlichkeit sich aus dem Leben der Insekten und Pflanzen speist; eine Vorstellung von der menschlichen Seele als einer Quelle von Wärme und Licht, und schließlich den Abglanz einer übersinnlichen christlichen Frömmigkeit.

Webern hatte in den Jahren 1929/30 Skizzen zu drei Goethe-Liedern entworfen, aber die frühesten Jone-Vertonungen, nämlich die zweite und dritte Nummer von op. 23, waren seit sieben Jahren die ersten Liedkompositionen, die er abschloß. In der Zwischenzeit hatte sich sein zur offenen Textur neigender, motivisch-kontrapunktischer Stil weiter entwickelt und beide Lieder zeigen Kennzeichen dieser Entwicklung, obgleich sie viel freier gehandhabt werden als in den zur selben Zeit entstandenen Instrumentalwerken. Auf jeden Fall ist in diesen Liedern nichts mehr vom ›qualvoll‹ komplizierten Stil der Zyklen op. 16 bis op. 18 zu finden. Hier kehrt die vokale Lineatur wieder zur Einfachheit des Klangs und Schönheit der Melodik zurück, die schon einzelne der Lieder op. 12 und op. 13 ausgezeichnet hatten – Eigenschaften, die eher den Vergleich mit Schubert als mit irgendeinem von Weberns Zeitgenossen nahelegen. Auch der schwerfällige instrumentale Kontrapunkt, wie er in den Liedern der mittleren Periode zu finden ist, ist hier durch eine durchsichtige Klavierbegleitung ersetzt. Die Gruppe der Lieder von op. 23 wurde 1934 mit *Das dunkle Herz* vervollständigt, einem der längsten Lieder Weberns, das in Form einer zweiteiligen Arie gestaltet ist. Innerhalb eines Jahres hatte er weitere drei Lieder (op. 25) im gleichen Stil vertont. Er hatte sie zu einer Zeit begonnen, als er noch am *Konzert für neun Instrumente* schrieb, das nach

Ausweis der Skizzen ursprünglich einen Chorsatz auf einem Text von Jone einschließen sollte.

Weberns letzte Komposition, die II. Kantate op. 31 (1941/43), ist mit einer Spieldauer von etwa dreizehn Minuten sein längstes Werk und zugleich in Zusammensetzung und Umfang des Instrumentalapparats das aufwendigste Werk, das er seit den sechs Stücken für großes Orchester op. 6 geschrieben hat. Weberns Plan, eine Kantate zu schreiben, reifte erst, während er schon mit der Komposition begonnen hatte: zunächst schrieb er den vierten Satz und danach die anderen in der Reihenfolge 5, 6, 1, 2, 3. Den Text stellte er sich aus verschiedenen Gedichtzyklen Hildegard Jones zusammen. Ein siebenter Satz wurde abgebrochen und auch die Anordnung der einzelnen Teile bis zur endgültigen Version mindestens einmal geändert. Am Ende stand die folgende Reihenfolge fest: Baß-Rezitativ, Baß-Arie, Frauenchor mit Sopran-Solo, Sopran-Rezitativ, Sopran-Arie mit Chor und obligater Violine, Chor. Webern verglich diese Form mit der des Meß-Ordinariums. Die Berücksichtigung dieser Tatsache und ein Blick in die Partitur – alle Werke seit der Symphonie tendieren zu langen Notenwerten in kurzen Takten, zusätzlich sind im Schlußchor dieser Kantate die vier Stimmen in unterschiedlichen Metren geführt – lassen Parallelen zur Renaissancemusik ziehen. Jedoch scheint op. 31 eher nach dem Modell einer Bach-Kantate gestaltet worden zu sein, und Webern selber sprach mehr als einmal in bezug auf den letzten Satz von einem Choral (obwohl er tatsächlich ein Kanon ist). Die neue Geschmeidigkeit der expressiven Ausdrucksweise in den Vokal-Solostimmen legt ebenfalls solch eine Herkunft nahe.

Zu den anderen neuen Aspekten der II. Kantate gehört die subtile Textur, mit der Webern das an Holzbläsern reiche Orchester ausgestattet hat. In den beiden Chorsätzen der Kantate (Nr. 3 und 6) sind die Gesangsstimmen auf abwechslungsreiche Weise verdoppelt, und in der Baß-Arie ist die vokale Lineatur in einen Kanon verwoben, ähnlich wie in der Sopran-Arie der I. Kantate. Anderswo hüllt das Orchester den Gesang in ein feingewirktes Maßwerk aus kurzen Phrasen und Akkorden ein. Im fünften Satz ist die Begleitung streckenweise kompliziert gestaltet und variiert in den Klangfarben. Webern gestand Ludwig Zenk am 30.7.1942 über die Arbeit an diesem Satz: »Das Problem ökonomischer Intrumentation (insbesonders bei meiner Ausdrucksweise) war wieder nicht so ohne weiters zu lösen.« Weitere Verzögerungen ergaben sich beim Komponieren des ersten Satzes: »Einer, der Hauptgrund, lag wohl im Formalen: es ist eine Form entstanden, die wohl schon lange, lange nicht da war. Aber nun auf Grund unserer Harmonik: ich komme darin zur Bildung 12-stimmiger Akkorde.« (An H. Jones und J. Humplik, 11. 2. 1943) Die begleitenden Harmonien sind in diesem Satz hauptsächlich sechsstimmig gesetzt – wieder etwas Neues für Webern, dessen Fundament-Akkorde gewöhnlich aus vier oder noch weniger Tönen zusammengesetzt sind.

Weberns Interpretation des Textes drückt sich in diesen drei letzten Chorkompositionen vor allem in Wortmalereien und symbolträchtigen Wort-Ton-Verbindungen aus. Und wie bei Bach, sind diese Merkmale auf allen Ebenen der Schreibweise zu finden. Die Singstimmen gehen besonders einfühlsam auf die Bedeutung des Textes ein, ja Webern hat sich nicht einmal den Möglichkeiten der orchstralen Tonmalerei versagt, wie man sie ganz besonders in der Darstellung von Blitz und Donner im einleitenden Chor von op. 29 findet. Weniger offensichtlich steht der Sinn der ersten Verszeilen von op. 31 Nr. 2 – »Sehr tief verhalten innerst Leben singt / im Bienenkorb in stiller Mitternacht« – im Einklang mit der Konstruktion des ganzen Stückes als einer Baß-Arie, die von kurzen Fragmenten der Instrumentalstimmen begleitet wird. Ähnliches ist in *Das Augenlicht* zu beobachten, wo das anfängliche Bild des durch die offenen Augen ins Herz fließenden Lichts den Vorwand für einen seriellen Krebs liefert. Die Empfänglichkeit von Jones Metaphern für solch eine musikalische Interpretation war einer der Gründe, warum Webern sich von ihren Versen so angezogen fühlte.

Nachdem Webern die II. Kantate fertiggestellt hatte, entwarf er ein dreisätziges Konzert, änderte diesen Plan jedoch zugunsten eines weiteren Chorwerkes (III. Kantate) auf Worte von Jone. Die Arbeit an diesem Projekt schritt im Sommer 1944 und vielleicht auch noch kurz danach fort, aber das Skizzenbuch enthält nur einzelne fragmentarische Notate zu diesem Werk.

## FÜNFTES KAPITEL
## STIL UND GEDANKEN

### *Stil*

Es ist nicht leicht, die generellen Charakteristika von Weberns Stil genau zu benennen. Zum Teil deshalb, weil im Schaffen Weberns sich zwei- oder dreimal ein abrupter Wechsel in der Akzentuierung von kompositorischen Elementen vollzieht, zum Teil aber auch, weil die seriellen Instrumental-Kompositionen von op. 21 bis op. 28 bisher als einzige ernsthaft das analytische Interesse gefunden haben. Die entscheidenden Brüche in Weberns Stil sind bereits genannt worden: der Schritt von der Tonalität hin zur Atonalität (1908-1909), der Schritt von Instrumental-Miniaturen zu Liedern (1913-1914) und schließlich der Schritt von Gegensätzen der Spannung zu Symmetrie und Gelassenheit (1927-1928). Die allgemeinen Merkmale aber, die konstant bleiben – wie zum Beispiel die Kürze, die Bedeutung der Stille, die ungewöhnlich zurückhaltend eingesetzte Dynamik, die durchsichtige Textur und einfache Harmonik – können nicht genau genug ausdrücken, was Weberns Stil ausmacht. Im Gegenteil, sie lassen sogar Ausnahmen zu: Die Etikettierung ›pianissimo espressivo‹ etwa trifft für die meisten Lieder der mittleren Periode nicht zu. Weberns Kürze freilich ist ohne Ausnahme außergewöhnlich. Nach der Passacaglia (mit ungefähr elf Minuten Spieldauer sein längster Satz) schrieb er keine durchgehende Musik mehr, die länger als fünf Minuten dauert, und die meisten Sätze sind sogar erheblich kürzer. Sein ganzes musikalischer Oeuvre kann in ungefähr vier Stunden gehört werden. (Es ist rätselhaft, daß Webern, ungeachtet der zutreffenden Metronomangaben, gewöhnlich die Dauer seiner Stücke überschätzte.)

Trotz der Kürze der Stücke ist Weberns Musik sehr abwechslungsreich gestaltet. Man kann schon in den frühen Kompositionen und nicht erst in den seriellen Instrumentalwerken beobachten, daß Webern die Tendenz hat, in Themenbeziehungen zu denken, die aus kurzen Motiven abgeleitet sind. Ähnlich wie die Bach-Bearbeitung machen auch die veröffentlichten Vorträge deutlich, daß Webern sich der motivischen Gestaltung höchst bewußt war. Die Verwendung häufig wiederkehrender Modelle, oftmals aus drei oder vier Noten bestehend, ist schon in den frühen atonalen Kompositionen deutlich zu verfolgen (vgl. Beispiel 1 S. 122). Die strukturbildende Funktion von ›pitch-class sets‹ (Tonhöhengruppierungen) wird bei Alan Forte (1973) diskutiert, dessen Untersuchung auch eine Analyse von op. 7 Nr. 3 einschließt. Daß kleine Motiveinheiten in Weberns Musik über alle Schaffens-Perioden hinweg von großer Wichtigkeit sind, zeigt Beispiel 2 (S. 144), das Ausschnitte aus den Anfangstakten von vier sehr unterschiedlichen Stücken vorführt und dazu jedesmal den melodischen oder harmonischen Gebrauch der gleichen Dreiton-Gruppe demonstriert. In ihrer engsten Anordnung (Beispiel 2a) verwendet sie die Intervalle einer kleinen Sekunde und einer verminderten Terz (C, Cis, E). Dieser ›set‹ (Tongruppe) spielt in den als Beispiel zitierten Stücken, aber auch in anderen Kompositionen, eine wesentliche Rolle. Weitere Halbton-Sets finden sich überall in Weberns Musik (die Vorrangstellung von Septen und verminderten Nonen ist natürlich auch nicht ohne Beziehung).

Obgleich Webern wenige Aussagen über seine Praktiken und Ziele bis zur seriellen Periode machte, darf die Verwendung kleiner Einheiten in den frühen Werken doch als Hinweis darauf gesehen werden, daß er von der Absicht bestimmt war, die gesamte Komposition aus der kleinsten Einheit herauszuarbeiten. Mit der seriellen Kompositionsweise war es relativ leicht, einen derartigen motivischen Zusammenhang herbeizuführen – einen ›Zusammenhang‹, der wie eine *idée fixe* die veröffentlichten Vorträge durchzieht –, und das war wahrscheinlich der Hauptgrund, warum sich Webern für diese Methode so begeisterte. Webern benutzte die Reihen nicht zur Bildung ausgedehnter melodischer Themen (wie sie z. B. in Schönbergs Variationen für Orchester zu finden sind), sondern er unterteilte sie in kleinere Einheiten, meistens in Drei-

Beispiel 2
(a) Streichquartett (1905)

(b) Sechs Bagatellen, op. 9 (1913); Nr. 5

(c) Fünf Cânons, op. 16 (1923–4); Nr. 1

(d) Konzert, op. 24 (1933–4); 1. Satz

oder Vierton-Sets. Diese Motive stellen die grundlegenden strukturellen Bausteine dar, werden zur Themenbildung benutzt und selbst noch weiter differenziert (man vergleiche Weberns eigene *Variationen für Orchester*). Die daraus resultierende produktive Gegensätzlichkeit von thematischer und motivischer Bauform wurde bereits erwähnt.

Die Möglichkeit, immer weitere Motive zu bilden, ist oftmals durch die symmetrische Anordnung von Weberns Reihen eingeschränkt. So setzt sich etwa die dem Streichquartett op. 28 zugrundeliegende Reihe aus drei Viertongruppen zusammen, deren erste und dritte das berühmte B-A-C-H-Motiv ergibt. Die Mono-Motivik des Konzerts op. 28 wird durch den Gebrauch einer Reihe erzielt, die aus einer Dreitongruppe gebildet ist, die zunächst in der Grundgestalt, dann in der Krebsumkehrung, im Krebs und zuletzt in der Umkehrung der Grundgestalt erscheint (Beispiel 2d zeigt das erste Auftreten der Reihe, bei dem die konstituierenden Tongruppen auf einzelne Instrumente verteilt sind). Weberns letztes

Vorhaben, die unvollendete III. Kantate, basiert auf einer ähnlichen, aber noch weit mehr eingeschränkten Reihe, die lediglich aus vier Segmenten der chromatischen Tonleiter besteht. Reihen, die sich wiederholende Bestandteile enthalten, wie es in op. 24 und op. 28 zu finden ist, schränken offensichtlich die Freiheit der Intervall- und Motivbildung ein, ermöglichen aber dadurch den dichten Zusammenhang, den Webern immer zu erreichen bestrebt war. Als Webern sich über seine Symphonie Gedanken machte, meinte er, daß er noch weiter in diese Richtung gegangen sei als die frankoflämische Schule in ihrer Zeit. In der Tat sind die alles durchdringenden Motivbeziehungen eines Werkes wie der *Missa super ›O praeclara‹* von Heinrich Isaac gar nicht so weit entfernt von Weberns Überlegungen. Seine Auffassung der seriellen Schreibweise machte die Erschaffung von Werken möglich, in denen die kleinsten Tonhöhenverbindungen mit einem oder zwei Grundgedanken in Beziehung gesetzt werden könnten: »Unerhörtes geschieht und es ist doch immer wieder dasselbe!«

Damit die besonderen Eigenschaften von Weberns Reihen sich auch an der Oberfläche eines Werkes verdeutlichen konnten, war es einfach nötig, daß jedes hörbare Element, ob nun melodischer oder harmonischer Natur, ein Teil oder das Ganze eines seriellen Motivs oder einer Gruppe von seriellen Motiven sein mußte. Es ist möglich, daß Webern aus diesem Grund nach dem Streichtrio zu der Art der Reihen-Komposition zurückkehrte, die er erstmals in op. 18 Nr. 3 gebraucht hatte: jede polyphone Linie besitzt ihre eigene Folge von Reihen-Gestalten. Die Verwendung einer Reihengestalt dient darum nicht, wie so oft bei Schönberg, als verbindendes Element zwischen Melodie und Begleitung. Bei Webern sind die gleichzeitig erklingenden Stimmen zumeist durch die freudige Betonung der motivischen Übereinstimmungen verbunden, die zwangsläufig aus seinen stark redundanten Reihen resultieren müssen (ein Beispiel aus der Symphonie wurde bereits erwähnt). Selbst in jenen seltenen Fällen, wo Bruchstücke desselben Reihenmaterials sich überlagern dürfen, wie in Beispiel

2d, lenken Rhythmus, Klangfarbe und andere Elemente die Aufmerksamkeit auf jene Motive, die der Reihe eigentümlich sind. In seinen nach op. 20 entstandenen Werken leitete Webern keine nicht-aufeinanderfolgenden melodischen Ideen mehr aus den Reihen ab, wie es Schönberg und Berg im allgemeinen taten. Und ebenfalls im Gegensatz zu ihnen kehrte Webern auch niemals wieder zur nicht-seriellen Kompositionsweise zurück. Alles deutet darauf hin, daß Webern im Reihendenken sein Ideal gefunden hatte, das Mittel, um ein Höchstmaß an ›Zusammenhang‹ zu bewirken, das ›Gesetz‹, das er bei weitem am meisten achtete.

Wenn Webern im Serialismus den Zwang fand, den er im Kleinen benötigte (und seine Bemerkungen zu den Bagatellen zeigen, wie unbehaglich er sich im scheinbar unbegrenzten ›Universum‹ der Atonalität fühlte), so gab er sich selber weitreichendere Einschränkungen durch die Verwendung fester formaler Methoden und Modelle, zu denen er in den ersten Reihenkompositionen zurückkehrte: Das Klavierstück aus dem Jahr 1925 ist ›im Tempo eines Menuetts‹ geschrieben. Man kann sagen, daß die Art von Reihen, die er gebrauchte, in Beziehung zu der Art von Formen steht, die er benutzte – eine Reihe zum Beispiel, die sich aus wiederholten Abschnitten zusammensetzt, eignet sich offensichtlich für kanonische Formen, oder eine palindromische Reihe, wie die der Symphonie, eignet sich zu palindromischen Formen. Es wäre aber eine Übertreibung, Weberns Formen als Selbst-Generierung der zugrundeliegenden Reihen zu beschreiben oder anzunehmen, daß er die ›serielle Form‹ eingeführt hätte. Es war Teil seiner Leistung aufzuzeigen, wie traditionelle Formen (Fuge, Sonate, Rondo, Variation u.s.w.) auf eine ganz neue Weise durch ein anderes Verständnis dessen, was ein Thema ausmacht, weiterverwendet werden konnten. In den Werken der Jahre 1909-1914 hatte er sich weit von thematischer Arbeit und traditioneller Form entfernt, aber seine Wiederaufnahme dieser Elemente in den Werken der Jahre 1927-1943 ist nicht weniger konsequent.

Im allgemeinen jedoch übte Weberns Form, die im Gegensatz zu seiner seriellen Strukturierung steht (wenn man überhaupt solch eine Trennung vornehmen kann), den geringsten Einfluß aus. Und einflußreich war seine Musik gewiß in den beiden Jahrzehnten nach seinem Tod. Zu Lebzeiten Weberns machte sein Werk außerhalb des Kreises der Schönberg-Schüler nur wenig Eindruck (Dallapiccola war dabei eine der wenigen wichtigen Ausnahmen). Nach dem Zweiten Weltkrieg fand seine Musik dann aber geradezu explosionsartig sehr starkes Interesse. Junge Komponisten sahen Webern als »*die* Schwelle«, wie es Boulez einmal ausdrückte, und wiesen Schönberg eine untergeordnetere Rolle zu. Ein Stück wie Stockhausens *Kontra-Punkte* kann verdeutlichen, wieviel – und wie wenig – sie von Webern übernahmen. Was sie bei ihm entdeckten, war eine kompromißlose Strenge beim Gebrauch der seriellen Techniken, einen vollständigen Bruch mit den Formen der Vergangenheit, die serielle Durchorganisation von Rhythmus, Klangfarbe und Dynamik, und eine Verschmelzung von vertikaler und horizontaler Schreibweise. Es war nicht das erste Beispiel eines schöpferischen Mißverständnisses. In den USA wurde Webern von Theoretikern und Komponisten, unter ihnen Milton Babbitt und George H. Perle, für seinen Beitrag zur Entwicklung der seriellen Methode gleichermaßen geschätzt. Andere, wie zum Beispiel John Cage und Morton Feldman, waren von der Stille und Ruhe der frühen atonalen Musik fasziniert. Als der gläubigste ›post-Webernianer‹ freilich hat sich Igor Strawinsky erwiesen.

## Überzeugungen

In der Zeit, als Webern bei Schönberg Unterricht nahm, gehörten Maeterlinck und Strindberg zu jenen Denkern, die den größten Einfluß auf die Wiener Kultur besaßen. Beide haben versucht, durch Symbolismus und Okkultismus in unbekannte Bereiche des Denkens vorzudringen. Daß sie auch Einfluß auf Webern hatten, zeigen seine geplanten wie seine verwirklich-

*Anton Webern*

ten Vertonungen von Texten dieser beiden Schriftsteller und Texten anderer zeitgenössischer Literaten (Trakl verdankte Strindberg sehr viel, ähnlich wie George den französischen Symbolisten). Ihr Einfluß läßt sich auch daran ablesen, daß ihre Werke in seiner Bibliothek sehr häufig vorkamen und ihre Namen in seinen Briefen genannt wurden. Am deutlichsten hat er sich einmal in einem Brief vom 21.12.1911 an Berg ausgedrückt und dabei den folgenden Vergleich gezogen: »Und Strindberg und Mahler? Maeterlinck und Schönberg? Auch Strindberg und Schönberg! Ausstrahlungen Gottes.«

Für Webern war jedoch immer die Natur der wichtigste Lehrer, die er als Heranwachsender in den Kärntner Alpen kennen und wahrnehmen gelernt hatte. Die Erkenntnis Gottes konnte einzig durch das Studium der Schöpfung erlangt werden. Er schrieb am 1.1.1919 wiederum an Berg: »Alle Natur ist mir wert, aber die, welche sich dort ›oben‹ äußert, am wertesten. Ich möchte zunächst vordringen in der rein realen Erkenntnis aller dieser Erscheinungen ... Diese Realität enthält alle Wunder. Forschen, Beobachten in der realen Natur ist mir höchste Metaphysik, Theosophie.« Am Höchsten pries er diejenigen seiner Bücher, die als Verwahrungsort für getrocknete Blumen dienten, und es ist schwer zu entscheiden, ob die Texte oder die Exemplare der Pflanzen größere Bedeutung für ihn hatten. Goethe war der Dichter, der in den späteren Jahren zweifellos den bedeutendsten Einfluß auf sein Denken ausübte, insbesondere der Goethe der späten Naturlyrik (vertont in op. 12 und op. 19), der *Farbenlehre* und der *Metamorphose der Pflanzen*. Hier fand er eine ähnliche Auffassung der Natur, die eng mit seiner eigenen verwandt war: analytisch und kontemplativ zugleich, aufmerksam auf das kleinste Detail und dennoch auf der Suche nach dem Zusammenhang, dem universalen Prinzip.

In seiner seriellen Schreibweise gebrauchte Webern diese Methode allerdings in umgekehrter Reihenfolge. Er sah die Reihen und sogar die daraus abgeleitete Motivik als ›Naturgesetz‹ an, dessen Wirksamkeit den höchst unterschiedlichen Erscheinungen einen grundlegenden Zusammenhalt gibt, so wie Goethe erkannt hatte, daß alle Pflanzen, wie unterschiedlich auch ihr Äußeres sei, durch den Kreislauf der Natur vereinigt sind. Webern kam Goethes Terminologie besonders nahe, als er sich in einem Brief vom 20.5.1942 an Hildegard Jone über seine Variationen für Orchester äußerte: »Stelle Dir vor: da sind sechs Töne gegeben, in einer Gestalt, die durch die Folge und den Rhythmus bestimmt ist, und was nun kommt ... ist nichts anderes als immer wieder diese Gestalt!!!« Und er fuhr fort, indem er zitierte, was Goethe vom »Urphänomen« sagte:

*»ideal als das letzte Erkennbare,*
*real als erkannt,*
*symbolisch weil es alle Fälle begreift,*
*identisch mit allen Fällen.«*

Diese Aussage legt eine Sicht nahe, die Webern in seiner Schrift *Der Weg zur neuen Musik* ausdrückt, wenn er schreibt, »daß zwischen Naturprodukt und Kunstprodukt kein wesentlicher Gegensatz herrscht, sondern daß es dasselbe ist«. Den Kompositionsprozeß betrachtete er als einen Vorgang, der unmittelbar mit den Entwicklungsmöglichkeiten der Natur (also der Vielfalt auf der Basis eines Grundprinzips) zu vergleichen ist und er wollte mit dem vollendeten Werk denjenigen Phänomenen in der Natur entsprechen, die er am meisten bewunderte, nämlich Klarheit, Farbe und formale Vollkommenheit. Dafür gibt es eindeutige Hinweise in einem Programm, das er für das geplante Konzert (dem Vorläufer des Quartetts op. 22) 1928 schrieb. Dort stellt er dem *Rondo* u.a. folgendes gegenüber: »Kühle des ersten Frühlings (Anninger, erste Flora, Leberblumen, Küchenschelle)/ Wohlig warme Sphäre der Almen Dachstein, Schnee und Eis, crystallklare Luft.« Die Worte von Goethe, die Webern im Zusammenhang mit seiner II. Kantate zitierte, beschreiben genauso treffend seine Musik wie die Einheit des Mannigfaltigen, die Metamorphose der Pflanzen: »Alle Gestalten sind ähnlich und keine *gleichet der andern*« – und er erklärt diesen Gedanken Hildegard Jone (25.7.1942) gegenüber mit Bezug auf den 5. Satz seines op. 32: »Und so deutet der Chor auf ein geheimes Gesetz, ein heiliges Rätsel!«

# WERKVERZEICHNIS

Das Verzeichnis enthält alle veröffentlichten Werke und die unveröffentlichten Werke, die bisher im Druck vorliegen. Moldenhauer (1980) verzeichnet noch zahlreiche weitere unveröffentlichte Werke, die alle dem op. 1 vorausgehen, dazu zahlreiche Skizzcn. Die einzigen Skizzen, die hier verzeichnet sind, sind in *A. von Webern: Sketches (1926-1945)* (New York 1968)(=S) veröffentlicht.

Mit einem * gekennzeichnete Werke sind nach dem neuesten Forschungsstand keine »Werke«, sondern lediglich einzelne Skizzen.

## *Orchesterwerke*

»Im Sommerwind«, Idylle für großes Orchester nach B. Wille, 1904
*Drei Studien zu einem Thema, unveröff.; gehört zu op. 11
op. 1: Passacaglia, 1908. Eine Bearb. für 2 Kl zu 6 Hd. 1918, ist verschollen.
op. 5: Fünf Sätze, für Streicher. Bearb. von Str. quartett 1928/29
op. 6: Sechs Stücke, 1909. Bearb. für Fl, Ob, Cl, Harmonium, KL, Schlagz., Streichquartt., 1920 (unveröff.). Bearb. für kleines Orch., 1928
op. 10: Fünf Stücke, für kleines Orch., 1911-1913. Bearb. für Harmonium, KL Quartett, 1919, unveröff.
Fünf Stücke, 1913, gehören zu op. 10; Druck 1971
*Acht Fragmente, 1911-1913, unveröff., gehören zu op. 10
op. 21: Sinfonie, 1927-1928, vorgesehen war ein 3. Satz (S).
*Concert, für Vn, Cl, Hn, KL, Str., 1928, geplant als Quartett op. 22 (S)
*Ouvertüre, 1931 (S)
op. 30: Variationen für Orchester, 1940
*Konzert, 1944, geplant als Kantate (Nr. III) (S)

## *Chorwerke*

op. 2: »Entflieht auf leichten Kähnen« (Text: George), SATB, 1908; Bearb. m. Begleitung: Harmonium, KL-quartett, 1914 (unveröff.)
op. 19: Zwei Lieder (Text: Goethe), SATB, für Cl, bCl, Cel, Guit, Vn, 1926, Singst. Partitur, 1928: »Weiß wie Lilien«, »Zieh'n die Schafe von der Wiese«, geplant war noch eine Nr. 3: »Auf Bergen, in der reinsten Höhe« (Text: Goethe) für SATB, 1927, S
»Der Spiegel sagt mir« (Text: Goethe), für SSAA, 1930, (S)

»Wie kann der Tod so nah der Liebe wohnen?« (Text: Jone), SATB, mit Begleitung, 1934, (S); gehört zu Koncert op. 24
op. 26: »Das Augenlicht« (Text: Jone), für SATB und Orch., 1935
op. 29: Kantate Nr. 1 (Text: Jone), für S, SATB und Orch., 1938–39; Klavierauszug 1944
op. 31: Kantate Nr. 2 (Text: Jone), S. B, SATB und Orch., 1941–1943; Klavierauszug, 1944; geplant war noch ein Satz »Kleiner sind Götter geworden« (Text: Jone), 1943–44, (S)
Kantate (Nr. 3) (Text: Jone), nur ein Teil vorh.: »Das Sonnenlicht spricht«, 1944, (S)

*Lieder*

»Wolkennacht« (Text. Avenarius), für Singst., KL, 1900, unveröff.
»Vorfrühling II« (Text: Avenarius), für Singst., KL, 1900, unveröff.
»Wehmut« (Text: Avenarius), für Singst., KL, 1901, unveröff.
Drei Gedichte, für Singst., KL, 1900–1903: »Vorfrühling« (Text: Avenarius), »Nachtgebet der Braut« (Text: Dehmel), »Fromm« (Text: Falke), veröff. 1965
Zwei Lieder (Text: Avenarius), für Singst., KL, 1900–01, unveröff.: »Wolkennacht«, »Wehmut«
»Hochsommernacht« (Text: Greif), S, T, KL, 1904, unveröff.
Acht frühe Lieder, für Singst., KL, 1901–04: »Tief von fern« (Text: Dehmel), »Aufblick« (Text: Dehmel), »Blumengruß« (Text: Goethe), »Bilder der Liebe« (Text: Greif), »Sommerabend« (Text: Weigand), »Heiter« (Text: Nietzsche), »Der Tod« (Text: Claudius), »Heimgange in der Frühe« (Text: von Liliencron), gedr. 1965
*Siegfrieds Schwert (Text: Uhland), für Singst., Orch., 1903, unveröff.
Drei Lieder (Text: Avenarius), für Singst., KL, 1903–04: »Gefunden«, »Gebet«, »Freunde«; Druck 1965
Fünf Lieder (Text: Dehmel), für Singst., KL, 1906–08: »Ideale Landschaft«, »Am Ufer«, »Himmelfahrt«, »Nächtliche Scheu«, »Helle Nacht«; Druck 1966
op. 3: Fünf Lieder aus »Der siebente Ring« (Text: George), für Singst., KL, 1908–09: »Dies ist ein Lied«, »Im Windesweben«, »An Bachesranft«, »Im Morgentaun«, »Kahl reckt der Baum«
op. 4: Fünf Lieder (Text: George), für Singst., KL, 1908–09: »Eingang«, »Noch zwingt mich Treue«, »Heil und Dank dir«, »So ich traurig bin«, »Ihr tratet zu dem Herde«
Vier Lieder (Text: George), für Singst., KL, 1908–09: »Erwachen aus dem tiefen Traumesschosse«, »Kunfttag I«, »Trauer I«, »Das lokkere Saatgefilde lechtzet krank«; Druck 1970

op. 8: Zwei Lieder (Text: Rilke), 1. Fassung (1910) für Singst., Orch.; letzte (4.) Fassung für Singst., Kl, bCl, Hrn, Tpt, Cel, Hf, Vn, Vla, Vc

»Schmerz, immer blick' nach oben« (Text: Webern), für Singst., Str.quartett, 1913, unveröff.; steht in Beziehung zu den Sechs Bagatellen, op. 9

Drei Lieder, für S, kleines Orch.: »Leise Düfte« (Text: Webern), 1914; »Kunfttag III« (Text: George), 1914; »Oh sanftes Glühn der Berge« (Text: Webern), 1913; Nr. 2 wurde von P. Westergaard nach den Skizzen rekonstruiert; Druck 1968

op. 12: Vier Lieder für Singst., Kl: »Der Tag ist vergangen« (Volkslied), 1915; »Die geheimnisvolle Flöte« (Text: Li Tai Po, Übers. von Bethge), 1917; »Schien mir's als ich sah die Sonne« (Text: Strindberg in deutscher Übers.), 1915; »Gleich und gleich« (Text: Goethe), 1917

op. 13: Vier Lieder, für S, kleines Orch.: »Wiese im Park« (Text: Kraus), 1917; »Die Einsame« (Text: Wang Seng Yu, Übers. Bethge), 1914; »In der Fremde« (Text: Li Tai Po, Übers. Bethge), 1917; »Ein Winterabend« (Text: Trakl), 1918, überarbeitet 1922; Klavierauszug 1924

op. 14: Sechs Lieder (Text: Trakl), für S, Cl + Es-Cl, bCl, Vn, Vc: »Die Sonne«, 1921; »Abendland I«, 1919; »Abendland II«, 1919; »Abendland III«, 1917; »Nachts«, »Gesang einer gefangenen Amsel«, 1919; Klavierauszug, 1923, unveröff.

op. 15: Fünf geistliche Lieder, für S, Cl + bCl, Tpt, Hf, Vn + Vla; »Das Kreuz das mußt' er tragen« (Kirchenlied), 1921; »Morgenlied« (aus: Des Knaben Wunderhorn), 1922; »In Gottes Namen aufstehen« (Kirchenlied), 1921; »Mein Weg geht jetzt vorüber« (Kirchenlied), 1922; »Fahr hin, o Seel', zu deinem Gott« (Kirchenlied), 1917; Klavierauszug 1923

op. 16: Fünf Canons auf Lateinische Texte, für S, Cl, bCl, 1923-24: »Christus factus est« (Gründonnerstag Liturgie), »Dormi Jesu« (aus: Des Knaben Wunderhorn), »Crux fidelis« (Karfreitag Liturgie), »Asperges me« (Gründonnerstag Liturgie), »Crucem tuam adoramus« (Karfreitag Liturgie)

op. 17: Drei Volkstexte, für S, Cl, bCl, Vn + Vla, 1924-25: »Armer Sünder du«; »Liebste Jungfrau, wir sind dein«; »Heiland, unsere Missetaten«

op. 18: Drei Lieder, für S, Es-Cl, Guit, 1925: »Schatzerl klein, mußt nit traurig sein« (Volkslied); »Erlösung« (aus: Des Knaben Wunderhorn); »Ave regina coelorum«

»Nun weiß man« (Text: Goethe), für Singst., Kl, 1929, (S)

»Noch immer höher steigt der edle Drang!«, für Singst., Kl, 1930, (S)

»Der Spiegel sagt mir« (Text: Goethe), für Singst., Instru., 1930, (S)

op. 23: Drei Gesänge aus »Vivae inviae« (Text: Jone), für Singst., KL, 1933–34: »Das dunkle Herz«, »Es stürzt aus Höhen Frische«, »Herr Jesus mein«

op. 25: Drei Lieder (Text: Jone), für Singst., KL, 1934: »Wie bin ich froh«, »Des Herzens Purpurvogel fliegt durch Nacht«, »Sterne, ihr silbernen Bienen«

## *Kammermusikwerke und Solo-Instrumentalwerke*

Zwei Stücke, für Vc, KL, 1899, veröff. 1975
Scherzo und Trio, in a-moll für Streichquart., 1904, unveröff.
Langsamer Satz, für Str.quartet, 1905; Druck 1965
Streichquartett, 1905; Druck 1965
Satz, für KL, 1906; Druck 1970
Rondo, für Str.quartett, 1906; Druck 1970
Sonatensatz, für KL, 1906; Druck 1969
Klavierquintett, 1907; Druck 1953
Streichquartett, in a-moll, 1907, unveröff.
op. 5: Fünf Sätze, für Str.quartett, 1909
op. 7: Vier Stücke, für Vn, KL, 1910
op. 9: Sechs Bagatellen, für Str.quartett, 1911–13
op. 11: Drei kleine Stücke, für Vc, KL, 1914
Sonate, für Vc, KL, 1914; Druck 1970
Trio-Satz, für Cl, Tpt, Vn, 1920, unveröff.
Kinderstück, KL, 1924; Druck 1967
Klavierstück, 1925; Druck 1966
Satz (»Ruhig fliessend«), für Str.trio, 1925; Druck 1966
Satz (»Ruhig«), für Str.trio, 1925, unveröff.
op. 20: Streichtrio, 1926–27
Satz (»Sehr lebhaft«), für Str.trio, 1927, unveröff., ursprünglich als op. 20 vorgesehen
Streichquartett – Satz, 1929, (S)
op. 22: Quartett, für Cl, Tsax, KL, Vn, 1930; geplanter 3. Satz, 1930, (S)
op. 24: Konzert, für Fl, Ob, Cl, Hn, Tpt, Trbn, KL, Vn, Vla, 1931–34; abgebrochener Satz, 1934, (S); Skizzen mit unterschiedlichen Instrumentationen, 1934, (S)
op. 27: Variationen für Klavier, 1935–36
op. 28: Streichquartett, 1936–38

## Bearbeitungen und Ausgaben

F. Schubert: »Thränenregen«, »Ihr Bild«, »Romanze« aus »Rosamunde«, »Der Wegweiser«, »Du bist die Ruh'«, orchestriert 1903, unveröff.; Deutsche Tänze D. 820, orchestriert 1931
M. Plüddemann: Siegfrieds Schwert, orchestriert 1903
L. Blech: Zum Schluß, orchestriert ca. 1903
H. Isaac: Choralis constantinus II, DTÖ, xxxii, Jg. SV/1 (1909)
A. Schönberg: Vorspiel und Zwischenspiel aus »Gurrelieder«, für 2 KL zu 8 Händen, 1909–1910, unveröff.; Sechs Lieder op. 8, Klavierauszug, 1910; Fünf Stücke op. 16, für 2 KL zu 4 Händen, 1912; Kammersinfonie op. 9, für Fl/Vn, Cl/Vla, KL, Vn, Vc, 1922–1923
J. Strauss II: Schatzwalzer, für KL-quintett, Harmonium, 1921
F. Liszt: Arbeiterchor, für B, Chor, Orch., 1924; Klavierauszug, 1924
J. S. Bach: Fuga (Ricercata) a 6 voci, orchestriert 1934–35
R. Wagner-Régeny: Johanna Balk, Kl.-A. mit Gesang, 1939
O. Schoeck: Das Schloß Dürande, Kl.-A. mit Gesang, 1941–42
Hauptverleger: Universal-Edition
Manuskripte befinden sich im Besitz der Paul Sacher Stiftung, Basel und der University of Washington Music Library, Seattle

## Schriften

»Der Lehrer«, in: Arnold Schönberg, München 1912, S. 85
»Schönbergs Musik«, in: Arnold Schönberg, München 1912, S. 22
»Tot. Sechs Bilder für die Bühne (in memoriam ... Oktober 1913)«, unveröff.
»Aus Schönbergs Schriften«, in: Musikblätter des Anbruch 16. Arnold Schönberg zum 60. Geburtstag, Wien 1934, S. 11
Reich, W. (Hrsg.): »Der Weg zur neuen Musik«, Wien 1960
Reich, W. (Hrsg.): »Anton Webern: Weg und Gestalt: Selbstzeugnisse und Worte der Freunde«, Zürich 1961
Jugendgedichte, in: Wildgans, 1966, S. 163

# BIBLIOGRAPHIE

## *Briefe*

»Briefe von Webern und Schönberg an Roberto Gerhard«, Score (1958) Nr. 24, S. 36
Polnauer, J. (Hrsg.): »Briefe an Hildegard Jone und Joseph Humplik«, Wien (1959)
Reich, W. (Hrsg.): »Briefe aus Weberns letzten Jahren«, ÖMz XX (1965) S. 407
Vojtéch, I. (Hrsg.): »Arnold Schönberg, Anton Webern, Alban Berg – unbekannte Briefe an Erwin Schulhoff aus den Jahren 1919–26«, MMC, xviii (1965) S. 31–83
Reich, W. (Hrsg.): »Berg und Webern schreiben an Hermann Scherchen«, in Melos, XXXIII (1966) S. 225
Lindlar, H. (Hrsg.): »Briefe der Freundschaft (1911–1945)«, in: Kontrapunkte II (1968) S. 126
Hilmar, E. (Hrsg.): Anton Webern 1883–1983. Eine Festschrift zum 100. Geburtstag, Wien 1983, S. 59

## *Bibliographien*

Basart, A. P.: »Serial Music: a Classified Bibliography of Writings on Twelve-tone and Electronic Music«, Berkeley und Los Angeles (1961)
Fink, M.: »Anton Webern: Supplement to a Basic Bibliography«, in: CMc (1973) Nr. 16, S. 103
Thompson: K.: »A Dictionary of Twentieht-century Composers 1911–1971«, London (1973)
Siehe auch Moldenhauer (1980), Irvine (1966) und Kolneder
Roman, Z.: »A. v. Webern an annotated bibliography«, Detroit, Information coordinations Inc. (1983)

## *Monographien und Essay-Sammlungen*

»Webern zum 50. Geburtstag«, in: 23, Wien (1934) Nr. 14
»Anton Webern: Dokumente, Bekenntnis, Erkenntnisse, Analysen«, in: »Die Reihe« (1955) Nr. 2
Reich, W. (Hrsg.): »A. Webern: Wege zur neuen Musik« (Sammlg. von Vorträgen), Wien (1960)

Kolneder, W.: »Anton Webern: Einführung in Werk und Stil«, Rodenkirchen (1961)
Reich, W. (Hrsg.): »Anton Webern – Weg und Gestalt«, Zürich (1961)
Ruppel, K. H.: »Musik vor dem Verstummen« (A. Webern zum 75. Geburtstag), in: Musik in unserer Zeit, München (1966) S. 55
Moldenhauer, H.: »The Death of Anton Webern: a Drama in Documents«, New York (1961), deutsche Übersetzung von Gerd Sievers, Wiesbaden (1970)
Moldenhauer, H. und D. Irvine (Hrsg.): »Anton von Webern: Perspectives«, Seattle (1966)
Wildgans, F.: Anton Webern, London (1966); dt. Tübingen (1967)
Ringger, R. V.: Anton Weberns Klavierlieder, Zürich (1968)
Somfai, L.: Anton Webern, Budapest (1968)
Rostand:, C.: Anton Webern: l'homme et son oeuvre, Paris (1969)
Beckmann, D.: »Sprache und Musik im Vokalwerk Anton Weberns«, Kölner Beiträge zur Musikforschung, LXII, Regensburg (1970)
»Anton von Webern«, in ÖMz, XXVII/3 (1972), 5. internationaler Webern-Kongress: Wien 1972
Druskin, M.: »Zur Persönlichkeit Anton Weberns«, in: BMw 16 (1974) S. 31
Kolneder, W.: »Anton Webern: Genesis und Metamorphose eines Stils«, Wien (1974)
Krellmann, H.P.: Anton Webern, Reinbek (1975)
Döhl, F.: »Weberns Beitrag zur Stilwende der neuen Musik«, München (1976)
Moldenhauer, H.: »Anton von Webern: Chronicle of his Life and Works«, New York und London (1978), deutsche Übersetzung von K. W. Bartlett, Zürich (1980)
Busch, R.: »Über die Musik Anton v. Webern«, in: ÖMz 36 (1981) S. 470
Schulz, R.: »Über das Verhältnis von Konstruktion und Ausdruck in den Werken Anton Weberns«, Diss. München 1979, W. Fink Verlag (1982)
Hilmar, E. (Hrsg.): Anton Webern 1883–1983. Eine Festschrift zum 100. Geburtstag, Wien (1983)
Kuhnle, K. »Anton Webern. Anmerkungen zum 100. Geburtstag am 3. Dezember«, in: Musica Sacra 103 (1983) S. 464
Metzger, H. K. und R. Riehn (Hrsg.): Musik-Konzepte Sonderband A. Webern I, München (1983)
Rexroth, D. (Hrsg.): Opus Anton Webern, Berlin (1983)
Kabbasch, P.: »Aggregate – derived symmetry in Webern's early works«, in: JMT 28/2 (1984) S. 225

Metzger, H. K und R. Riehn (Hrsg.). Musik-Konzepte Sonderband A. Webern II, München (1984)

Brinkmann, R.: »Ein Webern Manuskript in Berlin«, in: Festschr. Rudolf Elvers zum 60. Geburtstag, hrsg. von Ernst Hertrich und Hans Schneider, Tutzing (1985) S. 63

Maegaard, J.: »Weberns Zwölftonreihen«, in: Analytica. Studies in description and analysis of music (1985) S. 49

L. Dreyer: »Der tonale ›atonale‹. Zur Harmonik im Spätwerk Anton Weberns«, in: Neue Zeitschrift für Musik Jg. 147 (1986) S. 14

Schanenberg, R.: »Hearings of Webern's ›bewegt‹«, in: PNM 24/2 (1986) S. 386

Cholopowa, V. und J.: »Anton Webern. Leben und Werk«, Berlin (1989)

## Weitere Allgemein-Literatur

Searle, H.: »Conversations with Webern«, in: MT, LXXXI (1940) S. 405

Leibowitz, R.: Schönberg et son école, Paris (1947)

Rognoni, L.: »Espressionismo e dodecafonia«, Turin (1954), revidierte zweite Auflage 1966 als »La scuola musicale di Vienna«

Pousseur, H.: »Webern und die Theorie«, in: Darmstädter Beiträge zur neuen Musik, I (1958) S. 38

Searle, H.: »Studying with Webern«, in: RCM Magazine (1958) Nr. 2, S. 39

Dorian, F. D.: »Webern als Lehrer«, in: Melos, XXVII (1960) S. 101

Stadlen, P.: »The Webern Legend«, in: MT, CI (1965) S. 695, deutsche Übersetzung in: Musica Nr. 15, 1961, S. 66

Dallapiccola, L.: »Begegnungen mit A. Webern«, in: Melos 32 (1965) S. 115

Boulez, P.: »Webern, Anton von«, Encyclopédie de la musique III, Paris (1961), deutsche Übersetzung in: Boulez, P.: Anhaltspunkte, Stuttgart (1975)

Perle, G.: »Serial Composition and Atonality: an Introduction to the Music of Schönberg, Berg and Webern«, Berkeley und Los Angeles (1962) 4. Aufl. 1975

Rochberg, G.: »Webern's Search for Harmonic Identity«, in: JMT, VI (1962) S. 109

Ligeti, G.: »Weberns Melodik«, in: Melos XXXIII (1966) S. 116

Ringger, R. U.: »Sorach – musikalische Chiffren in Anton Weberns Klavierliedern«, in: SMZ, CVI (1966) S. 14

Stein, L.: »The Privataufführungen Revisited«, in: Paul A. Pisk: Essays in his Honor, Austin (1966) S. 203

Nelson, R. U.: »Webern's Path to the Serial Variation«, in: PNM, VII/2 (1969) S. 73

Perle, G.: »Webern's Twelfe-tone Sketches«, in: MQ, LVII (1971)

Rauchhaupt, U. von: »Die Streichquartette der Wiener Schule: Schönberg, Berg, Webern«, München (1971)

Bracanin, P. K.: »The Palindrome: its Application in the Music of Anton Webern«, in: MMA, VI (1972) S. 38

Dahlhaus, C.: »Webern heute«, in: Neue Zeitschrift für Musik 133 (1972) S. 242

Baily, K.: »The Evolution of Variation Form in the Music of Webern«, in: CMc (1973) Nr. 16, S. 55

Forte, A.: »The Structure of Atonal Music«, New Haven und London (1973)

Budde, E.: »Bemerkungen zum Verhältnis Mahler – Webern«, in: AMw 33 (1976) S. 159

Schollum, R.: »Wolf – Webern – v. Einem.« Anmerkungen zur Deklamatorik musikalischer Gestik, Szenik, in: Wort Ton-Verhältnis. Beiträge zur Geschichte im europäischen Raum. Böhlau (1981) S. 109

Abel, A.: »Die Zwölftontechnik Weberns und Goethes Methodik der Farbenlehre.« Zur Kompositionstheorie und Ästhetik der neuen Wiener Schule. Diss. Marburg 1980, Wiesbaden (1982)

Schubert, G.: »Zur Rezeption Anton v. Webern«, in: Die Wiener Schule heute. Darmstadt/Mainz (1983) S. 63

Blumröder, C. v.: »Webern und die serielle Musik«, in: Die Musikforschung (1985) Jg. 38, S. 300

Budde, E.: »Webern und Bach«, in: Kongreßbericht Stuttgart Bd. 1 (1985) S. 198

Budde, E.: »Musik als Sprache und Material. Anmerkungen zu Weberns Konzeption einer musikalischen Sprache«, in: Bericht über 2. Kongress der int. Schönberg Gesell. Wien 1984, Wien (1986) S. 161

Neuwirth, G.: »Metapher und Struktur bei Webern«, in: Bericht über den 2. Kongress der internationalen Schönberg Gesellsch. Wien 1984, Wien (1986) S. 167

Noller, J. »Faßlichkeit – eine kulturhistorische Studie zur Ästhetik Weberns«, in: AMw Jg. 43 (1986) S. 169

Saary, M.: »Verfremdung von Zitaten als Basis früher musikalischer Kreativität. Hugo Wolfs Stilmittel in einem Frühwerk Anton Weberns«, Wien (1986)

Budde, E.: »Musik als Sprache und Musik als Kunstwerk«. Über einige

Widersprüche und deren Hintergründe im kompositorischen Denken Schönbergs und Weberns«, in: Das musikalische Kunstwerk. Festschrift Carl Dahlhaus zum 60. Geburtstag, hrsg. von H. Danuser u.a., Laaber (1988) S. 659

Stephan, R.: »Die Wiener Schule«, Darmstadt (1989)

Oesch, H.: Weberns Plan einer »Gesammt-Ausgabe«, in: Neue Musik und Tradition. Festschrift Rudolf Stephan zum 65. Geburtstag, Laaber (1990) S. 501

*Literatur über die Werke Weberns*

I. Über die tonalen Werke

Cone, E. T.: »Webern's Apprenticeship«, in: MQ, LIII (1967) S. 39

Gerlach, R.: »Mystik und Klangmagie in Anton von Weberns hybrider Tonalität«, in: AMw, XXXIII (1976)

Siehe auch Moldenhauer und Irvine (1966)

Klein, H.: »Anton Webern Passacaglia op. 1«, in: Neue Zeitschrift für Musik Jg. 147 (1986) S. 30

II. Über die atonalen Werke

Stein, E.: »Anton Webern, Fünf Stücke für Orchester«, in: »Pult und Taktstock«, III (1926) S. 109

Ringger, R. U.: »Zur Wort-Ton-Beziehung beim frühen Anton Webern: Analyse von Op. 3 Nr. 1«, in: SMz, CIII (1963) S. 330

Baur, J.: »Über Anton Weberns Bagatellen für Streichquartett«, in: »Veröffentlichungen des Institutes für neue Musik und Musikerziehung Darmstadt«, VI (1967) S. 62

Elson, A. u.a.: »Some Views of Webern's Op. 6, Nr. 1«, in: PNM, VI/1 (1967) S. 63

Kaufmann, H.: »Figur in Weberns erster Bagatelle«, in: »Veröffentlichungen des Instituts für neue Musik und Musikerz. Darmstadt«, VI (1967) S. 69

Ringger, R. U.: »Anton Weberns Klavierlieder«, Diss. Zürich 1968, Zürich (1968)

Hansberger, J.: »Anton Webern: die vierte Bagatelle für Streichquartett als Gegenstand einer Übung im Musikhören«, in: Musica, XXXIII (1969) S. 236

Raiss, H. P.: »Analyse der Bagatelle Op. 9, Nr. 5 von Anton Webern«, in: Veröffentlichungen des Instituts für neue Musik und Musikerz. Darmstadt«, VIII (1969) S. 50

Budde, E.: Anton Weberns Lieder, op. 3: Untersuchungen zur frühen Atonalität bei Webern«, Wiesbaden (1971)
Archibald, B.: »Some Thoughts on Symmetry in Early Webern: Op. 5, No. 2«, in: PNM, X/2 (1972) S. 159
Persky, S.: »A Discussion of Compositional Choices in Weberns Fünf Sätze für Streichquartett, Op. 5, first Movement«, in: CMc (1972) Nr, 13, S. 68
Westergaard, P.: »On the Problems of ›Reconstruction from a Sketch‹: Weberns Kunfttag III und Leise Düfte«, in: PNM, XI/2 (1973) S. 104
Pousseur, H.: »Anton Weberns organische Chromatik: 1. Bagatelle op. 9«, in: Zur Musik Analyse (1974) S. 323
Travis, R. und A. Forte: »Analysis Symposium: Webern, Orchestral Pieces (1913), Movement 1 (Bewegt)«, in: JMT, XVIII (1974) S. 2 (siehe auch XIX (1975) S. 47)
Olah, T.: »Weberns vorserielles Tonsystem«, in: Melos/NMZ I (1975) S. 10
Cholopowa, V.: »Chromatische Prinzipien in Anton Weberns Vokalzyklus: ›sechs Lieder nach Gedichten von G. Trakl‹«, in: BMw 17 (1975) S. 155
Wintle, C.: »An Early Version of Derivation: Webern's op. 11/3«, in: PNM XIII/2 (1975) S. 166
Chrisman, R.: »Anton Webern's ›Six Bagatells for String Quartet‹, op 9: the Unfolding of Intervallic Successions«, in: JMT, XXIII (1979), S. 81-122
Burkhart, C.: »The symmetrical source of Weberns opus 5 No. 4«, in: The music from Vol. V, New York (1980) S. 317
Angerer, M.: »Das Umkreisen der Sonne. Zu Anton Weberns Trakl-Lied op. 14/I«, in: Melos 49/4 (1987) S. 94
Kolisch, R.: »Webern op. 5 and op. 7«, in: Musikkonzepte 29/30: R. Kolisch zum Thema der Aufführung, München (1983)
Plante, D. A.: »Weberns Orchesterstücke op. 10 Nr. 1. Eine Untersuchung der Komposition und ihrer grundlegenden Strukturen«, in: Musiktheorie 4/3 (1989) S. 235

### III. Über serielle Instrumentalwerke

Stein, E.: »Weberns Trio op. 20«, in: Neue Musikzeitung (1928) S. 517
Stein, E.: »Webern's New Quartet«, in: Tempo (1939) Nr. 4, S. 6
Leibowitz, R.; »Qu'est ce que la musique de douze sons? Le Concerto pour neuf instruments, op. 24, d'Anton Webern«, Liège (1948)
Stockhausen, K.: »Weberns Konzert für 9 Instrumente, op. 24: Analyse des ersten Satzes«, in: Melos, XX (1953) S. 343

Elston, A.: »Some Rhythmic Practices in Contemporary Music«, in: MQ, XLII (1956) S. 318 (inklusive Besprechung von op. 22)

Mason, C.: »Webern's Later Chamber Music«, in: ML, XXXVIII (1957) S. 232

Goebel, W. F.: »Weberns Sinfonie«, in: Melos, XXVIII (1961) S. 359

Lewin, D.: »A Metrical Problem in Webern's Op. 27«, in: JMT, VI (1962) S. 124

Ogdon, W. L.: »A Webern Analysis«, in: JMT, VI (1962) S. 133 (von op. 27)

Lewin, D.: »A metrical problem in Webern's op. 27«, in: JMT 6 (1962) S. 125

Westergaard, P.: »Some Problems in Rhythmic Theory and Analysis«, in: PNM, I/1 S. 188 (von op. 27)

Döhl, F.: »Weberns Opus 27«, in: Melos, XXX (1963) S. 400

Westergaard, P.: »Webern and ›Total Organization‹: an Analysis of the Second Movement of the Piano Variations, Op. 27«, in: PNM, I/2 (1963) S. 103

Borris, S.: »Structural Analysis of Webern's Symphony, Op. 21«, in: Paul A. Pisk: Essays in his Honor«, Austin (1966) S. 231

Fennelly, B.: »Structure and Process in Weberns Opus 22«, in: JMT, X (1966) S. 300

Deppert, H.: »Rhythmische Reihentechnik in Weberns Orchestervariationen Op. 30«, in: Festschrift Karl Marx zum 70. Geburtstag, Stuttgart (1967) S. 84

Hiller, L. und R. Fuller: »Structure and Information in Webern's Symphonie, op. 21«, JMT, XI (1967) S. 60-115

Goldthwaite: »Historical Awareness in Anton Webern's Symphony, Op. 21«, in: »Essays in Musicology: in Honor of Dragan Plamenac«, Pittsburgh (1969), S. 65

Boykan, M.: »The Webern Concerto Revisited«, in: Proceedings of the American Society of University Composers, III (1970) S. 74

Starr, M.: »Webern's Palindrome«, PNM, VIII/2 (1970) S. 127 (von op. 21)

Deppert, H.: »Studien zur Kompositionstechnik im instrumentalen Spätwerk Anton Weberns«, Darmstadt (1972)

Reid, J. W.: »Properties of the Set Explored in Webern's Variations op. 30«, in: PNM, XII/1-2 (1973/74) S. 344

Cohen, D.: »Webern and the Magic Square«, in: PNM, XIII (1974) S. 213

Smaley, R.: »Webern's Sketches«, in: Tempo (1975) Nr. 112, S. 2

Stroh, W.M.: Anton Webern, Symphonie op. 21, München (1975)

Wintle, C.: »Analysis and Performance: Webern's Concerto op. 24/II«, in: Music Analysis, I/1 (1982), S. 73

Busch, R.: »Taktgruppen in Weberns Konzert op. 24«, in: Musica 40/6 (1986) S. 532
Haimo, E.: »Secondary and disjunct order position relationship in Webern's op. 20«, in: PNM 24/2 (1986) S. 406
Kreyszig, W. K.: »Das B-A-C-H Motiv als Grundlage für Symmetrie-Bildungen in Anton v. Weberns Quartett für Geige, Klarinette, Tenorsaxophon und Klavier«, in: Musiktheorie 4/3 (1989) S. 247
Essel, K.: »Das Synthese-Denken bei A. v. Webern. Studien zur Musikauffassung des späten Webern unter besonderer Berücksichtigung seiner eigenen Analysen zu op. 28/30«, Tutzing (1991)

### IV. Über serielle Vokal-Werke

Castiglioni, N.: »Sul rapporto tra parola e musica nella Seconda Cantata di Webern«, in: Incontri musicali (1959) Nr. 3, S. 112
Ligeti, G.: »Über die Harmonik in Weberns erster Kantate«, in: Darmstädter Beiträge zur neuen Musik, III (1960) S. 49
Spinner, L.: »Anton Weberns Kantate Nr. 2 Opus 31: die Formprinzipien der Kanonischen Darstellung«, in: SMz, CI (1961) S. 303
Klemm, E.: »Symmetrien im Chorsatz von Anton Webern«, in: DJbM, IX (1966) S. 107
Ringger, R. U.: »Reihenelemente in Anton Weberns Klavierlieder«, in: SMz, CVII (1967) S. 144
Saturen, D.: »Symmetrical Relationships in Webern's First Cantata«, in: PNM, VI/1 (1967) S. 142
Moldenhauer, H.: »Webern's Projected Op. 32«, in: MT, CXI (1970) S. 789
Chittum, D.: »Some Observations on the Row Techniques in Webern's Opus 25«, in: CMc (1971) Nr. 12, S. 96
Luckman, P.: »The Sound of symmetry: a Study of the Sixth Movement of Webern's Second Cantata«, in: MR, XXXVI (1975) S. 187
Todd, R. L.: »The Genisis of Webern's opus 32«, in: MQ, LXVI (1980) S. 581
Wolfgang, W. »Anton Webern II. Kantate op. 31. Studien zu Konstruktion und Ausdruck«, München (1980)
Hartwell, R.: »Duration and mental arithmetic in the first movement of Webern's First Cantata, in: PNM (1984) S. 348

### V. Bearbeitungen

Dahlhaus, C.: »Analytische Instrumentation«, in: Bach-Interpretationen. W. Blankenburg z. 65. Geburtstag, Göttingen (1969), S. 197.

# BERG

## GEORG PERLE

ERSTES KAPITEL
# FRÜHE JAHRE UND ERSTE WERKE

Alban Maria Johannes Berg wurde am 9. Februar 1885 in Wien geboren. Er lebte dort sein ganzes Leben hindurch, verbrachte aber auch immer einige Monate im Jahr in den Kärntner Alpen, zunächst auf dem Familiengut, dem ›Berghof‹ am Ossiachersee, später auch im Haus der Familie seiner Frau in Trahütten und zuletzt im ›Waldhaus‹ am Wörther See, das er drei Jahre vor seinem Tod trotz seiner damals angespannten finanziellen Möglichkeiten kaufte.

Wenn man von den zahlreichen Liedern aus urteilt, die Berg vor seinem ersten Zusammentreffen mit Schönberg im Oktober 1904 komponiert hat, so kann seine musikalische Ausbildung bis zu diesem Zeitpunkt nur unbedeutend gewesen sein. Berg schaute zu Schönberg auf, nicht nur weil dieser sein Kompositionslehrer, sondern weil er ihm Vorbild und Mentor in allen Dingen war; ja er ersetzte ihm den Vater, der starb, als Berg 15 Jahre alt war. Berg hatte die Schule einige Monate, bevor er Schönberg traf, erfolgreich mit dem Abitur abgeschlossen, nachdem er im Jahr zuvor in den Prüfungen durchgefallen war. Das Gymnasium in Wien war, wie es Bergs Freund Stefan Zweig in seiner Autobiographie *Die Welt von Gestern* beschrieb, »monoton, herzlos und geistlos«: »... wir hörten nichts Neues oder nichts, das uns wissenswert schien, und außen war eine Stadt voll tausendfältiger Anregungen, eine Stadt mit Theatern, Museen, Buchhandlungen, Universität, Musik.« Der selbstzufriedene Konservatismus der Wiener Kultur wurde auf jedem Gebiet von Männern herausgefordert, die zwar noch nicht berühmt, aber jungen Leuten wie Zweig und Berg bereits wohlbekannt waren. Karl Kraus, Gustav Klimt, Adolf Loos, Peter Altenberg, Oskar Kokoschka – solche Männer gehörten zu Bergs engstem Umgang, wie die Briefe an seine zukünftige Frau zeigen. Dort beschreibt er, wie er diese Männer in den Kaffeehäusern trifft und mit ihnen in die mitternächtlichen Kabarettveranstaltungen geht.

Bergs Verbindung zu Schönberg, die sich als so bedeutungsvoll erweisen sollte, resultierte aus einem reinen Zufall: er las den Namen in einer Zeitungsanzeige, mit der Schönberg um Schüler warb. Schönberg, der im dreißigsten Lebensjahr stand, als Berg sein Schüler wurde, hatte soeben *Pelléas und Mélisande* vollendet. Sein erstes großes Werk, das Streichsextett *Verklärte Nacht*, hatte eben erst seine Uraufführung erlebt, obwohl es bereits 1899 entstanden war. Berg und Webern, deren Unterricht bei Schönberg etwa zur selben Zeit begann, teilten dadurch mit ihrem Meister die künstlerischen Erfahrungen, die ihn durch eine Reihe von grundlegenden stilistischen Änderungen führten – nämlich vom ersten Streichquartett (1904-05) bis zu den ersten expressionistischen Werken, vor allem zu den Fünf Orchesterstücken und zur *Erwartung*, die beide 1909 komponiert wurden.

Zu dieser Zeit neigten sich Bergs ›Lehrjahre‹ bereits ihrem Ende zu. Die *Sieben frühen Lieder* (1905-1908), die er später überarbeitete und dann 1928 veröffentlichte, sind noch in der Kunstlied-Tradition der deutschen Romantik gehalten und zeigen Einflüsse von Schumann bis zum frühen Schönberg. Die einsätzige Klaviersonate op. 1 (1907-1908) faßt in kleinerem Rahmen die Hauptmerkmale der fortgeschritteneren tonalen Werke seines Meisters aus den Jahren 1904 bis 1905 zusammen. Das vielschichtige Zusammenspiel und die Umformungen von wenigen motivischen Einheiten generieren sowohl melodisches als auch begleitendes Material aus den größeren thematischen Komplexen. Eindeutig tonale Auflösung an wichtigen strukturellen Schlüsselpunkten gibt dem Werk als Ganzem trotz seines starken Hangs zur Chromatik und zu tonaler Mehrdeutigkeit eine klare Richtung. In Bergs nächstem Werk, den *Vier Liedern* op. 2, wird das traditionelle Konzept der tonalen Basis bereits stark in Frage gestellt. Vermutlich sollen die sechs b als Vorzeichen im zweiten Lied die Tonalität von es-moll anzeigen. Das Stück beginnt und endet aber mit Akkorden, die das enharmonische Gegenstück zur sixte ajoutée darstellen. Man kann es fast durchgängig als eine Folge dieser Akkorde analysieren. Die Halbtonschichtung

*Alban Berg, Gemälde von Arnold Schönberg (ca. 1910)*

eines solchen Akkords ergibt die gleiche Ansammlung von Tonhöhengruppen, wie wenn man den ganzen Akkord um eine reine Quinte transponieren würde (Beispiel 1). Man kann

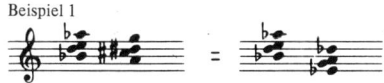

Beispiel 1

das Stück darum leichter aus den Folgerungen dieser Eigenheit als mit der traditionellen Funktionsharmonik erklären. Das letzte Lied von op. 2 ist Bergs erste ausdrücklich ›atonale‹ Komposition, die in zahlreichen Details bereits den Stempel seiner ganz persönlichen Handschrift aufweist. Mit dem Streichquartett op. 3 (1910), dem letzten unter der ›Aufsicht‹ Schönbergs entstandenen Werk, nahm Berg seinen Platz als eigenständiger Komponist ein. Er ist nicht mehr bloß Schönbergs Jünger, sondern dessen ebenbürtiger Mitkämpfer in der Entwicklung der neuen Musik, wie Webern es im Jahr zuvor durch seine *Fünf Sätze für Streichquartett* geworden war.

Bergs Quartett ist in jeder Hinsicht bemerkenswert eigenständig: sowohl in der brillanten und einfallsreichen Ausdehnung der klanglichen Möglichkeiten des Mediums als auch in der motivischen und thematischen Ausführung, die auf Verfahren zurückgreift, die er bereits in der Klaviersonate angewendet hatte. Das Quartett führt sie zu einem beispiellos hohen Grad an Verdichtung, ohne daß tonale Elemente, wie es letzten Endes noch in der Klaviersonate der Fall ist, einen Rahmen dafür herstellen. Am bemerkenswertesten im Streichquartett ist aber der erstmalige Gebrauch von immer wiederkehrenden Modellen, die als normative Elemente in einer nicht tonalen Ausdrucksweise fungieren. Die Anfangstakte (Beispiel 2) liefern einige auffallende Beispiele solcher Modelle. Das Kopfmotiv (2a), das sich wie ein roter Faden durch den ersten Satz zieht und noch einmal am Schluß des Quartettes wiederkehrt, besteht aus einer fünf Töne umfassenden Tonfolge einer Ganztonskala, der eine weitere Note

Beispiel 2

hinzugefügt ist. Solchen Ketten, in denen ein oder zwei Elemente verschoben sind und die ohne diese Verschiebung eine vollständige Ganztonskala repräsentieren würden, kommt in anderen Werken, vor allem in *Wozzeck*, eine wichtige strukturelle Aufgabe zu.

Der Halbton, der durch diese Verschiebung entsteht, wird symmetrisch weiter ausgedehnt (Beispiel 2b) unter Rückgriff auf Abschnitte des Halbtonzirkels, die durch Umkehrung miteinander in Beziehung stehen. In den unteren Stimmen (Beispiel 2c) verbindet sich ein Segment des Halbtonzirkels mit einem Segment des reinen Quartenzirkels. Symmetrisch modulierende Akkorde (wie in Beispiel 2d zu sehen) verlängern diese Fortschreitung. Ein außergewöhnliches rhythmisches Muster wird bei Beispiel 2c eingeführt: die erste Akkordverbindung wird einmal, die zweite zweimal und die dritte schließlich dreimal formuliert. Solche Erfindungen werden für Bergs Werke bis an sein Lebensende charakteristisch bleiben.

ZWEITES KAPITEL
# DER ERSTE WELTKRIEG UND OP. 4 BIS OP. 6

Im Mai 1911 heiratete Berg Helene Nahowski, nachdem er das Einverständnis ihres Vaters nur widerwillig gewonnen hatte. Er hatte Helene vier Jahre zuvor kennengelernt und sich augenblicklich in sie verliebt. In den Monaten nach seiner Heirat arbeitete er für die Universal Edition und erstellte den Klavierauszug von Schrekers *Der ferne Klang* und von Schönbergs *Gurreliedern*. Bergs Streichquartett wurde am 24. April 1911 erstmals gespielt. Diese Uraufführung war nicht sehr erfolgreich, was nicht verwundern kann, wenn man bedenkt, daß sie einem ad hoc-Ensemble übertragen war, das gar nicht in der Lage sein konnte, mit diesem schwierigen und innovativen Werk zurechtzukommen. Es wurde erst wieder zwölf Jahre später aufgeführt, als es beim Kammermusikfest der IGNM (Internationale Gesellschaft für Neue Musik) in Salzburg mit großem Beifall begrüßt wurde.

Berg verfügte über wenig Selbstbewußtsein, zum einen, weil er erst spät begonnen hatte zu komponieren und unfähig war, die praktischen Aufgaben seiner Kunst zu bewältigen, nämlich Aufführungen zu organisieren oder zu dirigieren. Und weil er bis dahin noch nicht ausreichend Gelegenheit hatte, die Wirkung seiner Werke in einer Aufführung gerecht zu beurteilen, war er völlig von Schönbergs Einschätzung seiner Leistung und Weiterentwicklung abhängig. Das Streichquartett, schrieb Schönberg kurz nach Bergs Tod, »überraschte mich durch den Reichtum und die Ungezwungenheit der musikalischen Sprache in einer unglaublichen Art und Weise. Die Kraft und Sicherheit der Darstellung des Werkes, seine sorgfältige Ausarbeitung und seine bedeutsame Originalität sind unglaublich. Das war die Zeit, wo ich nach Berlin übersiedelte (1911), und er sich selbst überlassen war. Daß er weit genug dazu war, hat er bewiesen.«

Die Zeit jedoch, in der sich abzeichnete, daß Berg nun »sich selbst überlassen sein« konnte, muß für seinen Lehrer psychologische und emotionale Probleme mit sich gebracht haben. Das erste Werk, das Berg nicht mehr ›direkt‹ unter Schönbergs Aufsicht schrieb, führte zur ersten schweren Krise in ihrer Beziehung. Es waren die Fünf Orchester-Lieder nach Ansichtskartentexten von Peter Altenberg, die Berg ein Jahr nach Schönbergs Umzug nach Berlin fertigstellte. Am 31. März 1913 dirigierte Schönberg ein Konzert in Wien, in dem zwei der Altenberg-Lieder aufgeführt wurden. Im Publikum gab es eine feindselige Gruppe, die bewußt darauf aus war, Unruhe zu stiften. Während Bergs Stücke gespielt wurden, provozierte sie einen derartigen Tumult, daß das Konzert abgebrochen werden mußte.

Zwei Monate später besuchte Berg Schönberg in Berlin. Wie aus den danach geschriebenen Briefen Bergs an Schönberg hervorgeht, hat Schönberg nicht nur nichts dafür getan, um Berg wieder zu beruhigen, sondern hat die Ablehnung von Publikum und Kritik durch seinen Tadel noch erhöht. Willi Reich, der autorisierte Berg-Biograph schreibt: »es war wohl insbesondere die aphoristische, weitere thematische Entwicklungen ausschließende Form der jüngsten Werke, der Altenberg-Lieder op. 4 und der im Frühjahr 1913 vollendeten ›Vier Stücke für Klarinette und Klavier‹, op. 5, die Schönberg zu heftigem Tadel Anlaß gab.« Es ist schwer zu verstehen, warum Schönberg Berg wegen dieser Kürze stärker kritisieren sollte als Webern, dessen Kompositionen ausnahmslos so kurz sind, daß es keine Möglichkeit für eine größere thematische Entwicklung gibt. Und außerdem hatte sich Schönberg selber gerade in seinen Sechs kleinen Klavierstücken und in *Pierrot lunaire* ›aphoristischen Formen‹ zugewandt. Es ist noch schwieriger zu verstehen, warum Schönberg Bergs op. 4 nur in einer unvollständigen, dem Werk überhaupt nicht gerecht werdenden Form aufführte, vor allem wenn man bedenkt, daß er, wenn es um die Aufführung seiner eigenen Kompositionen ging, in kompromißloser Beharrlichkeit auf eine authentische Darstellung drängte. Diese Erfahrung sollte für Berg traumatische Auswirkungen haben; er versuchte nie wieder, dieses Werk aufzuführen, das nach den beiden Opern und der Lyrischen Suite vielleicht seine gelungenste Komposition ist. Es wurde erst 17 Jahre nach seinem Tod veröffentlicht und erstaufgeführt.

Abgesehen von ihrer Kürze haben die Altenberg-Lieder mit dem aphoristischen Ausdruck Weberns nur wenig gemeinsam. Die Stücke sind eher Miniaturen, in deren begrenzter Dauer sich das Klangfarbenspektrum eines großbesetzten Orchesters und ein hochgradig komplexes und intensives Geflecht von Motivbeziehungen überlagern. In den mit *pianississimo* bezeichneten Anfangstakten schaffen sechs simultane Ostinato-Figuren, von denen keine dieselbe Länge hat, einen dichten Klangnebel. Strikte Verwandlungsmuster, analog zu denen, die das Streichquartett eröffnen, die hier aber von größerem Ausmaß sind, bringen Ordnung in das Chaos durch eine eindrucksvolle Steigerungsbewegung, die im Fortissimo der grundlegenden harmonischen Figur des Werkes kulminiert (Beispiel 3). Danach wird das Klangvolumen für den er-

Beispiel 3

sten Eintritt der Solostimme wieder auf ruhigere Ausmaße reduziert. Dadurch wird die Wirkung eines ›eisernen‹ Klangvorhangs erzielt, der sich öffnet, um die Mitte des Werks, den sich artikulierenden Gesang zu enthüllen und zu umrahmen. Die wirkungsvolle musikalische Bildersprache und die verwendeten technischen Mittel lassen hier schon den Komponisten des *Wozzeck* vorausahnen.

Eine lineare Abfolge des ersten Akkordes von Beispiel 3 (Beispiel 4) dient als grundlegendes melodisches Motiv des

Beispiel 4

Werkes. Sein Hauptthema, das den zellenartigen Motiven entgegengesetzt ist, ist das früheste Beispiel einer regelrechten 12-Tonreihe. Das letzte Lied, das mit einer Umkehrung von Beispiel 3 endet, ist eine Passacaglia, die auf drei Themen aufbaut, von denen eines aus dieser 12-Tonreihe besteht. Es geht dem oft zitierten, als Grundlage einer Passacaglia dienenden 12-Ton-Thema in der IV. Szene des ersten Aktes im *Wozzeck* voraus. Bergs frühes Interesse, systematisch alle 12 Tonhöhen zu verwenden, wird auch in dem 12-Ton-Akkord deutlich, mit dem das dritte Lied beginnt und endet. Er dient dort als musikalische Vergegenwärtigung des Wortes ›All‹ in der Textzeile, die das Lied eröffnet und, im Präsens, wieder schließt: »Über die Grenzen des All blicktest (blickst) Du (noch) sinnend hinaus!«.

So neu und einzigartig Bergs op. 4 auch ist, seine Wurzeln, die in der Musik Schönbergs liegen – vor allem im dritten und vierten Satz des zweiten Quartettes, dessen Klavierauszug Berg im Auftrag der Universal Edition angefertigt hatte, sowie in den Fünf Orchesterstücken –, sind unverkennbar. Schönbergs tonale und frühe atonale Werke übten auf Bergs Musik bis an sein Lebensende einen bestimmenden und nachhaltigen Einfluß aus. Sowohl für *Wozzeck* als auch für *Lulu* waren die *Gurrelieder* das exemplarische Vorbild, innerhalb einer durchgängig großen Form individuelle Abschnitte zu integrieren, die trotz thematischer und harmonischer Wechselbeziehungen und Querverbindungen ihre strukturelle Eigenständigkeit bewahren. Eine kompositorische Verfahrensweise, die Vorläufer nur in zwei tonalen Werken Schönbergs – dem ersten Quartett und der ersten Kammersymphonie – findet, spielt eine entscheidende Rolle in *Lulu*: Die Trennung einzelner Abschnitte eines klar umrissenen Formverlaufs (und zwar eines Sonaten-Allegros im 1. Akt, eines Rondos im 2. Akt und einer Variationsreihe im 3. Akt), wobei Abschnitte, die nicht zu dieser Form gehören, interkaliert werden.

Obwohl Bergs op. 5, die *Vier Stücke für Klarinette und Klavier*, als weitere Reihe atonaler Miniaturen mit den Altenberg-Liedern zusammengesehen werden kann, weicht das Werk von seinem Vorgänger vollständig ab. Während die Altenberg-Lieder über Motive und Themen verfügen, sind in den vier Stücken op. 5 nur noch ›Zellen‹ von Tonfolgen zu finden. Was man hier als ›normative‹ Kunstgriffe innerhalb einer atonalen Musik bezeichnet hat – Wiederholungen, symmetrische Akkorde und Fortschreitungen, chromatische Wendungen, fortlaufende Umformungsmuster –, bestimmt durch und durch die Gestalt eines jeden Stückes, im Unterschied zu den kurzen Episoden in den vorangegangenen Werken. Im Widerspruch zu ihren mikrokosmisch gedrängten Ausmaßen (die Sätze sind nur 12, 9, 18 und 20 Takte lang) geht von den vier Stücken die Wirkung eines großformatigen Werkes aus, das auf den traditionellen Vorstellungen von Balance und Kontrast beruht. Darin unterscheidet es sich deutlich von Weberns Sechs Bagatellen für Streichquartett, die im selben Jahr 1913 geschrieben wurden. Adorno machte auf die Analogie zur viersätzigen klassischen Sonate aufmerksam. Die dichter gefügten und umfassenderen Außen-Sätze von Bergs Miniatur-Stücken entsprechen dabei dem Sonaten-Allegro und Finale des klassischen Modells, der zweite Satz entspricht dem Adagio und der dritte Satz dem Scherzo dieses Modells. Die klassisch proportionierte Form auf einen ›Inhalt‹ von großer dramatischer Kraft und Eindringlichkeit zu übertragen, führt zu einer eigenen Spannung und charakterisiert energisch jede von Bergs reifen Kompositionen.

Op. 5 benötigt nur zwei Musiker und dauert nur etwa fünf Minuten; trotzdem mußte Berg sich mehr als sechs Jahre gedulden, bis das Werk erstmals gespielt wurde. Seine fortdauernden Selbstzweifel werden in einem Brief an Schönberg vom 20. Juli 1914 noch immer schmerzvoll deutlich. Er berichtet darin über seinen Plan, ein großes Werk zu komponieren, von dem er hoffte, daß es Schönbergs Billigung finden würde: »Muß ich mich doch immer fragen, ob das, was ich da ausdrücke, über welche Takte ich oft tagelang sitze – auch besser ist als die zuletzt gemachten Dinge.«

Am 8. September 1914 schickte Berg den ersten und dritten Satz der *Drei Orchesterstücke* op. 6 an Schönberg. Er tat dies in der Hoffnung, »etwas zu haben, was ich Ihnen widmen könnte, ohne Sie zu ärgern«. Selbstkritik und das Ausbrechen des Krieges (»Der Drang ›mit dabei zu sein‹, das Gefühl der Ohnmacht, dem Vaterland nicht dienen zu können, ließen mich ... nicht zur Arbeit kommen.«) verzögerten die Arbeit am zweiten Satz von op. 6.

Wenn Berg mit den Drei Orchesterstücken in gewissem Sinne auch sich selbst seine Fortschritte beweisen und gleichzeitig den Beifall Schönbergs erlangen wollte, so scheint er doch zu dieser Komposition durch die Musik Mahlers, die eine überwältigende Wirkung auf ihn hatte, förmlich gedrängt worden zu sein. Vor allem die neunte Symphonie Mahlers, deren Uraufführung er ein Jahr nach Mahlers Tod, im Juni 1912, beigewohnt hatte, beeindruckte ihn tief. Setzt man voraus, daß die neunte Symphonie ein ›Programm‹ hat, dann kein Geringeres als den Untergang der klassisch-romantischen Tradition zu chiffrieren, deren letztes bezeichnendes Werk sie ist. Indem Berg diese Tradition über Mahler hinaus fortsetzt, ist sein op. 6 in gewissem Sinne ein ›rückwärts blickendes‹ Werk, vor allem, wenn man bedenkt, daß es Schönbergs Fünf Orchesterstücken, der *Erwartung* und dem *Pierrot lunaire* sowie Bergs eigenen Altenberg-Liedern und den Klarinetten-Stücken op. 5 nachfolgt. Wie im Streichquartett und in der Klaviersonate sehen wir Berg auch hier mit dem Problem beschäftigt, eine groß angelegte musikalische Form in einer vieldeutigen harmonischen Sprache zu erschaffen, die den Zusammenhalt dieser Struktur nicht länger aufrechterhalten kann. Berg versucht dieses Problem dadurch zu lösen, indem er als zusätzlichen Halt äußerst komplexe thematische Beziehungen aufbaut. Die drei Sätze »Präludium«, »Reigen« und »Marsch« sind durch ihre thematischen Beziehungen zu einer zusammengehörigen großen Form verbunden. In dieser Hinsicht unterscheidet sich das Werk deutlich von Schönbergs op. 16 und Weberns op. 6 und op. 10, die Bergs Orchesterstücken vorausgingen. Die komplexen Umformungsprozesse, der Gebrauch von Motivzellen und die Übertragung verschiedener Aufgaben an Varianten derselben motivischen und thematischen Elemente zeigen, daß Berg noch immer den vor-atonalen Werken Schönbergs – vor allem dem ersten Streichquartett, der ersten Kammersymphonie und selbst *Pelleas und Melisande* – verpflichtet ist. Die beiden Hauptthemen des zweiten Satzes (Beispiel 5 und 6) treten zum ersten Mal im »Prälu-

dium« in Erscheinung. Ein weiteres, wichtiges Thema des zweiten Satzes leitet sich aus der Sextolen-Figur von Beispiel 5 ab (Beispiel 7). Und einer der Hauptgedanken des dritten

Satzes leitet sich durch Umkehrung und rhythmische Variierung von den obersten Akkordtönen in Beispiel 6 ab (Beispiel 8). Grundlegende thematische Bestandteile haben somit bereits im ersten Satz ihren Ursprung.

Die idiomatischen stilistischen Charakterzüge des Walzers und Ländlers im zweiten Satz und die des Marsches im dritten Satz sind ganz und gar ihres äußeren Schmucks beraubt, anders als die Ländler und Marschklänge, die viele Symphoniesätze Mahlers beherrschen, oder auch die naturgetreuen Tanz- und Marschepisoden in *Wozzeck*. Trotzdem werfen sie ihre Schatten auf diese schon voraus, wie auch auf die volkstümlichen Elemente, die dann in der Konzertarie *Der Wein*, in *Lulu* und schließlich im Violinkonzert zu finden sind. Berg entdeckte in den Tanz- und Marschsätzen der Drei Orchesterstücke und in der Passacaglia der Altenberg-Lieder nicht zuletzt die Rolle, die diese traditionellen Formen und traditionellen stilistischen Elemente von da an für ihn spielen sollten, um den Zusammenhalt größerer struktureller Einheiten wiederherzustellen.

Im Mai 1914, mehr als ein Jahr vor der Vollendung der Drei Orchesterstücke, sah Berg die Wiener Premiere von Büchners *Woyzeck*. Wie er Jahre später, am 19.8.1918 an Webern schrieb, war der Eindruck »so ungeheuer ..., daß ich *sofort* ... den Entschluß faßte, ihn in Musik zu setzen.« Und Gottfried Kassowitz zufolge, der in dieser Zeit bei Berg Unterricht hatte, begann er sofort, zwei Szenen der Oper zu entwerfen. Die erste Skizze noch aus dem Jahr 1914 enthält flüchtige Notizen zur späteren zweiten Szene des zweiten Aktes, und 1915 finden sich Skizzen zur Wirtshausszene des 3. Aktes. Einige der Passagen der Oper sind geradezu auffallend schon in den Drei Orchesterstücken angedeutet: die Musik zum Fallen des Vorhangs am Schluß des 1. Aktes (in den Takten 113–119 des »Reigen«); die Tutti-Unisono-Stellen am Schluß der Mordszene (in den Takten 134–135 im »Marsch«), die chromatisch aufsteigenden Transponierungen des einzelnen Akkords, während Wozzeck ertrinkt (in den Takten 161–163 im »Marsch«). Es gibt außerdem eine Passage im »Marsch« (Takt 79–84), die im

*Wozzeck* zum Leitmotiv wurde. Diese Passage untermalt Wozzecks unheimliche Aussage: »Es wandert was mit uns da unten!« in der zweiten Szene des ersten Aktes.

Das Datum, das am Schluß des dritten Satzes von op. 6 steht, der 23. August 1914, bezeichnet wahrscheinlich den Tag, an dem die Partitur dieses Satzes vollendet wurde. Der zweite Satz wurde erst ein gutes Jahr später an Schönberg abgeschickt, zur selben Zeit, als Berg in die Armee einberufen wurde. Erst im Juni 1923, der *Wozzeck* lag bereits über ein Jahr abgeschlossen vor, wurden lediglich der erste und zweite Satz von op. 6 unter Weberns Leitung zur Uraufführung gebracht. In den Altenberg-Liedern und in den Drei Orchesterstücken hat Berg auf glänzende Weise die Vorbedingungen für sein nächstes Projekt, die Komposition der ersten abendfüllenden atonalen Oper, erfüllt. Bemerkenswert ist dabei, daß Berg die Oper komponiert und instrumentiert hat, ohne je vorher die Gelegenheit zu haben, die für den heranreifenden Komponisten so wichtig gewesen wäre: eine Orchesterpartitur von sich in einer Aufführung zu hören.

Mit dem Ausbruch des Krieges im August 1914 schien Berg für eine Zeit jeden Kontakt mit der vorgespiegelten Welt in Büchners Drama, in der ein armer Soldat durch die Vertreter der gesellschaftlichen Ordnung drangsaliert und zerstört wird, verloren zu haben. Obwohl er eng mit Karl Kraus befreundet war und dessen Schriften und Ideen begeistert aufnahm – Kraus blieb den ganzen Krieg hindurch ein unnachgiebiger Pazifist –, erlag Berg dem Kriegsfieber. Zusammen mit vielen anderen Persönlichkeiten aus Wissenschaft, Bildung und Kultur auf beiden Seiten der Front gab sich auch Berg der Täuschung hin, daß die materiellen Opfer, die der Krieg forderte, die Gesellschaft reinigen und adeln würden. »Der Krieg muß noch weitergehen« schrieb er in der Silvesternacht 1914 an Helene: »Wäre der Krieg *heute* aus, ich sage Dir, in 14 Tagen wäre der alte verwerfliche Zuzstand wieder da.« Einige Jahre später hatte er vergessen, daß er den ›häßlichen‹ Krieg unterstützt hatte. In einem Brief vom 27. November 1919 an Erwin Schulhoff bezeichnet sich Berg selbst als »engagierten An-

*Alban Berg in Uniform, 1915*

timilitaristen«, dessen stärkste Stütze im August 1914 Karl Kraus gewesen sei.

In der Zwischenzeit hatte Berg mehr als drei Jahre in der österreichischen Armee verbracht. Obwohl seine Gesundheit sehr instabil war – sieben Jahre vorher hatte er einen ersten Asthmaanfall erlitten; von da an plagten ihn sein ganzes Leben hindurch Asthmaanfälle –, durchlief er die übliche Grundausbildung beim Militär. Nach einem schwerwiegenden körperlichen Zusammenbruch wurde er zum Wachdienst nach Wien zurückbeordert, aber die Lebensbedingungen beim Militär blieben für ihn weiterhin sehr hart. Berg wurde dann schließlich zum Schreibdienst in das Kriegsministerium versetzt, wo er bis Kriegsende im November 1918 blieb. Er beschrieb seine Erfahrungen in seinem Brief an Schulhoff:

»2 1/2 Jahre *ein* täglicher *Dienst von 8 U. früh – 6, 7 U. Abds. mit schwerster Konzeptsarbeit, unter einem fürchterlichen Vorgesetzten (ein idiotischer Trunkenbold!) Diese ganzen Leidensjahre als* Unteroffizier *gedehmütigt, keine Note komponiert – – oh … es war so schrecklich, dass ich heute, wo ich wirklich friere u. nichts zum leben habe,* glücklich *bin im Vergleich zu jener Zeit, wo es einem* leiblich *ja noch erträglich ging*«

## DRITTES KAPITEL
## »WOZZECK«

Trotz seiner Krankheit und trotz des Krieges war es Berg während eines Urlaubs im Sommer 1917 möglich, die Arbeit an der Oper *Wozzeck* wieder aufzunehmen; und am 19. August 1918 hatte er, einem von diesem Tag datierten Brief an Webern zufolge, es geschafft, ›etwas fertigzustellen‹:

*»Es ist nicht nur das Schicksal dieses von aller Welt ausgenützten und gequälten armen Menschen, was mir so nahe geht, sondern auch der unerhörte Stimmungsgehalt der einzelnen Scenen. Die Verbindung von immer 4 bis 5 Scenen zu einem Akt durch Orchester-Zwischenspiele verlockte mich natürlich auch noch. (Was ähnliches findest Du in Maeterlinck-Debussys Pelleas!) Entsprechend der Mannigfaltigkeit des Charakters dieser einzelnen Scenen habe ich mir auch eine große Abwechslung in der musikalischen Form derselben ausgedacht. So z. Bsp. normale Opernscenen mit thematischer Durcharbeitung, dann solche ohne jede Thematik in der Art der ›Erwartung‹ (versteh mich recht: keine Stilnachahmung, sondern nur formlich!) Liedformen, Variationen etc.«*

Seine Identifikation mit dem Protagonisten von Büchners Tragödie machte die Komposition dieser Oper zu einer geistigen Notwendigkeit. In einem Brief an seine Frau vom 7. August 1918 verglich er sich selbst mit Wozzeck:»Steckt doch auch ein Stück von mir in seiner Figur, seit ich ebenso abhängig von verhaßten Menschen, gebunden, kränklich, unfrei, resigniert ja gedemütigt, diese Kriegsjahre verbringe.«

Unmittelbar nach dem Krieg gründete Schönberg den ›Verein für musikalische Privataufführungen‹. Sein Ziel war es, »alle moderne Musik, von Mahler und Strauss bis zu den jüngsten« unter Bedingungen, die das heute übliche Konzertleben nicht bieten könne, aufzuführen. Zutritt zu den nicht-öffentlichen Konzerten dieses Vereins hatten nur Mitglieder, Kritiker blieben ausgeschlossen. Kein Werk sollte aufgeführt werden – das war zumindest die erklärte Absicht –, wenn es vorher nicht ausreichend »zur Erzielung der größtmöglichen Deutlichkeit« und unter »Erfüllung aller aus dem Werk zu entnehmenden Intentionen des Autors« geprobt worden war. »Oftmalige Wiederholungen jedes Werkes« sollten dieses Ziel noch verstärken. Berg, der jetzt wieder Zivilist war, übernahm die organisatorische Arbeit des Vereins, indem er u.a. die Aufführungen organisierte und die Proben beaufsichtigte. Für diese Tätigkeit erhielt er ein kleines monatliches Gehalt, das sein Einkommen aufbesserte, das er aus dem Unterricht dreier Kompositionsschüler und aus der Verwaltertätigkeit der Wiener Liegenschaften seiner Mutter bezog.

Im Sommer 1919 vollendete Berg die Komposition des ersten Aktes und arbeitete die zweite bis vierte Szene des zweiten und die letzte Szene des dritten Aktes aus. Einige Monate später zwang ihn eine Familienkrise, die Bewirtschaftung des Berghofes zu übernehmen, eine Aufgabe, die ihm keine Zeit mehr zum Komponieren ließ und die seine Abreise von Wien erforderlich machte. Im April 1920 schrieb er an Schulhoff:

*»Mein Aufenthalt hier, der der Ordnung familiärer Angelegenheiten gewidmet war, geht gottlob zu Ende. Nun kann ich wieder zu mir u. meinen Angelegenheiten zurück. Nach 4 Monaten! – – Ja freilich wären meine Krankheiten ›verkappselungsfähig‹, wenn man mich komponieren liesse. Aber meine Umwelt (gleichviel ob Militär, Familie, die Existenz etc) raubte und raubt mir mehr als mein halbes Leben u. das macht mich krank«*

Im Mai 1920 war der Verkauf des Berghofs abgewickelt und Berg konnte wieder nach Wien zurückkehren.

Eine Zeitlang sah er im Musikjournalismus die Möglichkeit, einen geregelten Lebensunterhalt zu verdienen. Aber seine Pläne, die Herausgeberschaft der vierzehntäglich bei der Universal Edition erscheinenden Zeitschrift »Musikblätter des

Anbruchs« zu übernehmen, ließen sich nicht verwirklichen. In einem Brief an Schulhoff vom 16. Dezember 1920 beschreibt er seine Rückschläge als Journalist:

*»Im Herbst war ich mit wenigen Unterbrechungen: 3 Monate schwer krank. Dann 2mal im Sanatorium. Ein[e] Art Nervenzusammenbruch in Verbindung mit meinem ständigen Asthmaleiden. In der darauffolgenden Zeit war meine Arbeitsfähigkeit (die ich zum Erwerb mehr als je brauchte) so verringert, dass ich zur Korrespondenz überhaupt nur kam, wenn mir das Wasser bis auf den Mund – nein, bis über den Kopf reichte. Jetzt, wo es mir wieder besser geht, arbeite ich wie gewöhnt: Stunden geben, musikschriftstellerische Arbeiten, u. leite den Verein Schönbergs in seiner Abwesenheit (er ist 6 Monate in Amsterdam). Daneben habe ich soeben 2 Sachen von mir verlegt (auf eigene Kosten! Ein paar antike Wohnungsgegenstände haben dazu herhalten müssen) 1 Quartett (Part. und Stimmen) u. 4 kurze Clarinettstücke. Also auch eine Mordsarbeit im Korrekturlesen!«*

In der Zwischenzeit machte die Arbeit an der Oper stetige Fortschritte. Das Particell wurde im Herbst 1921, die Instrumentation im folgenden Frühjahr beendet. In den sieben Jahren, die seit der Wiener Premiere des Büchnerschen Dramas vergangen waren, hatten Krieg und Revolution die politische und soziale Ordnung in ganz Europa tiefgreifend verändert. In der Nachkriegswelt war das Interesse an diesem Theaterstück und seinem Autor nicht länger auf einen Avantgarde Kreis beschränkt.

Von Büchners Drama sind nur die Entwürfe und Skizzen vorhanden, die nach dem Tod des 1837 im Alter von 23 Jahren gestorbenen Autors entdeckt wurden. Erst 38 Jahre später wurden die bereits verblaßten und schwer lesbaren Manuskriptblätter von dem galizisch-jüdischen Schriftsteller Karl Emil Franzos entziffert und veröffentlicht. Es sollten weitere 38 Jahre vergehen, bis das Stück am 8. November 1913 seine erste Inszenierung erlebte. Die Tatsache, daß der Protagonist von Büchners Tragödie ein geschichtliches Vorbild hatte, wurde erst 1914 bekannt. Im Jahre 1821 erstach ein verachteter und an Armut leidender Soldat namens Woyzeck – Franzos hatte, neben anderen Fehlern, den Namen des Titelhelden falsch gelesen –, seine treulose Geliebte. Drei Jahre später wurde er für dieses Verbrechen öffentlich hingerichtet. Die Geschichte des echten Woyzeck deutet den Inhalt des Dramas nicht nur an, sondern war für Büchner auch die Quelle wortgetreuer Zitate, da er Woyzecks eigene Worte verwenden konnte, wie sie der vom Gericht als Gutachter beauftragte Mediziner Hofrat Dr. Clarus wiedergegeben hatte. Dieser kam zu dem Schluß, daß Woyzeck trotz gewisser Verwirrungen und Wahnvorstellungen nicht geistesgestört sei und daher für sein Verbrechen verantwortlich gemacht werden könne.

Bergs Libretto basiert auf einer zweiten Edition des Büchnerschen Dramas durch Paul Landau (1909), die zwar die von Franzos erstellte Textversion beibehält, in seiner Abfolge der Szenen aber grundsätzliche Änderungen vornimmt. Der einzige wesentliche Eingriff, den Berg neben der Auslassung weniger Szenen am Text von Franzos vornahm, findet sich in der in der Studierstube des Doktors spielenden Szene, wo dieser seinen Ärger über Wozzecks Unfähigkeit ausläßt, die Funktion seines Zwerchfells statt die seiner Harnblase unter Kontrolle zu halten – eine Änderung, die unumgänglich war, wenn sich Berg überhaupt Hoffnungen machen wollte, das Werk auf einer Opernbühne der damaligen Zeit aufzuführen. Die während der Kriegsjahre erfolgte Identifizierung des Komponisten mit der Person Wozzecks erklärt einige andere kleine Veränderungen am Text dieser Szene wie z.B. die Ersetzung von Bohnen durch Erbsen – eine Anspielung auf das Hauptnahrungsmittel seiner eigenen Verpflegung als Soldat der österreichischen Armee. Im Libretto selbst ist schon viel von der formalen Strenge der Opernversion vorgegeben, auch wenn es sich nur eng an einen Text hält, der seinerseits aus einer Reihe scheinbar zusammenhangloser und bruchstückhafter Episoden besteht. Diese Umgestaltung wird dadurch erreicht, daß Berg den bei Franzos 26 Szenen umfassenden

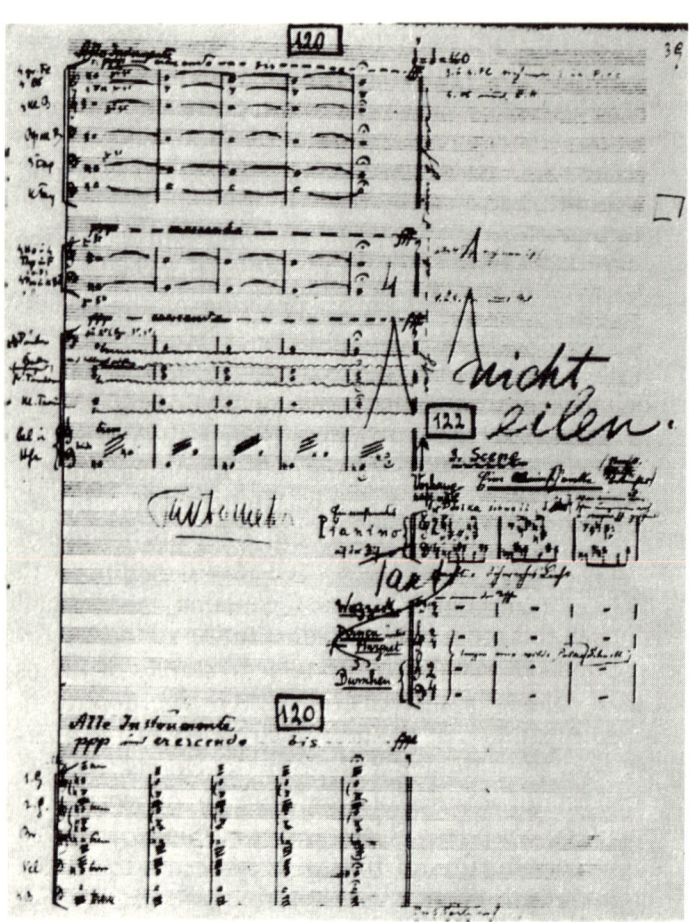

»Wozzeck«, Beginn der 3. Szene (Autographe Partitur)

Text auf 15 Szenen reduziert und diese 15 Szenen wiederum auf drei Akte zu jeweils fünf Szenen aufteilt, wobei der längere und komplexere mittlere Akt über die symmetrisch ausgewogenen Außenakte die Brücke schlägt. Jeder Akt hat eine in sich geschlossene zyklische Struktur und jede Szene ist ein selbständiger Satz. Der als Exposition angelegte erste Akt besteht aus fünf Charakterstücken, wobei Wozzeck in jeder Szene zu einem anderen Aspekt seiner Umgebung und zu einer anderen Person des Dramas in Beziehung gebracht wird. Der zweite Akt stellt eine Symphonie in fünf Sätzen dar, wobei jede Szene einen weiteren Schritt in Wozzecks allmählicher Erkenntnis der Untreue Maries bringt. Gleichzeitig schreitet der allmähliche Zerfall dieser einzigen Beziehung zu einem Menschen voran, von der seine Männlichkeit und seine Vernunft abhängen. Der dritte Akt bringt die unvermeidliche Lösung des dramatischen Knotens, die sich in fünf Inventionen spiegelt, die jeweils auf einem anderen Ostinato-Motiv basieren.

Der Komponist schrieb in einem bis dahin noch nicht dagewesenen Maß jede Einzelheit der Aufführung vor, so daß die Beleuchtung, das Aufgehen und Fallen des Vorhangs und die verbalen Leitmotive eine strukturelle Funktion im Plan des Ganzen einnehmen. Diese außermusikalischen Elemente stehen in Wechselbeziehung zu den musikalischen Querverweisen. Zusammen bilden sie ein hoch komplexes, aber in sich immer schlüssiges Beziehungsgeflecht. Zum Beispiel wurden die dramatisch bedeutsamen Rückverweisungen zwischen der letzten Szene der Oper und der ersten, dritten und letzten Szene des ersten Aktes durch Beleuchtung, musikalische Leitmotive beziehungsweise das Fallen des Vorhangs bewirkt. Die fünfte Szene des dritten Aktes zeigt eine Gruppe von Kindern, unter ihnen auch das nun verwaiste Kind von Wozzeck und Marie, beim Spielen. Das eigentliche Drama ist vorüber und das Publikum wird mit einer überwältigend nihilistischen ›Moral‹ konfrontiert – der eigentlichen Bedeutungslosigkeit der Tragödie, die lediglich als augenblickliche Zerstreuung in der unschuldig-gleichgültigen Welt der Kinder zum Ausdruck kommt. Der Schlußvorhang und die dazu erklingende Musik greifen die entsprechende Schlußszene des 1. Aktes wieder auf, also jenen Moment der Handlung – Maries Verführung durch den Tambourmajor –, der die verhängnisvolle Entwicklung des Dramas bis zu ihrem unausweichlichen Ende auslöste. Maries Kind zottelt hinter seinen Spielkameraden her, als diese zu den Erwachsenen laufen, die sich um die soeben im Teich gefundene Leiche Maries drängen, und der Vorhang fällt abermals vor einer leeren Bühne. Wie zu Beginn der Oper ist es auch am Schluß »heller Morgen«, wodurch eine Rückkehr zur ›normalen‹ Alltagswelt der Anfangsszene angedeutet wird. Mit Ausnahme der Schlußtakte des Orchesters bei geschlossenem Vorhang verweist das musikalische Material der Schlußszene noch auf eine weitere Szene des ersten Aktes, nämlich die Wiegenlied-Episode der dritten Szene.

Obgleich Leitmotive eine bedeutsame Rolle in *Wozzeck* spielen, durchdringen sie die musikalische und dramatische Struktur doch nicht in einem den Opern Wagners vergleichbarem Ausmaß. Berg gelang es, seine Absicht in die Tat umzusetzen, »jeder dieser Szenen und jeder der dazugehörenden Zwischenaktmusiken ... sowohl ihr eigenes unverkennbares Gesicht als auch Abrundung und Geschlossenheit zu geben« (»Das ›Opernproblem‹«) – trotz einiger wiederkehrender, mit der dramatischen Handlung verbundenen Motive und ganzer Abschnitte. (Ein Musterbeispiel für das letztere ist die »Liebestod«-Musik am Schluß von *Tristan und Isolde*.)

Bergs Ziel war es, die Form der musikalischen Anlage mit der Form der dramatischen Struktur zu verbinden, um auf diese Weise eine größtmögliche Vielfalt zu bewerkstelligen. Nur dreimal überschneidet sich z. B. die Musik, die bei Szenenwechseln erklingt, mit Gebilden, die aufgrund ihrer formalen Aufgabe im musikalischen Gefüge zurecht als Zwischenspiele bezeichnet werden können. Das zweite Zwischenspiel des ersten Aktes greift auf beide angrenzenden Szenen aus; an anderen Stellen gibt es überhaupt kein Zwischenspiel zwischen den einzelnen musikalischen Sätzen, so daß der Szenenwechsel irgendwo während des Satzes selbst stattfindet. Zwei Zwischenspiele erklingen als Begleitmusik, einmal zum Aufgang, das andere Mal zum Fallen des Vorhangs. Das Tempo, mit dem jeder Vorhang sich öffnet oder schließt, ist genau in Beziehung zu den musikalischen und dramatischen Vorgängen gesetzt. Um nur ein Beispiel zu erwähnen: Das Fallen des Vorhangs nach der ersten Szene des dritten Akts, in der Marie um Vergebung ihrer Sünden betet, dauert genau sieben Viertel, das Viertel = 49 (= 7 × 7); und das Aufgehen des Vorhangs zu Beginn der nächsten Szene, in der sie ihr Vergehen durch ihren Tod sühnt, dauert genau sechs Viertel, das Viertel = 42 (= 6 × 7). Das Bewegen des Vorhangs dauert also in beiden Beispielen gleich lang, aber das Tempo der Vorhang-Musik hat sich geändert.

In dem schon zitierten Aufsatz *Das ›Opernproblem‹* (1928) hat Berg es zum Maßstab seines Erfolgs gemacht, daß es »von dem Augenblick an, wo sich der Vorhang öffnet, bis zu dem, wo er sich zum letzten Mal schließt, im Publikum keinen geben [darf], der etwas von diesen diversen Fugen und Inventionen, Suiten- und Sonatensätzen, Variationen und Passacaglien merkt – keinen, der von etwas anderem erfüllt ist, als von der, weit über das Einzelschicksal Wozzecks hinausgehenden, Idee dieser Oper.«

Tatsächlich wird durch die Eigenständigkeit der Konstruktion und die Ordnung, die jedes Element der Oper durchherrscht, ein wesentliches Anliegen Büchners deutlich in den Vordergrund gestellt, das A.H.J. Knight im Zusammenhang mit Büchners Prosa-Fragment *Lenz* erörtert hat: »Der ständige, schmerzliche, entsetzliche Gegensatz zwischen den Menschen, die ohne jede Hoffnung in eine Welt geworfen sind, die nicht von ihnen gemacht ist, sich aber feindlich gegen ihre Interessen und Anstrengungen richtet, und dieser Welt selbst, wie sie mechanisch in den Kundgebungen einer äußerlichen Natur abläuft.«

Daß im *Wozzeck* gelegentlich eine diatonische Tonalität auftritt, wurde schon oft bemerkt; interessanter und wichtiger ist jedoch, wie bestimmte Tonhöhen und Tonhöhengruppen als Brennpunkte in einem nicht-diatonischen Kontext fungieren. Die formalen Elemente des Sonatenhauptsatzes (2. Akt 1. Szene) sind durch beziehungsreiche harmonische Komplexe eindrucksvoll bestimmt und charakterisiert, so daß eine deutliche Analogie zur traditionellen Tonalität besteht, in der solche Elemente auf die gleiche Weise bestimmt und charakterisiert werden. Formeln, wie sie schon in den frühen atonalen Werken zu finden sind, treten im *Wozzeck* zum erstenmal im Zusammenhang einer groß angelegten Form auf. Chromatische Modulation bringt z.B. eine Akkordfortschreitung hervor, die dann die Basis für eine ganze Szene und ihre angrenzenden Zwischenspiele darstellt (Beispiel 9). Schon bald nach

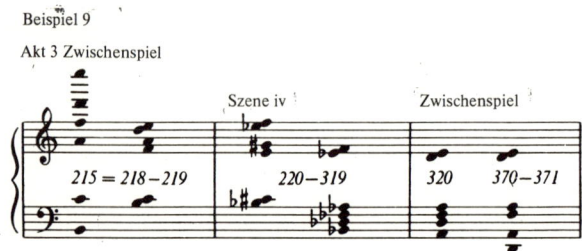

der Vollendung des *Wozzeck* wurde die Zwölftonlehre als umfassendes und allgemeingültiges Verfahren für die Konstruktion atonaler Musik aufgestellt. Untersucht man einmal genau die musikalische Sprache des *Wozzeck*, dann entdeckt man andere kompositorische Entwicklungen, die ähnlich brauchbare Möglichkeiten bieten wie der Serialismus.

Als Berg nach der Vollendung des *Wozzeck* immer noch keinen Verleger für dieses Werk gefunden hatte, entschied er sich, den Klavierauszug selbst herauszugeben, so wie er es bei jedem seiner vorausgegangenen Werke getan hatte, die bis dahin im Druck erschienen waren. Alma Mahler, die Witwe Gustav Mahlers und enge Freundin der Bergs, stellte das Geld für dieses Vorhaben zur Verfügung, und im Januar 1923 verschickte Berg Karten, die die Veröffentlichung anzeigen sollten. Im April 1923 erschien Ernst Viebigs kritische Studie des neuen Werks im Druck – die enthusiastische Würdigung eines Journalisten, der Berg nicht einmal bekannt war. Als sich dann auch noch Schönbergs Verleger, die Wiener Universal Edition, bereit fand, das Werk zu drucken, stieg Bergs Hoffnung auf eine baldige Bühnenaufführung. Im Sommer 1923 nahm Berg an der Uraufführung seines Streichquartetts beim ersten, dann jährlich stattfindenden Festival der IGNM in Salzburg teil. Unter den Anwesenden war auch der Dirigent Hermann Scherchen, der ihm gegenüber sein Interesse bekundete, Ausschnitte aus dem *Wozzeck* in einer Konzertfassung in der kommenden Saison dirigieren zu wollen. Die Konzertsuite *Drei Bruchstücke aus ›Wozzeck‹* wurde dann im Juni 1924 in Frankfurt mit außerordentlichem Erfolg gegeben.

Noch vor diesem Ereignis hatte Erich Kleiber, der junge Generalmusikdirektor der Berliner Staatsoper, Berg die Zusage gegeben, die Oper auf die Bühne zu bringen. Um dieses Vorhaben entbrannte aber bald ein heftiger Parteienstreit, der sich gleichzeitig auf ideologischer, politischer, professioneller und ästhetischer Ebene abspielte. Es gab heftigen Widerstand gegen Kleibers Ankündigung. Als der Termin für die Premiere näherrückte, die auf den 14.12.1925 festgesetzt war, nahmen seine Kritiker, die Berg als unnachgiebigsten aller Schönberg-Schüler beschrieben, den *Wozzeck* zum Anlaß, um eine regelrechte Kampagne gegen Kleiber zu starten. Zeitungen aus dem rechten Lager zogen Parallelen zwischen der Musik und der Politik: »Wohin das anarchistische Leben die Nation bringen wird, ist eine Frage für Politiker in der Zukunft. Wohin uns aber das anarchistische Leben in der Kunst bringt, steht fest. Die jungen Talente bringen etwas hervor und überlassen uns den hervorgebrachten Müllhaufen, auf dem nichts mehr erwachsen und blühen kann.« Es gab ferner warnende Stimmen, die vom bevorstehenden wirtschaftlichen Kollaps der staatlichen Theater sprachen, und es wurden falsche Meldungen von Widerständen im Opernhaus verbreitet. Im großen und ganzen aber fühlten das Publikum und die Kritiker, daß, wie es Adolf Aber, Chefkritiker einer Leipziger Zeitung, ausdrückte, *Wozzeck* ein Werk ist, »dessen wesentliche Qualitäten auch dann noch bestehen bleiben, wenn es niemanden mehr gibt, der sich an die aktuelle Krise der Berliner Oper erinnern kann«. Niemand konnte den außergewöhnlichen Erfolg der Oper in Frage stellen und noch in der selben Saison folgten der Premiere neun weitere Aufführungen an der Berliner Oper.

## VIERTES KAPITEL
# DIE SCHAFFENSPERIODE DER »LYRISCHEN SUITE«

In den zwei Jahren, die zwischen der privaten Veröffentlichung des Klavierauszuges des *Wozzecks* und der Premiere der Oper in Berlin vergingen, hat Berg ein großes Werk abgeschlossen, das einen ganz anderen Charakter als *Wozzeck* besitzt. Das *Kammerkonzert* für Klavier und Geige mit 13 Bläsern zeigt, ähnlich wie Schönbergs Serenade und Klaviersuite sowie Weberns Streichtrio, eine endgültige Abkehr vom expressionistischen Ethos der ›freien‹ Atonalität. Die Wende hin zu einem ›objektiveren‹ Stil, der die klare, deutliche Gliederung der einzelnen Abschnitte und die wörtlichen Wiederholungen der klassischen Form wieder in ihre Rechte setzte, geht mit Schönbergs Ziel bei der Formulierung des 12-Ton-Systems überein: »Der Sinn der Methode, mit zwölf Tönen zu komponieren, liegt in der Wiederherstellung der Wirkungen, für die früher die strukturellen Funktionen der Harmonie sorgten.« (Schönberg, Gesammelte Schriften 1, S. 380) Andererseits ist diese Wende auch verbunden mit dem generellen Trend jener Zeit, in der der Neoklassizismus aufkam, der jedoch eine entgegengesetzte Richtung als Schönberg und seine Anhänger vertrat. Das Kammerkonzert zeigt den Einfluß von Schönbergs neuen technischen Verfahren im häufigen Gebrauch von 12-Ton-Folgen und in seiner Abhängigkeit von den grundlegenden Umformungen des 12-Ton-Systems – Grundgestalt, Umkehrung, Krebsumkehrung und Krebs. Es ist aber noch weit von diesem System entfernt, weil diese 12-Ton-Folgen lediglich gelegentliche besondere Gestalten bilden, die nicht die Gesamtheit aller Tonhöhen-Beziehungen des Kontextes bestimmen. Außerdem werden die Verwandlungen der Grundgestalt hier nur als formale Kunstgriffe gebraucht und weniger als die komplementäre Seite einer ausschließlich der Tonhöhengruppenordnung dienenden Referenz.

Jede Variation des ersten Satzes, der mit »Thema scherzoso con Variazioni« überschrieben ist, entfaltet eine einzige Umformung des 30 Takte langen Themas in dieser Reihenfolge: Grundgestalt, Krebs, Umkehrung, Krebsumkehrung, Grundgestalt. Im zweiten Satz, einem Adagio, wird eine große ABA-Form im Krebs wiederholt, und weil die beiden A-Teile sich ursprünglich wie Grundgestalt und Umkehrung zueinander verhalten, entfaltet die zweite Hälfte des Satzes die verbleibenden Umformungen der Grundgestalt, nämlich Krebsumkehrung und Krebs. Der dritte Satz besteht aus sechs Abschnitten, von denen jeder gleichzeitig die beiden formalen Teile paraphrasiert, die an entsprechender Stelle in den beiden vorhergehenden Sätzen auftauchen.

Trotz seiner vielen anziehenden Einzelheiten ist das Kammerkonzert von Bergs reifen Werken dasjenige mit dem geringsten Erfolg. Die formale Anlage scheint schematisch und ausgeklügelt in ihrer Abhängigkeit von paraphrasierenden Verfahren, die unerbittlich dieselben vergleichsweise formalen Dimensionen reproduzieren. Darüberhinaus wirkt auch die harmonische Sprache statisch und undifferenziert. In seinem Widmungsbrief an Schönberg spricht Berg davon, daß sich »neben den weiten Strecken völlig aufgelöster Tonalität, ebenso einzelne kleine Partien tonalen Einschlags finden, die der ›Komposition‹ mit 12 Tönen‹ entsprechen.« Die Wortwahl legt nahe, daß er zu dieser Zeit noch nichts von diesen »Gesetzen« verstand. Das Werk zeigt trotzdem, daß Berg, wie Schönberg, nach objektiven Prinzipien von allgemeiner Gültigkeit für die atonale Kompositionsweise suchte. Es stellt den ersten großen Schritt dar in der Evolution hin zur musikalischen Sprache seines späteren Meisterwerkes *Lulu*.

In einem Brief an Webern vom 12. Oktober 1925 spricht Berg von seinem »ersten Versuch strengster serieller 12-Ton-(Reihen-)Komposition«. Es handelt sich um die Neuvertonung des Storm-Gedichtes *Schließe mir die Augen beide*, das er 1907 bereits in einer tonalen Fassung vorgelegt hatte. Die Reihe bedient sich der gleichen symmetrischen All-Intervall-Folge (Beispiel 10a), auf der auch der erste Satz seines näch-

Beispiel 10

sten Werks, der *Lyrischen Suite* für Streichquartett, beruht. Die Suite besteht aus »sechs kürzeren Sätzen, mehr lyrischen als symphonischen Charakters«, wie Berg im selben Brief vom 12. Oktober 1925 an Webern erwähnt, wenngleich er sich zu diesem Zeitpunkt noch ganz am Anfang der Kompositionsarbeit befand.

Berg erläuterte in den analytischen Notizen, die für Rudolf Kolisch bestimmt waren, dessen Quartett dieses Werk am 8. Januar 1927 uraufführte, daß sich die zahlreichen thematischen »Verknüpfungen« zwischen den verschiedenen Sätzen »natürlich nicht mechanisch« ergeben, sondern vielmehr motiviert sind »im Verhältnis der großen Entwicklung (Stimmungssteigerung) innerhalb des *ganzen* Stückes (›Schicksal erleidend‹!).« Diese »Stimmungssteigerung« ist in der Makro-Struktur des Werkes durch die zunehmend extremer auseinanderdriftenden Tempi der sechs Sätze erreicht: Allegretto giovale, Andante amoroso, Allegro misterioso/ Trio estatico, Adagio appassionato, Presto delirando, Largo desolato. Die sukzessiven psychischen Zustände, die in diesen Tempobezeichnungen angegeben sind, sind aufeinanderfolgende Stadien einer, wie Adorno es bezeichnet, ›latenten Oper‹. Und Berg selbst bezeichnete die im Verlauf des Werkes fortschreitende Umstellung in der Struktur der Reihengrundgestalt als Andeutung der allmählichen Unterwerfung unter das Schicksal: »Diese Veränderung unwesentlich in Hinblick auf die

Linie, wesentlich aber in Hinblick auf die Charaktere – ›Schicksal erleidend‹.«

Durchgängig zwölftönig komponiert sind nur der erste, dritte (ausgenommen das Trio) und sechste Satz. 12-Ton-Konstellationen sind aber auch unter den Themen der dazwischenliegenden nichtseriellen Sätze zu finden. In den zweiten und fünften Satz sind darüber hinaus auch 12-Ton-Episoden integriert, die die jeweils folgenden 12-Ton-Reihen antizipieren. Zusätzlich zu diesen seriellen Beziehungen zwischen den verschiedenen Sätzen wurden von Satz zu Satz Themen und selbst ganze Abschnitte zitierend wiederaufgenommen. Jedoch schmälern diese Verbindungen in keinem Fall die Eigenständigkeit der einzelnen Sätze. Wie in *Wozzeck* hebt gerade diese Eigenständigkeit den Verweischarakter des wiederkehrenden thematischen Materials und der Zitate hervor, die letzten Endes leitmotivische Bezüge anzunehmen scheinen. Dies rechtfertigt Adornos Charakterisierung des Werks. Daß diese Themen und Zitate tatsächlich Leitmotive sind, wurde im Januar 1977 bestätigt, als eine Abschrift der Taschenpartitur mit zahlreichen und genauen Annotationen des Komponisten entdeckt wurde (siehe G. Perle, *Das geheime Programm der lyrischen Suite*, 1978). Die Annotationen enthüllen das geheime Programm dieser Komposition, das durch Bergs Liebe zu Hanna Fuchs-Robettin, der Frau eines Prager Industriellen und Schwester Franz Werfels, angeregt wurde. Die Verbindung von Robettins und Bergs Initialen ergibt die Keimzelle dieses Werkes: H-F-A-B.

Die speziellen Merkmale, durch die sich Bergs 12-Ton-Praxis im allgemeinen von der Schönbergs und Weberns unterscheidet, lassen sich alle in der Lyrischen Suite wiederfinden: erstens, dodekaphone (d.h. folgerichtig auf einer Zwölftonreihe basierende Passagen) und nicht-dodekaphone Abschnitte treten im selben Werk auf, und zwar nicht nur von Satz zu Satz, sondern oft auch innerhalb desselben Satzes nebeneinander. Zweitens, verschiedene Reihen werden verarbeitet, auch innerhalb eines einzigen Satzes. Das schließt sowohl Tropierungen ein (d.h. 12-Ton-Reihen, die in zwei oder mehr Segmente aufgeteilt sind und durch die darin enthaltenen Tonhöhenklassen bestimmt werden) wie auch den Schönbergschen Typ regelrechter, geordneter Reihen. Drittens, die Reihen werden in verschiedenen zyklischen Permutationen gebraucht. Viertens, eine ausgesprochen lineare Kontur tendiert dazu, sich durchweg mit einer vorgegebenen Reihe zu verbinden. Schließlich bleibt die referentielle Kontur selbst unter der Umkehrung leicht erkennbar, nicht aber unter den anderen grundlegenden Umformungen von Schönbergs 12-Tonsystem, dem Krebs und der Krebsumkehrung, die gar nicht als selbständige Gestalten der Reihe auftauchen. Der erste Satz der Lyrischen Suite basiert auf einer symmetrischen Reihe (Beispiel 10a), deren Krebs und Krebsumkehrung jeweils identisch mit der Tritonus-Transponierung der Grundgestalt und der Umkehrung ist. Der Krebs und die Krebsumkehrung der 12-Ton-Reihen des dritten Satzes und die beiden 12-Ton-Reihen des sechsten Satzes erscheinen niemals unabhängig von Palindromen, die die vorhergehenden, gänzlich auf die von Grundgestalt und ihre Umkehrung beschränkten Passagen spiegelbildlich wiederholen.

Es wäre falsch, diese auffälligen Merkmale von Bergs 12-Ton-Praktik als >Freiheiten< zu betrachten, die eine gleichgültige Haltung gegenüber den systematischen Voraussetzungen der 12-Ton-Komposition zeigen. Die Implikationen der Reihenstruktur sind genauso folgerichtig realisiert wie in der Musik von Schönberg und Webern, aber in einer sehr unterschiedlichen Art und Weise. Wenn Berg sich zum Beispiel dafür entscheidet, im ersten Satz der Lyrischen Suite drei unterschiedliche 12-Ton-Reihen zu verwenden, dann nicht deshalb, weil er gegen das Konzept der Reihe als der Einheit stiftenden Erfindung verstoßen will, das Schönberg dazu brachte, es als nicht >richtig< zu betrachten, mehr als eine Reihe in einem Stück zu benutzen. Wenn man ihre Hexachord-Struktur berücksichtigt, dann stellen sich alle drei Reihen als Repräsentanten eines einzigen Tropus (Beispiel 10) heraus und ihre zahlreichen Transpositionen und zyklischen Permutationen bauen ein Beziehungsgeflecht auf, das sich als

Basis für die Allegro-Sonatenform dieses Satzes besonders gut eignet.

Das Kolisch-Quartett hatte bei seinen häufigen Aufführungen der Lyrischen Suite immer einen außerordentlichen Erfolg – nicht zuletzt, weil das Werk trotz seines subjektiven und tragischen Charakters eines der brillantesten, virtuosesten Prunkstücke seiner Art bleibt. Als es am 16. Juli 1927 beim Kammermusikfest in Baden-Baden zum ersten Mal vor einem internationalen Publikum aufgeführt wurde, mußte es sogar wiederholt werden. Unter den Zuhörern war auch Béla Bartók, der auf derselben Veranstaltung seine Klaviersonate aufführte. Bartóks drittes Streichquartett datiert vom September 1927. Darum ist es nicht unmöglich, daß einige der neuen Besonderheiten in diesem Werk, die den Streichersatz betreffen, von Bergs bis dahin noch nicht dagewesenem Gebrauch der technischen und klanglichen Möglichkeiten dieser Instrumente beeinflußt sind.

In Berlin hielt sich in der Zwischenzeit die Oper *Wozzeck* mit Erfolg bereits in der zweiten Saison auf dem Spielplan und auch in anderen Städten wurde sie aufgeführt. Wie in Berlin im Jahr zuvor erhoben sich in Prag politisch motivierte Proteste gegen die Oper, nur daß der Widerstand diesmal von den tschechischen Nationalisten ausging. Obwohl das Libretto ins Tschechische übersetzt worden war, lehnten sie aus einer antideutschen Stimmung heraus das selbe Werk ab, das die deutschen Nationalisten als einen Verstoß gegen den Geist deutscher Kunst gebrandmarkt hatten. Ein Tumult während der dritten Prager Aufführung veranlaßte die Polizei, das Theater zu räumen und ein Verbot über weitere Aufführungen zu verhängen. Eine dritte Produktion in Leningrad im Juni 1927 war, wie aus einem Telegramm Bergs an seine Frau hervorgeht, ein »großer, stürmischer Erfolg«. Eine erfolgreiche Inszenierung am 5. März 1929 in Oldenburg schließlich bewies, daß das Werk die Möglichkeiten eines Provinztheaters nicht überforderte. In der folgenden Spielzeit gab es an acht deutschen Opernhäusern allein 40 Aufführungen des Werkes. Nur in der Heimatstadt des Komponisten, in Wien, wurde die

Oper bezeichnenderweise erst am 30. März 1930 aufgeführt, genau ein Jahr vor der amerikanischen Premiere unter Leopold Stokowski.

Im September 1928 hatte Berg bereits mehr als 300 Takte seiner zweiten Oper *Lulu* geschrieben, zwei Monate bevor er Wedekinds Witwe traf, um mit ihr eine finanzielle Absprache über die Rechte an dem der Oper zugrunde liegenden Drama zu treffen. Ein Auftrag zur Komposition einer Konzertarie für die Wiener Sopranistin Ruzena Herlinger im Frühjahr 1929 ließ Berg die Arbeit an der Oper unterbrechen. Am Ende des Sommers hatte er dann die Auftragskomposition mit dem Titel *Der Wein* fertiggestellt. Hans Ferdinand Redlich hat auf die Bedeutung dieser Arie als einer Studie für die Oper hingewiesen, was sich in ihrem Vokalstil, in der Wahl des Textes (Baudelaire schrieb diese Gedichte »im Sinne einer freigeistigen Auflehnung, die wie eine Vorahnung der wüsten Anklagen Wedekinds anmutet«), in ihrer formalen Anlage und in ihrer Klangfarbe und Instrumentierung zeige. Ähnlich wie in Schönbergs *Von heute auf morgen* und genau wie in *Lulu* werden hier Klavier und Saxophon als wesentlicher Bestandteil des Orchesters und als Ausdruck für die Sprache der kommerziellen, populären Musik verwendet. Sowohl *Lulu* wie auch *Der Wein* veranschaulichen beispielhaft Bergs Vorstellungen von der besonderen Aufgabe *Der Stimme in der Oper*, die Berg in dem gleichnamigen kleinen Essay dargelegt und 1929 – im Entstehungsjahr der Arie – veröffentlicht hat. Er unterstreicht darin die Vorrangstellung des Sängers und die Wichtigkeit des bel canto, indem er der Oper die Aufgabe zuweist, »vor allem der menschlichen Stimme zu dienen und ihr zu diesem guten Recht zu verhelfen, welches Recht allerdings in den letzten Jahrzehnten musikdramatischen Schaffens fast verloren gegangen war, wo die Opernmusik – nach einem Wort Schönbergs – vielfach nichts anderes mehr darstellte, als eine ›Symphonie für großes Orchester mit Begleitung einer Singstimme‹«.

Mit seiner Verwendung einer Reihe, die in Tonhöhen-Gruppen aufgeteilt werden kann, die formal den harmonischen Kategorien des diatonischen tonalen Systems entsprechen,

Beispiel 11

Beispiel 12

Des Wei-nes Geist be - gann im Fass zu sin - gen

nimmt *Der Wein* bereits das Violinkonzert vorweg. In ihrer Grundgestalt bildet die Reihe eine Tonfolge, die man in anderem Zusammenhang als einen diatonischen Hexachord in d-moll, als Ges-Dur Dreiklang und als Quintseptakkord von Des-Dur bezeichnen würde (Beispiel 11). Die Anfangstöne der Singstimme betonen durch eine melodische Kadenz auf dem fünften Ton der Reihe (Beispiel 12) d-moll. Die harmonische Textur ist von einem nach-Wagnerschen chromatischen Ausdruck durchdrungen, der sich nicht allein aus der Reihe ableiten läßt. In dieser Beziehung weichen beide Werke, *Der Wein* und *Lulu*, bezeichnenderweise von der 12-Ton-Praxis Schönbergs und Weberns ab. Die grundlegende Reihe von *Der Wein* wird durch zyklische Permutationen und Umstellungen in der Tonfolge immer wieder aufs Freizügigste umgeformt. Sie dient vor allem als eine Quelle der melodischen und thematischen Erfindung.

*Der Wein* verbindet in seiner formalen Anlage das Sonaten-Allegro mit der dreiteiligen (ternären) Form. Die drei Gedichte, die den Text bilden, sind jeweils als Sonaten-Exposition, als kontrastierender Mittelteil im Stil eines Scherzos bzw. als Reprise und Coda vertont. Diese Vermischung von traditionellen Formelementen wird in weit größerem Ausmaß in *Lulu* wiederaufgenommen.

## FÜNFTES KAPITEL
## »LULU«

Die neue Richtung in Bergs kompositorischer Entwicklung, die ihren Höhepunkt in der Musik von *Lulu* findet, wird plötzlich augenscheinlich in seinem Werk, das der Vollendung des *Wozzeck* unmittelbar folgt. Bergs Verwicklung in die dramatischen und literarischen Hintergründe dieser neuen Oper begann aber bereits viel früher. *Wozzeck* war das Ergebnis einer besonderen Erfahrung – der Erschütterung durch Büchners noch unbekanntes Stück und durch die Kriegszeit. *Lulu* dagegen ist ein Werk, das zu schreiben Bergs Schicksal war – ein Werk, das sich in seinen literarischen Interessen, in seinen gesellschaftlichen Vorstellungen und in den persönlichkeitsbestimmenden Erfahrungen seiner Kindheit und Jugend bereits andeutet. Frida Semler, eine amerikanische Jugendfreundin, die in den Jahren 1903 und 1904 den Sommer auf dem Landsitz der Bergs verbrachte, während ihr Vater geschäftlich in Wien zu tun hatte, beschrieb die gemeinsamen Leseabende: »An den Abenden lasen wir Ibsen laut und mit verteilten Rollen. 1903 war Ibsen eine Entdeckung und wir ließen uns von Baumeister Sollneß und Hedda Gabler und den ›Gespenstern‹ packen. Es war im zweiten Sommer, als wir alle – diesmal nicht laut – Schnitzlers ›Reigen‹ und Wedekinds ›Erdgeist‹ lasen.« Im Frühjahr 1905 inszenierte Karl Kraus die Fortsetzung von *Erdgeist*, *Die Büchse der Pandora*, die in Deutschland noch immer von der Zensur verboten war. Wedekind, der selbst Jack the Ripper spielte, lernte bei den Proben in der Person der jungen Schauspielerin, die die Lulu spielte, seine zukünftige Frau kennen. Tilly Wedekind erinnert sich in ihren Memoiren: »Im vollbesetzten Zuschauerraum saß als einer unter vielen ein zwanzigjähriger junger Mann, der aussah wie ein Engel. Jahrzehnte später wurde die Welt gewahr, welch nachhaltigen Eindruck das Stück, die Aufführung und die Rede von Karl Kraus auf ihn gemacht hatten. Er hieß Alban Berg und komponierte dann eines Tages die

Oper *Lulu*.« Zwei Jahre später, im November 1907, schreibt Berg an Frida Semler: »Wedekind – – – die ganze neue Richtung – die Betonung des sinnlichen Moments in modernen Werken!! ... Wir sind endlich zur Erkenntnis gekommen, daß Sinnlichkeit keine Schwäche ist, kein Nachgeben dem eigenen Willen, sondern eine in uns gelegte immense Kraft – der Angelpunkt alles Seins und Denkens.« Um sich der Bedeutung der Worte bewußt zu werden, muß man sich den sozialen Hintergrund, auf dem sie formuliert wurden, vergegenwärtigen: die »ungesunde stickige, mit parfümierter Schwüle durchsetzte Luft«, die Stefan Zweig in *Die Welt von gestern* beschreibt: »Diese unehrliche und unpsychologische Moral des Verschweigens und Versteckens war es, die wie ein Alp auf unserer Jugend gelastet hat.« Bergs Briefe an seine Verlobte lassen uns hin und wieder einen flüchtigen Blick auf die wirklichen Lebenssituationen werfen, die eine noch unmittelbarere Identifikation mit dem Inhalt der Lulu-Stücke nahelegen. Berg erklärt in einem dieser Briefe, daß es ihm wegen seiner lesbischen Schwester Smaragda unmöglich gewesen sei, eine Verabredung mit Helene einzuhalten: »Ursache: Smaragda hat heute nacht versucht, sich mit Leuchtgas zu vergiften. Körperlich hat es ihr anscheinend nicht viel geschadet. Dafür ist sie seelisch ganz verzweifelt.« In einem anderen Brief bemerkt er, die »momentane Freundin« seiner Schwester sei »eine Prostituierte«, und, bezogen auf Kraus' Kritik an der heuchlerischen Moral der Wiener Gesellschaft, fügt er hinzu, daß er »den Stand der Prostituierten ebensowenig verwerflich oder ebenso verwerflich fand wie den Verkehr mit Menschen, worin Du und viele andere Menschen gar nichts erblicken.«

Einige Zeit nachdem er bereits angefangen hatte, an der Komposition selbst zu arbeiten, war Berg immer noch mit dem außerordentlichen Problem beschäftigt, Wedekinds zwei Lulu-Stücke in ein Libretto zu fassen. Der lange und komplizierte Text mußte drastisch zusammengestrichen und gleichzeitig verständlich gemacht werden, während, wie Berg es in einem Brief an Schönberg erläutert, Wedekinds »eigentümliche Sprache« nicht zerstört werden dürfe. Die *dramatis perso-*

*Alban Berg (links) mit Anton Webern*

*nae* mußten in Menschen aus Fleisch und Blut verwandelt werden, die wirkungsvoll durch musikalische Mittel charakterisiert werden konnten und Wedekinds dramatische Idee dergestalt erweitert und angepaßt werden, daß sie diese Umformung rechtfertigen konnte. Berg hat diese Schwierigkeiten nicht nur gelöst, sondern dabei ein Werk geschaffen, das zusammenhängender, komplexer (aber weniger kompliziert), tiefgründiger und in jeder Hinsicht dramatisch wirkungsvoller ist als das Original.

Nur die fünf Hauptfiguren – Lulu, Schigolch, Dr. Schön, Alwa und die Gräfin Geschwitz – behalten die Namen, die ihnen von Wedekind gegeben wurden. Die übrigen Rollen werden allein durch ihren Beruf oder Titel identifiziert (der Maler, der Athlet, der Gymnasiast, der Prinz etc.). Dadurch verschärfte Berg noch den Unterschied, den schon Wedekind selbst zwischen der Identität von Lulu – jeder ihrer drei Ehemänner besaß einen anderen Namen für sie – und derjenigen der anderen Figuren gemacht hatte. Die sieben Akte der beiden Theaterstücke sind in die sieben Szenen der Oper nach folgendem Plan umgewandelt worden:

| *Erdgeist* | *Lulu* 1. Teil |
|---|---|
| | 1. Akt |
| 1. Akt | Szene I |
| 2. Akt | Szene II |
| 3. Akt | Szene III |
| | 2. Akt |
| 4. Akt | Szene I |

| *Die Büchse der Pandora* | *Lulu* 2. Teil |
|---|---|
| 1. Akt | Szene II |
| | 3. Akt |
| 2. Akt | Szene I |
| 3. Akt | Szene II |

Der erste Teil zeigt Lulus Aufstieg, der in ihrer Heirat mit Dr. Schön gipfelt, dem Zeitungsverleger und mächtigen Geschäftsmann, dessen Geliebte sie bereits lange Jahre gewesen ist. Er endet mit dem Mord an Dr. Schön. Diesen Mord führt er selbst herbei: als er Lulu und seinen Sohn Alwa zusammen entdeckt, händigt er ihr seinen Revolver aus und befiehlt ihr, sich selbst zu erschießen – in einer verrückten Steigerung seiner früheren Versuche, sich von ihr zu befreien, indem er sie an andere Männer verheiratete. Der zweite Teil zeigt Lulus Abstieg. Sie kehrt nach ihrer Flucht aus dem Gefängnis in die Wohnung des Ermordeten zurück, um sich mit Alwa zu treffen, der mit ihr ihre Flucht aus dem Gefängnis geplant hatte. Im Schlußakt finden sie in einem Spielsalon in Paris Zuflucht, sind aber bald wieder gezwungen weiterzufliehen, weil der Marquis droht, sie an die Polizei auszuliefern, wenn Lulu sich weiterhin weigere, in ein Kairoer Bordell verkauft zu werden. Lulu endet als eine gewöhnliche Straßendirne in London, wo sie unter den Händen von Jack the Ripper stirbt. Die wichtigste formale Zäsur der Oper findet zwischen den beiden Szenen des zweiten Aktes statt und wird durch eine ›Verwandlungsmusik‹ hervorgehoben, die einen Stummfilm begleiten soll. Der Film soll andeutungsweise die Handlung zeigen, die zwischen dem Schluß des ersten Teils und dem Beginn des zweiten Teils stattfindet: Lulus Verhaftung, ihre Untersuchungshaft, den Prozeß, die Einkerkerung und dann – als visuell analoge Ereignisse, nur in umgekehrter Reihenfolge, die durch eine rückläufige Version (Krebs) der Filmmusik begleitet werden – Lulus vorläufige Entlassung wegen Krankheit, ihre ärztliche Untersuchung, ihre Überstellung in die Isolierbaracke und schließlich ihre Befreiung.

Drei verschiedene Entwürfe einer Opernform hat Berg miteinander verbunden. Die mächtigsten Dimensionen des Werkes beruhen auf wiederkehrenden Episoden, die immer ausgedehnter werden, bis sie in der Schlußszene das Material völlig beherrschen. Das wird vor allem dadurch erreicht, daß der Komponist den einzelnen Darstellern mehrere Rollen zuweist. Jedes von Lulus Opfern in der ersten Hälfte der Oper – der Medizinalrat, der Maler, Dr. Schön – ist jeweils mit einem ihrer drei Freier gepaart, die sie in der Schlußszene von der Straße mitbringt – der Professor, der Neger und Jack the Ripper. Sie fungieren als symbolische Rächer derjenigen

Männer, die ihr Leben verloren, weil sie Lulu geliebt haben. In der letzten Szene steht die ineinander geschobene, dicht gedrängte Rekapitulation der Musik der ersten Hälfte der Oper eng mit diesen Doppelrollen in Beziehung. Eine andere Ebene des formalen Zusammenhalts in *Lulu* beruht auf dem Gebrauch großer ›absoluter‹ Formen. Jeder Akt wird von einer einzigen formalen Struktur beherrscht, deren Untergliederungen über den gesamten Akt verteilt sind und die selbst wiederum durch unabhängige formale Einheiten getrennt sind. Die formale Struktur, die den jeweiligen Akt beherrscht, ist eng mit seiner grundlegenden dramatischen Idee verknüpft. So repräsentiert die Sonatenform des ersten Aktes Dr. Schöns vergebliche Anstrengungen, mit seiner Geliebten zu brechen. Das Rondo im zweiten Akt steht für Alwas leidenschaftliche Zuneigung zu Lulu und das Thema und die Variationen im dritten Akt zeigen Lulu am Tiefstpunkt ihrer Karriere, an dem sie auf das Dasein einer Straßendirne abgestiegen ist. Auf einer unmittelbareren Ebene kehrt die formale Anlage von *Lulu* zur klassischen ›Nummern-Oper‹ und damit dem Gebrauch von ganz individuellen und in sich abgeschlossenen kleinen Formen zurück. Berg hat in der Partitur die Aufmerksamkeit darauf gerichtet, indem er Bezeichnungen wie Rezitativ, Canzonetta, Arietta, Lied, Duett, Arioso, Kavatine, Interludium etc. verwendet.

Die Doppelrollen von Lulus Opfern im ersten Teil und ihren Freiern in der Schlußszene sind wesentlich für die dramatische Struktur der Oper. Andere Doppelrollen sind dagegen lediglich aus praktischen und ökonomischen Gründen eingesetzt. Indem Berg auch diese beiden Gründe benennt und durch musikalische Mittel (Leitmotive, serielle Praktiken, Stimmumfang und Vokalstil, formale Wiederholungen) auf sie aufmerksam macht, integriert er auch die rein theaterpraktischen Seiten der Aufführung in das Werk selbst. Das stimmt überein mit der Änderung, die er an Alwas Beruf vornahm: in Wedekinds Stück ist er ein Dichter und Dramatiker, der sich selbst als Verfasser des *Erdgeists* zu erkennen gibt; in der Oper ist er ein Komponist, dessen wahre Identität sich erst enthüllt, als im Orchester die Anfangstakte von *Wozzeck* zu hören sind, wenn Alwa von Lulu sagt: »Über die ließe sich freilich eine interessante Oper schreiben.«

Beispiel 13 zeigt die Grundgestalt (P) und Umkehrung (I)

der Reihe. Die Teilung der beiden Reihengestalten zeigt den Umfang der ihnen gemeinsamen Hexachord-Tonhöhengruppe. (Die Transponierungsnummern, 0 und 9, sind die Tonhöhennummern, 0 für C und 9 für A [A ist der neunte Halbton über C], für das Anfangselement jeder Reihenform.) Durch die gemeinsamen Segmente von Tonhöhengruppen bestimmter Formen aus unterschiedlichen Reihen wird eine Hierarchie von unterschiedenen harmonischen Bereichen begründet. Die Dr. Schön zugehörige Reihe in $I_9$ z.B. und die seines Sohnes Alwa in $P_4$ sind insofern identisch, weil sie die gleichen Trichord- und Hexachord-Tonhöhengruppen umfassen (Beispiel 14–15). Die selben Reihen sind hinsichtlich ihrer

Hexachord-Bestandteile mit den zugrundeliegenden Reihen in $P_0$ und $I_9$ absolut invariant, weil die einander entsprechenden Hexachorde die größte Anzahl von Tonhöhen (fünf) gemeinsam haben, die ihre jeweilige Struktur zuläßt.

Eine neue Form von Tongruppen, die in dieser Oper eine wichtige Rolle spielt, ist der ›serielle Tropus‹. Gemeint ist damit folgendes: eine Tongruppe wird ihrerseits wieder in verschiedene Segmente unterteilt, die eine eigene innere Ordnung besitzen und je einzeln solchen seriellen Veränderungen unterworfen werden, die eine Revision der Tonhöhengruppen der Segmente nicht zulassen. Drei abweichende Formen von Schigolchs seriellem Tropus zeigt Beispiel 16.

Beispiel 16

Die chromatische Skala ist für alle Varianten von Schigolchs seriellem Tropus die grundlegende Quelle. Die Verbindung von dieser Tonfolge mit Lulus dunkler Herkunft stimmt mit dem tatsächlichen Verhältnis von Schigolch zu Lulu überein. Zunächst scheint sich der alte Bettler als Lulus Vater zu erweisen, später aber zeigt es sich, daß er tatsächlich ein früherer Liebhaber von ihr ist, ein Überbleibsel aus einer unbestimmten Vergangenheit lange vor Beginn des jetzigen Dramas. Da nur er allein zu wissen scheint, wer sie wirklich ist, und da er bis zum bitteren Ende ein tiefes Interesse an ihr zeigt, kann man ihn vielleicht im übertragenen Sinne als ihren ›Vater‹ bezeichnen. Am Ende überlebt nur der schwache, asthmatische alte Mann – unverändert, denn er hatte Lulus Dachkammer für ein Bier in der Kneipe verlassen, bevor sie mit Jack von der Straße zurückkehrt.

Sowohl weitreichende wie eng lokalisierte harmonische Verbindungen werden durch die Aufteilung von Tonhöhengruppen unter die verschiedenen Reihenanordnungen hergestellt. Ein Beispiel dafür ist die Verwandtschaft zwischen Dr. Schöns Arietta (»Das mein Lebensabend«) am Anfang der ersten Szene des zweiten Aktes und Lulus Arietta (»Du kannst mich nicht dem Gericht ausliefern«), die sie an den Sohn des Ermordeten am Schluß der gleichen Szene richtet. Diese beiden Stellen sind musikalisch wie auch dramatisch Gegensätze. Dennoch verbindet der gemeinsame Hexachord von Dr. Schöns Reihe in $I_9$ und von Alwas Reihe in $P_4$ die beiden Nummern harmonisch. Die Charakterisierung jeder Reihe der Oper durch eine ganz bestimmte Kontur führt noch zu einer weiteren Möglichkeit: gemeinsamen melodischen Zellen, durch die dann wiederum Beziehungen zwischen den unterschiedlichen Akten hergestellt werden. Wenn sich der Vorhang zur ersten Szene des ersten Akts hebt, fragt zum Beispiel Alwa (der Komponist selber): »Darf ich eintreten?«. Die Worte werden mit einem Segment der Grundreihe unterlegt, das mit einem Segment von Alwas Reihe übereinstimmt, obwohl Alwas Reihe an dieser Stelle gar nicht aufgestellt wird (Beispiel 17).

Diese und andere Beispiele, die aus der Oper noch zitiert werden könnten, bestärken eine These, die bereits bei der Erörterung der Lyrischen Suite aufgestellt wurde: Bergs 12-Ton-Musik ist entgegen der allgemeinen Annahme nicht weniger systematisch als die von Schönberg und Webern. Wenn überhaupt, dann ist sie eher noch folgerichtiger, während ihre Methoden und die ihnen zugrundeliegenden Voraussetzungen allerdings sehr verschieden sind. Berg selbst tarnte (vor sich selbst wie vor anderen) seine Abweichung von Schönbergs Konzept der 12-Ton-Komposition, indem er durch seinen autorisierten Biographen Willi Reich vordergründige Analysen seiner Musik verbreiten ließ. Aus dieser Quelle stammen die spitzfindigen Argumente, denen zufolge alle

Beispiel 17

Tongruppen in *Lulu* angeblich von der Grundreihe abgeleitet werden können. Es ist richtig, daß eine der zwei Basis-Zellen der Oper, eine Viertongruppe, unabhängig von jeder 12-Ton-Ordnung im ganzen Werk vorkommt und zusätzlich der Generator eines der wichtigsten 12-Ton-Tropen ist (Beispiel 18),

der die Bühnenwelt des Dramas sowie das Verhängnis und den Zauber der Hauptfigur in einem ganz allgemeinen Sinne repräsentiert. Die zweite dieser Basis-Zellen (Beispiel 19) wird auf vergleichbare Weise wie eine unabhängige Tongruppe verwendet, aber sie begegnet auch als ein Segment des der Gräfin Geschwitz zugeordneten Tropus (Beispiel 20) und, in einer besonderen Anordnung, als das anfängliche Fünftonsegment von Dr. Schöns Reihe in der Umkehrung $I_9$ (Beispiel 14). Die zwei Grundkonzepte der nach-diatonischen Tonhöhen-Organisation, die seit dem Quartett op. 3 eine wichtige Rolle in Bergs Werk spielen – die Umkehrsymmetrie und das Entwickeln von Intervall-Zyklen – erlangen in *Lulu* eine entschieden größere Wichtigkeit und alles durchdringende Reichweite. Ein zusammenfassendes Beispiel des ersten Konzepts findet man in den Takten 362–561, dem Finale der ersten Szene des zweiten Akts, in dem eine Vielzahl von kompositorischen Elementen – Dr. Schöns Reihe, der Tropus der Gräfin Geschwitz, die Grundreihe, die Basis-Zellen, eine Anzahl reiner Quartakkorde – die eine oder die andere der beiden Reihen von Umkehrungsbeziehungen, die in Beispiel 21 und 22 zu

sehen sind, entfalten. Der thematische Gebrauch von Ganzton, Halbton und reinen Quarten-Zyklen wurde schon in Beispiel 2 aufgezeigt. Eine tiefere Bedeutung kommt dem Intervallzyklus zu, der in Verbindung mit der Grundreihe von *Lulu* steht. Die Hauptgrundgestalt (P) und Umkehrung (I) (Beispiel 13) stellen jeweils eine spezielle Anordnung des entsprechenden, geteilten Zyklus von Quinten (Beispiel 10b) dar. Die

Transponierung um eine reine Quinte verändert den Tonhöhenumfang jedes Hexachords, wenn ein einziges Element durch seinen Tritonus ersetzt wird. Somit wird eine Hierarchie von Beziehungen erzeugt zwischen den durch Transponierung verwandten Reihengestalten, mit einem Höchstmaß an Überschneidungen des Hexachordumfangs (fünf Elemente stimmen überein); zwischen Reihengestalten, die durch eine Quinte getrennt sind; und dem totalen Austausch des Hexachordumfangs zwischen den Reihengestalten, die durch einen Tritonus getrennt sind. Andere Intervall-Zyklen teilen den Gesamtumfang der Halbtonleiter in gegeneinander abgeschlossene Gruppen auf. Der Ganzton-Zyklus zum Beispiel teilt die Halbtonleiter in zwei Sechstongruppen auf und jede dieser beiden Gruppen bleibt bei einer Transponierung, ganz gleich um welches Intervall, in ihrem Umfang unveränderlich. Es sind Prinzipien dieser Art, die eine Basis für den musikalischen Zusammenhalt in *Lulu* liefern und nicht ihre vermeintliche Ableitung aus einer uranfänglichen Tonreihe.

Beispiel 23

In ihrer Strukturierung von Rhythmus und Tempo stellt *Lulu* die Kulmination von Verfahrensweisen dar, die Berg bereits in seinen früheren Werken wie im *Wozzeck*, im Kammerkonzert und in der Lyrische Suite angewandt hatte. Aber es fällt schwer anzunehmen, daß es in den Werken anderer Komponisten Parallelen oder Vorläufer dieses rhythmischen Verfahrens gibt. Über ihren gesamten Umfang entfaltet die ganze letzte Szene von *Lulu* ein einziges, großangelegtes, terrassenförmiges *ritardando*, und zwar durch die aufeinanderfolgenden Wechsel des Grundtempos. Die gegenseitige Relation von Tempo und Rhythmus wird zu einem kontrollierten kompositorischen Kunstgriff, wie es schon im *Wozzeck* der Fall war – ein Vermögen, von einem Tempo in ein anderes zu ›modulieren‹ und damit sowohl lokal begrenzte wie übergreifende Zusammenhänge zu begründen. Es gibt in *Lulu* ein eigenes rhythmisches Thema, den sogenannten ›Hauptrhythmus‹ (Beispiel 23) und seine verschiedenen, von ihm abgeleiteten Formen – ein Verfahren, das man bis zu den Altenberg-Liedern zurück verfolgen kann und auf dem im *Wozzeck* eine ganze Szene beruht, die Invention über einen Ostinato-Rhythmus (3. Akt, Szene III). In *Lulu* kommt diesem ›Schicksals-Rhythmus‹ eine strukturelle und leitmotivische Bedeutung zu, die das ganze Werk durchzieht.

## SECHSTES KAPITEL
## DIE LETZTEN JAHRE

Das Particell von *Lulu* wurde im Frühjahr 1934 vollendet. Berg aber lebte wieder in bescheidenen Verhältnissen. Der Erfolg von *Wozzeck*, der bis 1932 in 17 deutschen Städten aufgeführt worden war, hatte seine wirtschaftliche Lage eine Zeitlang erheblich verbessert, aber mit dem wachsenden politischen Einfluß der Nazis wurde das Werk, trotz des ›Arier‹-Nachweises des Komponisten, zunehmend aus den Spielplänen verdrängt. Ende Februar 1933, vier Wochen nach Hitlers Ernennung zum Reichskanzler, war Berg in München als Mitglied der Programm-Jury des ›Allgemeinen Deutschen Musikvereins‹. Es war Frühlingszeit. »Man sieht und hört gar nicht mehr, so gewöhnt man sich daran« – schrieb Berg an seine Frau –, »daß die *ganze* Stadt mit allen ihren Einwohnern vollständig in Faschingslärm und Masken und Konfetti *eingetaucht* ist. Dazu die Nachricht vom Berliner Reichstagsgebäude. Auf-dem-Vulkan-tanzen!!!« Die Sitzungen der Jury waren »anstrengend«: »Die Rücksichtnahme auf Nazis muß so groß sein daß z. B. Schönberg entfällt und auch *nicht*-deutsche Namen wie Pisk und Jelinek, die sonst sicher gewählt worden wären.« Im März begann die Entlassung von jüdischen Musikern aus öffentlichen Positionen. Das betraf auch Schönberg, der seit 1925 eine Professur an der Preußischen Akademie der Künste in Berlin inne hatte. In einem Brief an Webern (29. Juni 1933) schreibt Berg: »... die Gesamtdepression über diese Zeitläufte hemmte lange meine Arbeitsfähigkeit.« Und ein paar Tage später schreibt er ebenfalls an Webern von seiner Sorge um Schönberg, der nach Paris gegangen war: »Was für ein Schicksal! Jetzt mit fast 60 Jahren vertrieben von dem Land, wo er seine Muttersprache sprechen konnte, ohne Heim, ohne Gewißheit: *wo* und *wovon* zu leben ...«

Es war Bergs Hoffnung gewesen, daß Erich Kleiber die Premiere seiner neuen Oper dirigieren würde, aber eine Aufführung in Deutschland war jetzt ganz und gar unmöglich. Trotzdem rechnete er damit, daß Kleiber die Uraufführung der geplanten Suite aus *Lulu* dirigieren würde, die er als erstes in Partitur setzen wollte. Der Komponist war bei der Premiere der *Symphonischen Stücke aus der Oper ›Lulu‹*, die am 30. November 1934 stattfand, nicht anwesend. Vier Tage nach dem Konzert trat Kleiber von seinem Posten zurück.

Im Januar 1935 erhielt Berg von dem amerikanischen Geiger Louis Krasner den Auftrag für ein Violinkonzert. Der Tod von Alma Mahlers 18-jähriger Tochter Manon Gropius am 22. April 1935 ließ Berg die Arbeit an der Instrumentation von *Lulu* unterbrechen, um das in Auftrag gegebene Konzert im Andenken an das tote Mädchen zu komponieren. Die Widmung lautet: »Dem Andenken eines Engels«. Berg arbeitete in einem für ihn bemerkenswerten Tempo. Mitte Juli vollendete er das Particell des Violinkonzerts und schon am 11. August schloß er die vollständig instrumentierte Partitur ab. Wie immer bei Berg entfaltet sich das ›Programm‹ des Werkes im Rahmen einer übergreifenden Konstruktion von streng formal gegliederten Proportionen. Die vier Sätze sind in zwei Teile gegliedert, wobei nur zwischen dem zweiten und dritten Satz (d.h. dem ersten und zweiten Teil) eine Pause besteht. Das eröffnende Andante mit seinen klaren Unterteilungen in Introduktion, Hauptsatz, Seitensatz, Schlußsatz und Codetta und das folgende Scherzando (Allegretto) sind in Symmetrie und Ausgewogenheit ihrer Phrasenstruktur ›klassisch‹ orientiert. Schnelles und langsames Tempo sind im zweiten Teil des Konzerts (Sätze drei und vier) in umgekehrter Reihenfolge angeordnet und intensiviert: Ein Allegro, das »frei wie eine Kadenz« gestaltet ist, und das abschließende Adagio, das auf dem Bach-Choral *Es ist genug* (Kantate BWV 60) basiert. Der erste Teil des Konzertes stellt ein musikalisches ›Portrait‹ des Mädchens dar, der zweite Teil ist eine Schilderung der Katastrophe und, schließlich, der Unterwerfung unter die Macht des Todes und der Verklärung.

Beispiel 24 zeigt die Reihe in ihrer Grundgestalt und den dazugehörigen Tonhöhen. Eine direkte Aufstellung dieser Reihe selbst fungiert als zentraler melodischer Bestandteil im

**Beispiel 24**

Hauptsatz des ersten Satzes. Der Ganztonabschnitt am Schluß der Reihe stimmt mit dem Anfangsmotiv des Chorals überein. Die Wechselnoten der Terzenfolge, die diesem Abschnitt vorausgeht, sind der Ursprung für ein anderes, grundlegendes Leitmotiv: für die arpeggierte leere Quintfigur am Beginn des Soloparts. Das harmonische Material des traditionellen tonalen Systems ist in den quintverwandten Dur- und Moll-Dreiklängen der Reihe angedeutet. Auf dieses Weise wird für die eingefügten tonalen Zitate – das Kärntner Volkslied in der Coda des Scherzos und Bachs eigene Harmonisierung der Choralmelodie im Adagio – ein folgerichtiger Zusammenhang geschaffen. Manche Abschnitte des Violinkonzerts sind sowohl tonal als auch seriell, einige tonal aber nicht seriell, andere seriell aber nicht tonal, und wieder andere sind weder tonal noch konsequent seriell gestaltet. Die vielen Überschneidungen zwischen den unterschiedlichen Reihengestalten machen eine eindeutige serielle Analyse unmöglich, selbst dort, wo die Textur mehr oder weniger folgerichtig dodekaphon ist. Zwischen der Grundgestalt (P) und der Krebsumkehrung (RI) – und daher auch zwischen der Umkehrung (I) und dem Krebs (R) – besteht völlige Überschneidung, da alle diese Reihenformen durch Transponierung (Beispiel 24 und 25) miteinander

**Beispiel 25**

verwandt sind und sich durch zyklische Permutation auf jede andere beziehen. Somit sind auch Krebs (R) und Krebsumkehrung (RI) wiederum keine unabhängigen Umformungen.

Mitte August, kurz nachdem Berg die Orchester-Partitur des Violinkonzerts im Waldhaus vollendet hatte, bildete sich vermutlich aufgrund eines Insektenstichs ein schmerzhafter Abszeß auf seinem Rücken. Berg begab sich deshalb in Behandlung, aber die Infektion hielt an. Obwohl er die meiste Zeit sehr starke Schmerzen hatte, blieb er bis Mitte November im Waldhaus, um an der Partitur von *Lulu* weiterzuarbeiten. Am 14. Dezember wurde die *Lulu*-Suite zum ersten Mal in Wien aufgeführt, und Berg, der dieses Werk bis dahin noch nicht gehört hatte, saß, obwohl schwer krank, im Publikum. Am 17. Dezember wurde er ins Krankenhaus eingeliefert und starb dort eine Woche später in der Nacht vom 23. zum 24. Dezember 1935 an einer Sepsis.

Das Violinkonzert wurde erst posthum am 19. April 1936 auf dem IGNM-Festival in Barcelona der Öffentlichkeit vorgestellt. Somit wurde das Werk, das Berg der Welt als eine Erinnerung an jemand anderen übergeben hatte, zu seinem eigenen Requiem. Was die Welt nicht wußte und was erst kürzlich enthüllt wurde (Jarman 1982), ist, daß Berg das Konzert als Doppel-Requiem geplant hatte – daß er den Vorteil des natürlicherweise vieldeutigen Charakters der programmatischen Aussage von Musik genutzt hat, um eine zweite, ebenso authentische programmatische Idee unter derjenigen, die er der Öffentlichkeit angeboten hatte, zu verbergen. Ein erster Fingerzeig findet sich in der Taktzahl der Introduktion, die der Komponist ausdrücklich in der Partitur anzeigt: »Introduction (10 Takte)«. Von Bergs eigenen Annotationen in Hanna Fuchs-Robettins Exemplar der Lyrischen Suite wissen wir, daß »unsere Zahlen«, Bergs und Hannas, 23 beziehungsweise 10 sind. Ein zweiter Hinweis ist durch die seltsamen Vortragsbezeichnungen, die beständig jede Phrase des Chorals begleiten, gegeben – vor allem des *amoroso*, das in der Partitur jedesmal dann angegeben ist, wenn die aus vier Noten bestehende Schlußfigur erklingt, eine Bezeichnung, die schwerlich zum Text und zur Bestimmung der Originalmelodie paßt. Ein dritter Hinweis ist im originalen Text des verwendeten Kärntner Volkslieds versteckt, über den die Partitur sich ausschweigt und in dem von der Liebschaft zu einem gewissen ›Miazale‹ (d.h. Mizzi) die Rede ist. ›Mizzi‹ war auch der Spitzname eines Dienstmädchens im Haushalt von Bergs Eltern, das mit dem jungen Alban ein Verhältnis hatte, aus dem eine illegitime Tochter hervorging. Diese versteckten Hinweise deuten auf das System einer ›Geheimschrift‹ aus Taktzahlen, Metronomangaben und musikalischen Chiffrierungen hin, deren Bedeutung wir aus der mit Annotationen versehenen Partitur der Lyrischen Suite und aus dem erschließen können, was wir über Bergs Interesse an den Zahlentheorien von Wilhelm Fliess, einem Berliner Biologen und frühen Mentor von Sigmund Freud, wissen. In dem geheimen Programm des Violinkonzerts steht das zweimalige Erklingen des Volkslieds, im Scherzo des ersten Teils und im abschließenden Adagio des zweiten Teils, stellvertretend einmal für Bergs erste folgenschwere Liebesaffaire mit dem Dienstmädchen, die die Mutter seines Kindes war, und zum anderen für seine letzte, idealische Beziehung zu Hanna Fuchs-Robettin. Der Tod des Komponisten selbst spiegelt sich in der verheerenden Gewalt des Allegros und in der Resignation des Adagio wider. Die Erinnerung an die Ländlermelodie ganz zum Schluß und die Coda sind musikalische Umschreibungen der Gefühle, die er wiederholt in seinen Briefen an Hanna zum Ausdruck gebracht hatte: »Niemand kann mir die Gewißheit unserer Gemeinschaft in einem späteren Leben nehmen«, schrieb er im Mai 1930, und am 9. Dezember 1931: »Wieviele weitere Jahre noch – bis zur Ewigkeit, die uns gehören wird???«.*

Wie sehr uns auch dieses Werk und die Umstände, die zu seiner Komposition führten, bewegen, so sehr muß man es doch bedauern, daß das Violinkonzert Berg von der Vollendung der Orchestrierung eines ungleich bedeutenderen Werkes, eines der größten Meisterwerke der gesamten Opernliteratur, abgehalten hat. Die Partitur des letzten Akts von *Lulu* war bereits weit vorangeschritten, als der Tod ihn von der Vollendung zurückhielt. Das Zwischenspiel zwischen der er-

---

* Rückübersetzung a.d. Englischen (A.d.Ü.)

sten und der zweiten Szene und Teile des Schlusses der zweiten Szene waren schon im Hinblick auf die *Lulu*-Suite instrumentiert worden. Als Berg nach dem Abschluß des Violinkonzerts zur Oper zurückkehrte, konnte er noch die ersten 268 Takten der ersten Szene des dritten Aktes in Partitur schreiben. In seinem Beitrag über *Lulu* in »Musical Quarterly« schrieb Willi Reich im Oktober 1936: »Berg hinterließ eine vollständige und sehr sorgfältig ausgearbeitete Entwurfspartitur (Particell) von ›Lulu‹. Nur die Instrumentierung weniger Teile in der Mitte des letzten Akts wurden nicht vollendet, aber dies könnte aus dem vorhandenen Material von einem Freund, der genügend mit Bergs Werk vertraut ist, leicht bewerkstelligt werden.«

Erwin Steins Klavierauszug des ersten und zweiten Akts wurde im gleichen Jahr (1936) veröffentlicht. In einer Vorbemerkung der Verlags heißt es, daß der Klavierauszug des dritten Akts zu einem späteren Zeitpunkt folgen werde. Steins Klavierauszug des dritten Akts wurde tatsächlich auf der Grundlage von Bergs Particell vervollständigt, aber eine Veröffentlichung unterblieb, obwohl bereits 70 Seiten gestochen waren.

In Österreich drohte der Anschluß an das Reich und es gab kein deutsches oder österreichisches Opernhaus mehr, wo *Lulu* hätte aufgeführt werden können. Am 2. Juni 1937 wurde die Oper in Zürich uraufgeführt. Von der Musik des dritten Aktes wurden nur diejenigen Teile, die Berg in die *Lulu*-Suite aufgenommen hatte, als ›Hintergrundmusik‹ aufgeführt, um die Bearbeitung der Schlußszene des Dramas, den Mord und Tod von Lulu und der Gräfin, zu untermalen. Als die Oper nach dem Krieg wieder aufgeführt werden konnte, lehnte es Bergs Witwe ab, das unveröffentlichte Material des dritten Akts freizugeben. Die Oper wurde weiterhin mit dem Notbehelf der Züricher Uraufführung gegeben, einer Lösung, die rückwirkend den dramatischen und musikalischen Sinn der beiden vorangegangenen Akte verfälscht und die Symmetrie des Werkes zerstört. Helene Bergs Tod am 30. August 1976 gab Anlaß zur Hoffnung, daß die bereits 1936 angekündigte

Veröffentlichung von Steins Klavierauszug endlich verwirklicht werden könnte. Steins Fassung ist eine getreue und sachkundige Wiedergabe von Bergs Particell. Sie wurde schließlich 1979 von dem Wiener Komponisten Friedrich Cerha veröffentlicht, der mit Erlaubnis des Verlages die Partitur insgeheim schon lange vorher, noch zu Lebzeiten der Witwe, ergänzt und fertiggestellt hatte. Die Uraufführung der vollständigen Oper fand am 24. Februar 1979 in der Pariser Opéra statt.

# WERKVERZEICHNIS

Zahlreiche Lieder 1900–1905, vgl. Chadwick (1971); Auswahl in 2 Bd. v. Christopher Hailey (1985).

Sieben frühe Lieder für Singst. und KL 1905–08, revidiert und orchestriert 1928; orchestrierte Version wurde am 6. Nov. 1928 uraufgeführt; die KL Version (1928), Orchester Ver. (1969): »Nacht« (C. Hauptmann), Schilflied (N. Lenau), »Die Nachtigall« (T. Storm), »Traumgekrönt« (R. M. Rilke), »Im Zimmer« (J. Schlaf), »Liebesode« (O. E. Hartleben), »Sommertage« (P. Hohenberg)

Schließe mir die Augen beide (Storm), für Singst. und KL, Erste Fassung 1907, veröffentlicht in: »Die Musik« XXVI (1930), wieder aufgelegt (1955)

An Leukon (J. Gleim), für Singst. und KL 1908, veröffentlicht in Reich (1937)

12 Variationen über ein eigenes Thema C-dur für KL 1908, veröffentlicht in Redlich (1957) und als Heft 2 der Ed. »Frühe Klaviermusik« (1985)

op. 1: Klaviersonate (?) 1907–1908, Uraufführung am 24. April 1911 (1910)

op. 2: Vier Lieder, für Singst. und KL (?)1909–1910 (1910): »Schlafen, schlafen« (F. Hebbel), »Schlafend trägt man mich« (A. Mombert), »Nun ich der Riesen Stärksten« (Mombert), »Warm die Lüfte« (Mombert)

op. 3: Streichquartett, 1910, Uraufführung am 24. April 1911 (1920)

op. 4: Fünf Orchesterlieder nach Ansichtskartentexten von Peter Altenberg, für Singst. und Orchester 1912. Zwei Lieder dirigierte Schönberg in Wien am 31. März 1913, alle fünf wurden 1952 in Rom von J. Horenstein uraufgeführt. Singst. Klavierauszug (1953), Partitur (1966): »Seele, wie bist du schöner«, »Sahst du nach dem Gewitterregen«, »Über die Grenzen des All«, »Nichts ist gekommen«, »Hier ist Friede«

op. 5: Vier Stücke, für Klarinette und KL 1913, Uraufführung Wien 17. Oktober 1919 (1920)

Symphonie-Fragmente. Ausgabe in Facsimile mit Übertragung, hrsg. v. R. Stephan, Wien (1986)

op. 6: Drei Orchesterstücke, 1914–1915. Das erste und zweite Stück dirigierte Webern am 5. Juni 1923 in Berlin, alle drei Stücke dirigierte J. Schüler am 14. April 1930 in Oldenburg, herausgegeben (1923): Präludium, Reigen, Marsch

op. 7: Wozzeck (Oper in drei Akten nach Büchner), 1917–1922, Uraufführung am 14. Dezember 1925 in der Berliner Staatsoper unter Leitung von E. Kleiber

Drei Bruchstücke aus »Wozzeck«, für S und Orchester, Uraufführung am 11. Juni 1924 in Frankfurt unter Leitung von H. Scherchen, herausgegeben (1924)

Kammerkonzert für KL, Vn und 13 Blasinstrumente, 1923-1925, Uraufführung am 27. März 1927 in Berlin unter Leitung von H. Scherchen, herausgegeben (1925)

Adagio für Vn, Cl, KL (Bearbeitung des II. Satzes des Kammerkonzerts), herausgegeben (1956)

Schließe mir die Augen beide (Storm), für Singst. und KL, zweite Fassung, 1925, veröffentlicht in: »Die Musik«, XXII (1930), wiederaufgelegt 1955

Lyrische Suite für Str. Quartett, 1925-26, Uraufführung durch das Kolisch Quartett am 8. Januar 1927 in Wien, herausgegeben (1927)

Drei Stücke aus der Lyrischen Suite, für Streichorch (bearbeitet wurden Satz 2-4), Uraufführung durch J. Horenstein am 31. Januar 1929, herausgegeben (1928)

Der Wein (Baudelaire, übersetzt von George), Konzertarie für S und Orch. (1929), Uraufführung am 4. Juni 1930 in Frankfurt mit R. Herlinger (S) unter Leitung von H. Scherchen. Klavierauszug 1930 herausgegeben, vollständige Partitur 1966 herausgegeben

Vierstimmiger Kanon »Alban Berg an das Frankfurter Opernhaus« (Berg), 1930, herausgegeben (1937)

Lulu (Oper in drei Akten nach Wedekind: Erdgeist, Die Büchse der Pandora), 1929-35, Orchestration von Akt 3 unvollst., Uraufführung am 2. Juni 1937 in Zürich unter Leitung von R. F. Denzler. Klavierauszug von Akt 1-2 (herausgegeben 1936), vollständige Partitur von Akt 1-2 und Teile von Akt 3, die in der Suite enthalten sind, wurden 1964 herausgegeben. Klavierauszug von Akt 3 wurde 1979 herausgegeben. Orchestrierung von Akt 3 wurde von F. Cerha vervollständigt, Uraufführung der vollständigen Oper am 24. Februar 1979 unter Leitung von P. Boulez in Paris

Symphonische Stücke aus der Oper »Lulu« (Lulu-Suite), für S und Orch., Uraufführung am 30. November 1934 unter Leitung von E. Kleiber in Berlin, herausgegeben (1935): Rondo, Ostinato, Lied der Lulu, Variationen, Adagio

Violinkonzert, 1935, Uraufführung am 19. April 1936 mit L. Krasner unter Leitung von H. Scherechen in Barcelona, herausgegeben (1936)

## Bearbeitungen:

Schreker, F.: »Der ferne Klang«, Klavierauszug, Wien (1911)
Schönberg, A.: »Gurrelieder«, Klavierauszug, Wien (1912) und »Litanei« und »Entrückung« Str. Quartett, op. 10: für Singst. und Kl 1912, herausgegeben Wien (1921).
Strauss, J.: Wein, Weib und Gesang, für Salon-Ensemble bearb. (Partitur)
Hauptverleger: Universal Edition

## Schriften:

»Arnold Schönberg, Gurrelieder: Führer«, Wien (1913)
»Arnold Schönberg, Pelleas und Melisande, op. 5: thematische Analyse«, Wien o.J.
»Arnold Schönberg, Kammersymphonie, op. 9: thematische Analyse«, Wien o.J.
»Der Verein für musikalische Privataufführungen«, Wien (1919) [Prospekt]
»Die musikalische Impotenz der ›neuen Ästhetik‹ Hans Pfitzners«, in: »Musikblätter des Anbruch«, II (1920)
»Warum ist Schönbergs Musik so schwer verständlich?«, in: »Musikblätter des Anbruch«, VI (1924)
»Offener Brief an Arnold Schönberg« [über das Kammerkonzert], in: »Pult und Taktstock«, Februar (1925)
»Die Stimme in der Oper«, Gesang: Jahrbuch 1929 der UE, Wien (1929)
»Praktische Anweisungen zur Einstudierung des ›Wozzeck‹«, Wien (1930)
»Was ist Atonal?« (Radio-Interview vom 23. April 1930), in: 23 – Eine Wiener Musikzeitschrift, Nr 26/27 (1936)
Alle diese und weitere Aufsätze in: Berg, A.: Glaube, Liebe, Hoffnung. Schriften zur Musik, hrsg. v. F. Schneider, Leipzig (1981)
Berg, H. (Hrsg.): »Alban Berg: Briefe an seine Frau«, München (1965)
Reich, W.: Alban Berg-Bildnis im Wort. Selbstzeugnisse und Aussagen der Freunde. Zürich (1959)

# BIBLIOGRAPHIE

*Monographien und Essay-Sammlungen:*

Musikblätter des Anbruch: Alban Bergs »Wozzeck« und die Musikkritik, Wien (1926)
Reich, W.: »Alban Berg: mit Bergs eigenen Schriften und Beiträgen von Theodor Wiesengrund Adorno und Ernst Krenek«, Wien (1937)
Redlich, H.F.: Alban Berg: Versuch einer Würdigung, Wien (1957)
Adorno, Th. W.: »Alban Berg«, in: Klangfiguren, Berlin/Frankfurt a.M. (1959) S. 121
Kerner, D.: »Alban Bergs Ende«, in: Melos, Jg. 29 (1962)
Reich, W.: »Alban Berg«, Zürich (1963)
Boulez, Pierre: »Alban Berg«, in: Relevés d'apprenti (1966) S. 307; dt. in: Boulez, P.: Anhaltspunkte. Essays, Stuttgart/Zürich (1975)
Adorno, T.: »Alban Berg«, Wien (1968)
Ploebsch, G.: »Alban Bergs ›Wozzeck‹«, Straßburg (1968).
International Alban Berg Society Newsletter (1968 ff.)
Siegmund-Schulze, W.: »Janacek und Berg«, in: Musikwissenschaftliche Kolloquien der internat. Musikfestspiele, Brno (1968)
Schweizer, K.: »Die Sonatensatzform im Schaffen Alban Bergs«, Stuttgart (1970)
Reiter, M.: »Die Zwölftontechnik in Alban Bergs Oper ›Lulu‹«, Regensburg (1973)
Carner, M.: »Alban Berg«, London (1975)
Hilmar, E.: »Wozzeck von Alban Berg: Entstehung – erste Erfolge – Repressionen (1914–1935)«, Wien (1975)
Scherliess, V.: »Alban Berg«, Reinbek bei Hamburg (1975)
Berg, E. A. (Hrsg.): »Alban Berg: Leben und Werk in Daten und Bildern«, Frankfurt (1976)
Petazzi, P.: »Alban Berg: La vita, L'opera, i tesi musicali«, Mailand (1977)
Vogelsang, K.: »Dokumentation zur Oper ›Wozzeck‹ von Alban Berg: die Jahre des Durchbruchs 1925–32«, Laaber (1977)
Barilier, E.: »Alban Berg: Essai d'interpretation«, Lausanne (1978)
Metzger, H. K. und R. Riehn (Hrsg.): Musik-Konzepte 4: Alban Berg Kammermusik I, München (1978)
Hilmar, R.: »Alban Berg: Leben und Wirken in Wien bis zu seinen ersten Erfolgen als Komponist«, Wien (1978)
Kolleritsch, O. (Hrsg.): »50 Jahre Wozzeck von Alban Berg: Vorgeschichte und Auswirkungen in der Opernästhetik«, Studien zur Wertungsforschung, X, Graz (1978)

Cerha, F.: »Arbeitsbericht zur Herstellung des 3. Akts der Oper Lulu von Alban Berg«, Wien (1979)
Jarman, D.: »The Music of Alban Berg«, London (1979)
Manson, K.: »Alban Berg«, Boston (1979), dt. Frankfurt/M. (1989)
Metzger, H. K. und R. Riehn (Hrsg.): Musik-Konzepte 9: Alban Berg Kammermusik II, München (1979)
Hilmar, R. (Hrsg.): Katalog der Musikhandschriften, Schriften und Studien Alban Bergs im Fond Alban Berg und weitere handschriftliche Quellen im Besitz der österreichischen Nationalbibliothek, Wien (1980), Alban Berg Studien Bd. 1
Perle, G.: »The Operas of Alban Berg, I: Wozzeck«, Berkley (1980)
Stephan, R.: »Zur Würdigung Alban Bergs«, in: ÖMz 35 (1980) S. 204
Berg, E. A.: »Bergiana«, in: SMz 120 (1980) S. 147
Klein, R. (Hrsg.): Alban Berg Symposion Wien 1980. Tagungsbericht, Wien (1981), Alban Berg Studien Bd. 2
Federhofer, H.: »Meine Erinnerungen an Alban Berg«, in: Festschrift Othmar Wessely zum 60. Geburtstag, Tutzing (1982)
Stephan, R.: »Alban Berg«, in: Die Wiener Schule heute. Referate, Darmstadt, Mainz (1983) S. 45-62
Brosche, G.: »Zum Berg Jahr 1985«, in: ÖMz 40 (1985) S. 31
Hilmar, R./Brosche, G.: Alban Berg 1885-1985. Ausstellung der Österreichischen Nationalbibliothek (Katalog), Wien (1985)
Hilmar, R. (Hrsg.): Katalog der Schriftstücke von der Hand Alban Bergs, der fremdschriftlichen und gedruckten Dokumente zur Lebensgeschichte und zu seinem Werk, Wien (1985). Alban Berg Studien Bd. 1/2
Stephan, R.: »Alban Berg in den zwanziger Jahren«, in: Kongreßbericht, Stuttgart (1985) Bd. 1, S. 1-9
Stephan, R.: »Alban Berg (1889-1935)«, in: ÖMz 40 (1985)
Stephan, R.: »Alban Berg als Schüler Arnold Schönbergs. Auf dem Weg zur Sonate op. 1«, in: Bericht über den 2. Kongreß der internat. Schönberg Gesellschaft Wien 1984, Wien (1986) S. 22
Stenzl, J.: »Alban Berg und M. Scheuchl«, in: ÖMz 40 (1987) S. 22
Cahn, P.: »Klassizismus bei Alban Berg?«, in: Kolloquium Klassizität, Klassizismus, Klassik, in der Musikwissenschaft von 1920-1950 Würzburg 1985 (1988) S. 95
Möller, E.: »Ein unveröffentlichter Briefwechsel zwischen Alban Berg und G. Göhler«, in: BMw 31/4 (1989) S. 279
Stephan, R.: »Berg und Schönberg«, in: Die Sprache der Musik. Festschrift Prof. Dr. K. W. Niemöller zum 60. Geburtstag, Regensburg (1989) S. 545
Müller, T.: »Die Musiksoziologie Th. W. Adornos. Ein Modell ihrer Interpretation am Bsp. Alban Bergs«, Frankfurt (1990)

Op de Coul, P.: »Wozzeck, Amsterdam 1930. Alban Berg und die Wagner Vereinigung«, in: Neue Musik und Tradition. Festschrift Rudolf Stephan zum 65. Geburtstag, Laaber (1990) S. 473

*Weitere Literatur*

Viebig, E.: »Alban Bergs ›Wozzeck‹: ein Beitrag zum Opernproblem«, in: Die Musik, XV (1923) S. 506
Reich, W.: »Aus unbekannten Briefen von Alban Berg an Anton Webern«, in: SMz, XCIII (1953) S. 49
Blaukopf, K.: »Autobiographische Elemente in Alban Bergs ›Wozzeck‹«, in: ÖMz, IX (1954) S. 155
Russel, J.: »Erich Kleiber«, London (1957), dt. München (1958)
Perle, G.: »The Music of Lulu: A New Analysis«, in: JAMS, XII (1959) S. 185
Perle, G.: »Serial Composition and Atonality«, Berkley (1962), 5. überarb. Aufl. 1981
Adorno, Th. W.: Alban Berg: Violinkonzert, in: Der getreue Korrepetitor, Frankfurt/M. (1963)
Reiter, M.: »Die Zwölftontechnik in Alban Bergs Oper Lulu«, Köln (1963)
Offergeld, R.: »Some Questions about Lulu«, in: Hifi/Stereo Review, XIII/4 (1964) S. 58
Perle, G.: »Lulu the formal Design«, in: JAMS, XVII (1964) S. 179
Vojtech, I.: »Arnold Schönberg, Anton Webern, Alban Berg: unbekannte Briefe an Erwin Schulhoff«, MMC SVIII (1965) S. 30–83
De Voto, M.: »Some Notes on the Unknown Altenberg Lieder«, in: PNM, V/1 (1966), S. 37
Perle, G.: »Erwiderung auf Willi Reichs Aufsatz ›Drei Notizblätter zu Alban Bergs Lulu‹«, in: SMz, CVII (1967) S. 163
Perle, G.: »Die Personen in Bergs Lulu«, in: AMw, XXIV (1967) S. 283
Perle, G.: »Die Reihe als Symbol in Bergs Lulu«, in: ÖMz, XXII (1967) S. 589
Archibald, B.: »The Harmony of Berg's ›Reigen‹«, in: PNM, VI/2 (1968) S. 73
Chadwick, N.: »Thematic Integration in Berg's Altenberg Songs«, in: MR 29 (1968) S. 300
Kassowitz, G.: »Lehrzeit bei Alban Berg«, ÖMz, XXIII (1968) S. 323
Jarman, D.: »Dr. Schön's Five-Strophe Aria: some Notes on Tonality and Pitch Association in Berg's Lulu«, in: PNM, VIII/2 (1970) S. 23

Jarman, D.: »Some Rhythmic and Metric Techniques in Alban Berg's Lulu«, in: MQ, LVI (1970) S. 349

Chadwick, N.: »Berg's Unpublished Songs in the Österreichischen Nationalbibliothek«, in: ML, LIII (1971) S. 123

Rauchhaupt, U. v. (Hrsg.): Schoenberg/Berg/Webern. Die Streichquartette. Eine Dokumentation, Hamburg (1971)

Chadwick, N.: »Franz Schreker's Orchestral Style and its influence on Alban Berg«, in: MR, XXXV (1974) S. 29

Knaus, H.: »Studien zu Alban Bergs Violinkonzert«, in: De ratione in musica. Festschrift Erich Schenk, Kassel (1975) S. 255

Knaus, H.: »Berg's Carinthian folk tune«, in: MT, CVII (1976) S. 487

Treitler, L.: »›Wozzeck‹ et l'Apocalypse«, in: SMz, CVI (1976) S. 249

Green, D.: »Berg's De profundis: the Finale of the Lyric Suite«, in:International Alban Berg Society Newsletter Nr. 5 (1977)

Green, D.: »The Allegro misterioso of Berg's Lyric Suite: Iso- and Retrorhythms«, in: JAMS, XXX (1977) S. 507

Jares, S.: »Inscenace Bergova Vojcka v Národnim Yedivadle roku 1926« (Inszenierung von Wozzeck im Prager Nationaltheater 1926), in: HV, XIV (1977) S. 271

Lébl, V.: »Pripad Vojcek« (Der Fall Wozzeck), in: HV, XIV (1977) S. 195–229 [mit deutscher Zusammenfassung]

Perle, G.: »Berg's Master Array of the Interval Cycles«, in: MQ, LXIII (1977) S. 1–30

Perle, G.: »The Secret Programme of the Lyric Suite«, in: MT, CXVIII (1977) S. 629, 709, 809, deutsch, in: ÖMz 33 (1978) S. 64, 113 und: Musik-Konzepte 4: Alban Berg Kammermusik I (1978), S. 49

Perle, G.: »Twelve Tone Tonality«, Berkeley (1977)

Perle, G.: »Inhaltliche und formale Strukturen in Alban Berg's Oper Lulu«, in: ÖMz, XXXII (1977) S. 427

Adorno, Th. W.: Die Instrumentation von Bergs frühen Liedern, in: Gesammelte Schriften 16, Frankfurt/M. (1978), S. 97

Adorno, Th. W.:Bergs kompositionstechnische Funde, in: Gesammelte Schriften 16, Frankfurt/M. (1978), S. 413

Herschkowitz, F.: »Some Thoughts on Lulu«, in: International Alban Berg Society News Letter Nr. 7 (1978) S. 11

Jarman, D.: »Lulu: the Sketches«, in: International Alban Berg Society News Letter Nr. 6 (1978) S. 4

Smith, J. A.: »Some sources for Berg's ›Schliesse mir die Augen beide‹ II«, in: International Alban Berg Society Newsletter Nr. 8 (1978) S. 9

Budday, W.: »Alban Bergs lyrische Suite. Satztechnische Analyse ihrer zwölftönigen Partien«, Stuttgart (1979)

Jarman, D.: »The music of Alban Berg«, London/Boston (1979)
Perle, G.: »The complete Lulu«, in: MT, CXX (1979) s. 115
Perle, G.: »The Cerha Edition«, in: International Alban Berg Society Newsletter Nr. 8 (1979) S. 5
Harris, D.: »The Berg-Schönberg Correspondence: A Preliminary Report«, in: International Alban Berg Society Newsletter Nr. 9 (1980) S. 11
Petersen, P.: »Wozzecks persönliche Leitmotive. Ein Beitrag zur Deutung des Sinngehalts der Musik in Alban Bergs ›Wozzeck‹«, in: Hamburger Jahrbuch für Musikwissenschaften 4 (1980)
Perle, G.: »»Mein geliebtes Almschi ...‹. Briefe von Alban und Helen Berg an Alma Mahler Werfel«, in: ÖMz, XXXV (1980) S. 2
Radice, M.: »The Anatomy of a Libretto. The music inherent in Büchners ›Woyzeck‹«, in: MR 41 (1980) S. 223
Perle, G.: »The Film interlude of Lulu«, in: International Alban Berg Society Newsletter Nr. 11 (1982) S. 3, deutsch in: ÖMz 30 (1981) S. 631
Floros, C.: »Verschwiegene Programmusik«, Wien (1982)
Gruhn, W.: »Alban Berg: Lulu. Mythos und Allegorie bei Wedekind – Gedanken zum dritten Akt der Oper«, in: Musiktheater heute. Sechs Kongreßberichte. Veröffentlichungen für Neue Musik und Musikerziehung, Darmstadt, Bd. 22 (1982)
Hilmar, R.: »Die Bedeutung der Textvorlagen für die Oper ›Lulu‹ von Alban Berg«, in: Festschrift Othmar Wessely zum 60. Geburtstag, Tutzing (1982) S. 265
Knaus, H.: »Alban Bergs Skizzen und Vorarbeiten zur Konzertarie ›Der Wein‹«, in: Festschrift Othmar Wessely zum 60. Geburtstag, Tutzing (1982) S. 355
De Voto, M.: »Alban Berg's ›Marche Macabre‹«, in: PNM 22 (1983/84) S. 386
Jarman, D.: »Alban Berg, Wilhelm Fliess and Secret Programme of the Violin Concerto«, in: International Alban Berg Society Newsletter Nr. 12 (1983) S. 4, und in: MT, CXXIV (1983) S. 218, deutsch in: ÖMz 40/1 (1985) S. 12-21
Busch, R.: »Wie Berg die richtige Reihe fand«, in: Musik-Konzepte. Sonderband A. Webern II, München (1984) S. 365
Congdon, D.: »Composition in Berg's Kammerkonzert«, in: PNM 24/1 (1985) S. 128
Csampai, A. (Hrsg.): »Lulu«. Texte, Materialien, Kommentare. Mit einem Essay von D. Holland, Reinbek (1985) (rororo Opernbücher)
Csampai, A. und Holland, D. (Hrsg.): »Wozzeck«. Texte, Materialien, Kommentare. Mit einem Essay von U. Dibelius, Reinbek (1985) (rororo Opernbücher)

Headlam, D.: »The Derivation of Rows in ›Lulu‹«, in: PNM 24/1 (1985) S. 198

Petersen, P.: Wozzeck. Eine semantische Analyse unter Einbeziehung der Skizzen und Dokumente aus Bergs Nachlaß, in: Musik-Konzepte. Sonderband Alban Berg Wozzeck, München (1985)

Naudé, J.: »The Neglected Basic Series – Permutation in Alban Berg's ›Lulu‹«, in: South African Journal of Musik 5/2 (1985) S. 93

Noske, F.: »The Captain and the Doktor in ›Wozzeck‹«, in: Analytica. Studies in description and analysis of music (1985) S. 269

Perle, G.: »The Operas of Alban Berg Bd. 2: Lulu«, Berkley (1985)

Scherliess, V.: »Alban Berg Heute«, in: Internat. Musikfest Stuttgart 14–222.9 1985 (1985) S. 107

Wiesmann, S.: »Die Alban Berg Stiftung«, in: ÖMz 40 (1985) S. 33

Brauneiss, L.: »Überlegungen zur Rhythmik im Kammerkonzert Alban Bergs«, in: ÖMz 41 (1986) S. 553

Ertelt, Th.: »Hereinspaziert ...«. Ein früher Entwurf des Prologs in Alban Bergs »Lulu«, in: ÖMz 41 (1986) S. 15

Gülke, P.: »Musik, die fürs erste ... überhaupt wie keine anmutet«. Zu Alban Bergs Lyrischer Suite, in: Neue Zeitschrift für Musik, Jg. 147/9 (1986) S. 14

Petersen, P.: »Zu einigen Spezifika der Dodekaphonie im Schaffen Alban Bergs«, in: Bericht über den 2. Kongreß der internat. Schönberg Gesellschaft Wien 1984, Wien (1986) S. 168

Schatt, P.: »Zahl, Symbolik und Krytogrammatik in Bergs ›Vier Stücke für Klarinette und Klavier‹«, in: AfMw 43 (1986) S. 128

Famming, D.: »Berg's Sketches for ›Wozzeck‹: A commentary and inventory«, in: J of the RMa 112/2 (1987) S. 280

Floros, C.: »Das verschwiegene Programm des Kammerkonzerts von Alban Berg. Eine semantische Analyse«, in: Neue Zeitschrift für Musik 148 Heft 11 (1987) S. 11

Perone, J.: »Tonal implications and the role of the symmetrical hexachord in Alban Berg's Four Pieces for Clarinett and Piano op. 5 Nr. 2«, in: Interface 16, 1–2 (1987) S. 49

Perle, G.: »Die Neuausgabe von ›Lulu‹«, in: ÖMz (1987) S. 18

Stephan, R.: »Alban Berg. Violinkonzert (1935)«, München (1988)

Krämer, U.: »Die Suite als Charakterstudie des Hauptmanns in Alban Bergs ›Wozzeck‹«, in: Hamburger Jhb. für Musikwissenschaft 10 (1988) S. 47

Mauser-Zenck, C.: »Lulu, die Sphinx und der Traum vom Tropenvogel«, in: Hamburger Jhb. für Musikwissenschaft 10 (1988) S. 77

Cserepy, Z.: »Zur visionären Klanggestalt der Passacaglia in Alban Bergs ›Wozzeck‹«, in: Schweizerisches Jhb. für Musikwissenschaft. Neue Folge 8/9 (1988/89) S. 81

Jarman, D.: »Alban Berg ›Wozzeck‹«, Cambridge (1989)
Perle, G.: »Some thoughts on an ideal production of ›Lulu‹«, in: J. of M. 7/2 (1989) S. 244

# ALLGEMEINE ABKÜRZUNGEN

| | |
|---|---|
| A | Alt |
| acc. | accompagnato |
| B | Baß |
| Bear., bear. | Bearbeitung, bearbeitet |
| Bar. | Bariton |
| geb. | geboren |
| Fg. | Fagott |
| V. | Violine |
| Vc. | Violoncello |
| Va. | Viola |
| v., vv. | Vers(e) |
| st. | Stimme(n) |
| unveröff. | unveröffentlicht |
| Pos. | Posaune |
| Übers. | Übersetzung |
| Trp. | Trompete |
| T | Tenor |
| Sinf. | Sinfonie |
| Str. | Streicher |
| Sax. | Saxophon |
| Sop., S | Sopran |
| Rev., rev. | Revision, revidiert |
| Repr. | Reprint, Nachdruck |
| einger. | eingerichtet |
| Quint. | Quintett |
| Quart. | Quartett |
| Pic | Piccolo |
| Auff., aufgef. | Aufführung, aufgeführt |
| Org. | Orgel |
| Orch. | Orchester |
| orchest. | orchestriert |
| Ob. | Oboe |
| o.J. | ohne Veröffentlichungsjahr |
| Mez | Mezzosopran |
| Mand. | Mandoline |
| Jg. | Jahrgang |
| Instr. | Instrument, instrumental |
| unvollst. | unvollständig |
| Hr. | Horn |

*Allgemeine Abkürzungen*

| | |
|---|---|
| Git. | Gitarre |
| Fl. | Flöte |
| Ens. | Ensemble |
| Kb. | Kontrabaß |
| Dir. | Dirigent |
| Klar. | Klarinette |
| Cel. | Celesta |

## BIBLIOGRAPHISCHE ABKÜRZUNGEN

| | |
|---|---|
| AMw | Archiv für Musikwissenschaft |
| BMw | Beiträge zur Musikwissenschaft |
| CMc | Current Musicology |
| DAM | Dansk aarbog for musikforskning |
| DjbM | Deutsches Jahrbuch der Musikwissenschaft |
| DTÖ | Denkmäler der Tonkunst in Österreich |
| HV | Hudebni věda |
| IMSCR | International Musicological Society Congress Report |
| JAMS | Journal of the American Musicological Society |
| JMT | Journal of Music Theory |
| Mf | Die Musikforschung |
| ML | Music and Letters |
| MM | Modern Music |
| MMA | Miscellanea musicologica |
| MMC | Miscellanea musicological |
| MO | Musical Opinion |
| MQ | The Musical Quarterly |
| MR | The Musical Review |
| MT | The Musical Times |
| NRMI | Nuova rivista musicale italiana |
| NZM | Neue Zeitschrift für Musik |
| ÖMz | Österreichische Musikzeitschrift |
| PNM | Perspectives of New Music |
| PRMA | Proceedings of the Royal Musical Association |
| RaM | La rassegna musicale |
| ReM | La revue musicale |
| RIM | Rivista italiana di musicologia |
| RMI | Rivista musicale italiana |
| SM | Studia musicologica Academiae scientiarum hungaricae |
| SMA | Studies in Music [Australia] |
| SMz | Schweizerische Musikzeitung/Revue musicale suisse |
| ZMw | Zeitschrift für Musikwissenschaft |

# REGISTER

Aber, Adolf 191
Adler, Guido 15, 112
Adorno, Theodor W. 155, 174, 194
Altenberg, Peter 166, 172
Archibald, Bruce 136

Babbitt, Milton 147
Bach, David Josef .11
Bach, Johann Sebastian 60, 78, 135, 143, 214
Balzac, Honoré de 56
Bartók, Béla 197
Baudelaire, Charles 198
Beethoven, Ludvig van 60
Berg, Alban 15, 78, 112, 113, 124, 146, 148, 166-219
Berg (geb. Nahowski), Helene (Bergs Frau) 166, 171, 179, 218, 219
Berg, Smaragda (Bergs Schwester) 201
Bethge, Hans 126
Boulez, Pierre 147, 219
Brahms, Johannes 12, 38, 39, 40, 45, 60, 113, 116
Bruckner, Anton 28
Büchner, Georg 178, 182, 184, 185, 189
Busoni, Ferruccio 22
Byron, Lord George Gordon 72

Cage, John 147
Cerha, Friedrich 219

Dallapiccola, Luigi 147
Debussy, Claude 182
Dehmel, Richard 14, 40, 44, 56, 117, 118,
Diez, Ernst 112

Eisler, Hanns 22

Feldman, Morton 147
Fliess, Wilhelm 217
Forte, Allen 143
Franzos, Karl Emil 184, 185
Freud, Sigmund 217
Furtwängler, Wilhelm 23, 77
Fuchs-Robettin, Hanna 195, 216, 217
Fux, Johann Joseph 30

George, Stefan 49, 50, 117, 118, 148
Gerhard, Roberto 22, 23
Gerstl, Richard 48, 50
Goethe, Johann Wolfgang von 126, 130, 138, 149, 150
Graedener 112
Greissle, Felix 14
Gropius, Manon 214

Händel, Georg Friedrich 69
Hartmann, Karl Amadeus 115
Hauer, Josef Matthias 60
Haydn, Joseph 113
Herlinger, Ružena 198
Heuberger, Richard 12, 38
Humplik, Josef 138, 140

Ibsen, Henrik 200
Isaac, Heinrich 112, 145

Jacobsen, Jens Peter 41
Jarman, Douglas 216
Jelinek, Hanns 203
Jone, Hildegard 115, 137, 138, 139, 140, 141, 149, 150
Kandinsky, Wassily 17
Kassowitz, Gottfried 178
Kleiber, Erich 77, 191, 213, 214
Klemperer, Otto 77, 135
Klimt, Gustav 166
Knight, A.H.J. 189
Kokoschka, Oskar 48, 166
Kolisch, Gertrud, siehe: Schönberg, Gertrud
Komauer, Edwin 22, 194, 197
Krasner, Louis 214
Kraus, Karl 166, 179, 180, 200
Kreisler, Fritz 12

Labor, Josef 12
Liszt, Franz 45
Loos, Adolf 166

Maeterlinck, Maurice 42, 120, 147, 182
Mahler, Alma 190, 214
Mahler, Gustav 15, 16, 31, 32, 33, 112, 113, 120, 122, 148, 176, 178, 182, 190
Monn, Matthias Georg 23, 69
Morgenstern, Christian 14
Mottl, Felix 89
Mozart, Wolfgang Amadeus 60

Nachod, Fritz 10
Nachod, Hans 10
Nahowski, Helene, siehe: Berg, Helene
Navratil 112
Nikisch, Arthur 112
Nono, Luigi 22

Perle, George 147, 195
Pisk, Paul, A. 203
Pleyel, Ignace Joseph 10

Redlich, Hans F. 198
Reger, Max 113, 116
Reich, Willi 172, 208, 218
Richter, Hans 112
Rilke, Rainer Maria 120
Rosé, Arnold 15
Rosé Quartett 15, 16

Scherchen, Hermann 135, 190
Schiele, Egon 114
Schnitzler, Arthur 200
Schönberg, Arnold 10-78, 112, 113, 115, 116, 117, 120, 124, 127, 132, 145, 146, 147, 148, 166, 167, 168, 169, 171, 172, 174, 175, 176, 177, 179, 182, 184, 190, 191, 192, 193, 195, 196, 198, 199, 201, 208, 213
Schönberg, Georg (Schönbergs Sohn) 14
Schönberg, Gertrud (Schönbergs Tochter) 14
Schönberg (geb. Kolisch), Gertrud (Schönbergs zweite Frau) 22, 26, 64
Schönberg, Heinrich (Schönbergs Bruder) 10
Schönberg, Lawrence Adam (Schönbergs Sohn) 22, 26
Schönberg (geb. Zemlinsky), Mathilde (Schönbergs erste Frau) 14, 22, 26, 50
Schönberg, Nuria (Schönbergs Tochter) 22, 26
Schönberg, Ottilie (Schönbergs Schwester) 10
Schönberg, Rudolf Ronald (Schönbergs Sohn) 22, 26

Schönberg, Samuel (Schönbergs Vater) 10, 11
Schreker, Franz 18, 64, 171
Schubert, Franz 38
Schulhoff, Erwin 179, 181, 183, 184
Schumann, Robert 166
Schwarzwald, Eugenie 14, 17
Searle, Humphrey 115
Sechter, Simon 30
Semler, Frida 200, 201
Spinner, Leopold 115
Stein, Erwin 218, 219
Stockhausen, Karlheinz 147
Stokowski, Leopold 198
Strauss, Richard 14, 16, 45, 182
Stravinski, Igor 147
Strindberg, August 126, 147, 148
Swedenborg, Emanuel 55, 58

Tagore, Rabindranath 56
Trakl, Georg 127, 148

Viebig, E. 190
Viotti, Giovanni Battista 10

Wagner, Richard 40, 41, 42, 43, 44, 60, 188,
Walter, Bruno 77
Webern, Anton 15, 52, 112-150, 169, 173, 175, 176, 178, 182, 192, 193, 194, 195, 196, 199, 202, 208, 213
Wedekind, Frank 14, 198, 200, 201, 203, 205
Wedekind, Tilly 198, 200
Wellesz, Egon 112
Werfel, Franz 195
Wolzogen, Ernst von 14
Wood, Sir Henry 18
Zemlinsky, Alexander von 11, 12, 14, 15, 16, 18, 28, 41, 42, 57
Zemlinsky, Mathilde von, siehe: Schönberg, Mathilde
Zillig, Winfried 22
Zweig, Stefan 166, 201
Zenk, Ludwig 140

## BILDQUELLENVERZEICHNIS

Arnold Schoenberg Institute, Los Angeles   *Seite 12, 26, 32, 63*
Historisches Museum der Stadt Wien   *Seite 168*
Piermont Morgan Library, New York   *Seite 123*
Universal Edition, Wien   *Seite 20, 55, 122, 148, 186, 202*